EDITH STEINS WERKE

XII

EDITH STEINS WERKE

HERAUSGEGEBEN VON

LUCY GELBER   MICHAEL LINSSEN O.C.D.

ARCHIVUM CARMELITANUM EDITH STEIN

IN ZUSAMMENARBEIT
MIT DER NIEDERLÄNDISCHEN UND DER DEUTSCHEN ORDENSPROVINZ
DER UNBESCHUHTEN KARMELITEN

BAND XII

HERDER
FREIBURG · BASEL · WIEN

GANZHEITLICHES LEBEN

SCHRIFTEN ZUR RELIGIÖSEN BILDUNG

VON

DR. EDITH STEIN

HERDER
FREIBURG · BASEL · WIEN

Alle Rechte vorbehalten – Printed in Germany
© Verlag Herder Freiburg im Breisgau 1990
Satz: F. X. Stückle, Ettenheim
Herstellung: Freiburger Graphische Betriebe 1990
ISBN 3-451-21586-1

Vorwort

Die Herausgabe von *Edith Steins Werken* wird mit dem vorliegenden Band XII fortgeführt. Die Leitgedanken einiger Aufsätze und Vorträge über religiöse Erziehungs- und Bildungsarbeit sowie diesbezügliche Fragestellungen stehen in unmittelbarem Zusammenhang mit der Thematik von Band V *(Die Frau)*. Andere Beiträge ergänzen das Thema *Verborgenes Leben,* das die Essays von Band XI behandeln. In diesem Band XII geht es darum, die Erziehungskunst und Bildungsarbeit im Rahmen einer religiösen Ausgestaltung des Frauenlebens anschaulich zu dokumentieren.

Die Zusammenstellung der Beiträge beabsichtigt, Edith Steins Definition der religiösen Bildung als Verbindung von Lehre und Leben darzulegen. Dieser zutiefst religiösen Überzeugung entsprechen ihre Umschreibung der theoretischen Grundlagen und ihre fundierte Stellungnahme zu schulpolitischen Auseinandersetzungen. Religiöse Erziehung bedeutet stets eine Hinführung zum göttlichen Sein, das alles endliche Sein in sich trägt.

Der Beitrag Edith Steins zur religiösen Bildung und Bildungsarbeit vertieft nicht nur unsere Ehrfurcht vor dieser begnadeten Frau; ihre Gedanken weisen zugleich auch auf die Voraussetzungen hin und lehren uns Mittel und Wege, um in der Einheit von Lehre und Leben die große Aufgabe eines religiös orientierten Unterrichts, einer wahrhaft religiösen Erziehung und Bildung zu erfüllen.

Unser Dank gebührt Sr. Maria Amata Neyer OCD, Köln, die den Herausgebern wertvolle Hinweise bei der Redaktion dieses Bandes gab.

Karmel Geleen, den 12. Oktober 1989

Michael Linssen OCD

Inhalt

Vorwort 5
Einleitung der Herausgeber 9
Zur Sammlung der Beiträge 9
Zur Gruppierung der Beiträge 9
Zur Authentizität der Beiträge 14
Zur Revision der Beiträge 24

I
Theoretische Grundlagen 25

1. Zur Idee der Bildung 25
2. Wahrheit und Klarheit im Unterricht und in der Erziehung 39
3. Die Typen der Psychologie und ihre Bedeutung
   für die Pädagogik 47
4. Die theoretischen Grundlagen der sozialen Bildungsarbeit 52

II
Lehrberuf 73

1. Notzeit und Bildung 73
   Bericht im Dokumentationsband über die 46. und 47. Mitglieder-
   und Delegiertenversammlung des Vereins katholischer deutscher
   Lehrerinnen 75
2. Zum Kampf um den katholischen Lehrer 81
   Katholische Kirche und Schule (Buchbesprechung) 92
3. Die Mitwirkung der klösterlichen Bildungsanstalten an der
   religiösen Bildung der Jugend 95
4. Akademische und Elementarlehrerin 109

Inhalt

III
Frauenleben 113

1. Die Bestimmung der Frau 113
2. Eucharistische Erziehung 123
3. Elisabeth von Thüringen. Natur und Übernatur in der Formung einer Heiligengestalt 126
4. Eine deutsche Frau und große Karmelitin. Mutter Franziska von den unendlichen Verdiensten Jesu Christi, OCD (Katharina Esser) 1804–1866 139

IV
Erziehungskunst 151

1. Mütterliche Erziehungskunst 151
2. Eine Meisterin der Erziehungs- und Bildungsarbeit: Teresia von Jesus 164
   Neue Bücher über die hl. Teresia von Jesus 188
   Sämtliche Schriften der heiligen Theresia von Jesu 192
3. Sancta Discretio in der Seelenführung 193
4. Das Weihnachtsgeheimnis. Menschwerdung und Menschheit ... 196

V
Jugendbildung im Lichte des katholischen Glaubens 209

Zusammenfassung des Vortrags 229

Einleitung der Herausgeber

Zur Sammlung der Beiträge

Der vorliegende Band XII von „*Edith Steins Werken*" enthält siebzehn in sich geschlossene kurze Aufsätze und längere Abhandlungen. Die teils verstreut gedruckten, teils bis heute unveröffentlichten Texte wurden in langjährigen Vorbereitungen von den Herausgebern gesammelt und werden hier unter dem Titel *Ganzheitliches Leben. Schriften zur religiösen Bildung* vorgelegt.

Die Beiträge datieren aus den Jahren 1926–38, dem Lebensabschnitt Edith Steins vor und nach ihrem Eintritt in den Karmel.

Zur Gruppierung der Beiträge

Die Beiträge dieser Sammlung sind nicht chronologisch, sondern inhaltlich geordnet. Darüber hinaus berücksichtigt diese Ordnung der siebzehn Beiträge die von der Autorin beabsichtigte wissenschaftliche oder pädagogisch-praktische Art der Darlegung. Der hellhörige Leser kann sich so nicht nur von der allseitig fundierten Fachkenntnis Edith Steins als Pädagogin überzeugen, ihn wird auch die Gewandtheit beeindrucken, mit der sich die Autorin gedanklich und sprachlich dem jeweiligen Fassungsvermögen der Zuhörer oder des Leserkreises anzupassen vermag.

Dieser Band XII dokumentiert die Faszination, die von Edith Stein als Vorbild ausging, beleuchtet bemerkenswerte Charakterzüge ihrer Person und bestätigt ihre hohe Eignung zum Lehrberuf.

In der ersten Gruppe von Beiträgen[1] skizziert Edith Stein die theoretischen

---

[1] *Zur Idee der Bildung* (BI 17); *Wahrheit und Klarheit im Unterricht und in der Erziehung* (BI 12); *Die Typen der Psychologie und ihre Bedeutung für die Pädagogik* (BI 20); *Theoretische Grundlagen der sozialen Bildungsarbeit* (BI 21).

Einleitung der Herausgeber

Grundlagen der Bildung: eine fundierte Beschreibung zentraler pädagogischer Begriffe, z. B. der Begriffspaare Bildung und Bildner, Erziehung und Erzieher, Schulung und Lehramt, Lehren und Lernen. Damit definiert sie pädagogische Begriffe, die sie in den weiteren Darlegungen verwendet, Begriffe, die oft in der täglichen Berufsarbeit als Worthülsen mißbraucht werden.

In der dritten Abhandlung gibt Edith Stein einen Überblick über die Ziele und Methoden der Psychologie und ihre pädagogische Bedeutung. In der vierten und letzten Abhandlung dieser ersten Gruppe skizziert die Autorin die theoretischen Grundlagen der sozialen Bildungsarbeit, ihre Voraussetzungen und den Erkenntnisgrund, auf dem sich Bildungsarbeit aufbauen kann.

Diese Beiträge erlauben vielseitige Rückschlüsse auf die Persönlichkeit Edith Steins. Sie sind Beispiele ihrer sicheren Orientierung an religiöser Erkenntnis, zeigen ihr freimütiges Auftreten der Lehrerschaft gegenüber sowie ihre für den Lehrberuf ideale, stets entgegenkommende, jedoch auch sachliche Haltung im täglichen Umgang mit Kollegen und Schülern.

Mit Autorität und Überzeugungskraft stellt sie an den katholischen Lehrer und Erzieher die Forderung nach stetiger Weiterbildung und aufrichtiger Gesinnung. Sie übt taktvolle, aber auch offene Kritik an dem oberflächlichen Gebrauch von Fachausdrücken, an einer undurchdachten Themenwahl für pädagogische Tagungen bei fehlender Präzisierung des Inhalts.

Die folgende zweite Gruppe von Beiträgen[2] behandelt Probleme des Lehrberufes: die Bedingungen, Möglichkeiten und Grenzen religiöser Bildungsarbeit im allgemeinen, der katholischen Erziehung zu deutschen Staatsbürgern im besonderen.

Zur Diskussion standen die damalige Wirtschaftskrise mit ihren einschneidenden Beschränkungen auf dem Schulsektor; damit im Zusammenhang schwerwiegende Fragen der katholischen Erziehung und der spezifischen Bedeutung der klösterlichen Bildungsanstalten. In kritischem Ton kommen Themen zur Sprache, die heute aufs neue im Blickpunkt aller kulturpädagogischen Diskussionen stehen. Auch eine Buchbesprechung

---

[2] *Notzeit und Bildung* (BI 19); *Zum Kampf um den katholischen Lehrer* (BI 8); *Die Mitwirkung der klösterlichen Bildungsanstalten an der religiösen Bildung der Jugend* (BI 4); *Akademische und Elementarlehrerin* (BI 22).

Zur Gruppierung der Beiträge

Edith Steins weist auf ihren engagierten Einsatz für die katholische Schule hin.

Neben diesen religiös orientierten Fragen wendet sich Edith Stein dem ebenfalls aktuellen Problem der Lehrerbildung zu: der fachlich begrenzten, aber pädagogisch allseitigen Vorbereitung des Elementarlehrers einerseits; der akademischen Ausbildung des Fachlehrers andererseits; der Notwendigkeit ihrer Zusammenarbeit im Hinblick auf ihre gemeinsame Erziehungsaufgabe.

Auch diese Beiträge erlauben vielseitige Rückschlüsse auf die Persönlichkeit Edith Steins. Sie beleuchten ihre bewußte Neigung zu konstruktiver Kritik, ihre Fähigkeit, in fachlicher Kompetenz eine führende Stellung einzunehmen, ihr nationales und religiöses Selbstbewußtsein.

Nach Darlegung der sachlichen Probleme im Schulwesen weist sie auf die große Aufgabe für alle im Lehrberuf Stehenden hin, nämlich positive Kräfte freizusetzen. Im Laufe einer Auseinandersetzung mit fremden Auffassungen und einer Zurechtrückung von dort nicht korrekt angewendeten Begriffen bemerkt sie, man solle einen Text nicht Satz für Satz unter die Lupe nehmen; denn sie glaube, daß eine Darlegung der Wahrheit immer fruchtbarer sei als die Widerlegung des Irrtums.

Nach kritischen Anmerkungen über manche in Klosterschulen üblichen Vorschriften gibt die Verfasserin prinzipielle Richtlinien für eine pädagogische Haltung des Erziehers. Mit innerer Anteilnahme erkennt sie die Gefahren einseitiger Fachausbildung und weiß mit warmen Worten die ganzheitliche Ausbildung des Elementarlehrers zu würdigen.

In Anlehnung an ihre phänomenologische Studie über den Staat[3] läßt Edith Stein ihre persönliche, religiöse und pädagogische Haltung transparent werden. Sie sieht sich selbst als eine von Vaterlandsliebe erfüllte deutsche Staatsbürgerin und nicht als assimilierte Jüdin. Sie fühlt sich als katholische Christin und nicht als getaufte Jüdin. Sie hält sich für eine Persönlichkeit, die zu pädagogischer Tätigkeit berufen ist, und nicht für eine zum Schuldienst degradierte Philosophin.

In der dritten Gruppe von Beiträgen finden sich ein Aufsatz über die Bestimmung der Frau; ein weiterer über ihre besondere Aufgabe in der eu-

---

[3] *Eine Untersuchung über den Staat*, in: Jahrbuch für philosophische und phänomenologische Forschung, Bd. VII, 1925.

charistischen Erziehung und zwei Schilderungen bedeutender Frauengestalten[4].

In den pädagogisch orientierten Beiträgen legt Edith Stein die weibliche Eigenart dar; die Rolle der Frau im Lehrberuf, insbesondere für eine ganzheitliche Mädchenbildung; ihre Mitwirkung an einer guten Strukturierung der Ordensinternate und an der Erfüllung ihrer pädagogischen Aufgaben.

Beim oberflächlichen Lesen könnte man zu einem irrigen Urteil über die Aktualität und Einschätzung der behandelten Fragen kommen: Die Situation der unverheirateten Frau im Unterricht sei überlebt, und die Diskussion über die Probleme der unverheirateten Frau im Privatleben verriete eine einseitig beschränkte religiöse Denkweise. Bei aufmerksamer Lektüre des Aufsatzes wird man jedoch erfahren, daß sein Inhalt überraschend aktuell ist, daß Edith Stein ihrer Zeit weit voraus ist und damalige Zustände freimütig kritisiert, ja sogar unseren heutigen Ansichten entsprechende Forderungen stellt. So begrüßt sie die verheiratete Frau als Lehrerin mit ihren spezifischen pädagogischen Fähigkeiten und Aufgaben im Unterricht. Demgegenüber zeigt sie die Möglichkeit auch der unverheirateten Frau zu voller Entfaltung der Fraulichkeit und Mütterlichkeit und als Persönlichkeit eigener Art.

In den hagiographischen Lebensbildern stellt Edith Stein ihre reichen schriftstellerischen Gaben unter Beweis: ihr Einfühlungsvermögen in Gestalten der Vergangenheit; ihre gedankliche und sprachliche Gewandtheit, mit der sie Ereignisse und Situationen lebensnah schildert.

In der vierten Gruppe von Beiträgen[5] charakterisiert Edith Stein Personen, die zur Erziehungsaufgabe berufen sind, und beschreibt die Voraussetzungen, die bei der jeweiligen Aufgabe für eine wirksame Erziehungs- und Bildungsarbeit notwendig sind. Da ist einmal die Person der Mutter, die von Natur aus erste Erzieherin und bleibende Begleiterin der Kinder bis ins Erwachsensein hinein. Dann die zum Unterricht berufenen Lehrpersonen:

---

[4] *Die Bestimmung der Frau* (BI 16); *Eucharistische Erziehung* (BI 19); *Elisabeth von Thüringen. Natur und Übernatur in der Formung einer Heiligengestalt* (DI 26); *Eine deutsche Frau und große Karmelitin. Mutter Franziska von den unendlichen Verdiensten Jesu Christi, OCD (Katharina Esser), 1804–1866* (DI 18).
[5] *Mütterliche Erziehungskunst* (BI 8); *Eine Meisterin der Erziehungs- und Bildungsarbeit: Teresia von Jesus* (DI 4); *Sancta discretio in der Seelenführung* (DI 19); *Das Weihnachtsgeheimnis. Menschwerdung und Menschheit* (DI 1).

der Volksschullehrer; der Fachlehrer; der Priester im Schuldienst; der Leiter einer Klostergemeinschaft und deren Novizen.

Die Autorin beschreibt die richtige Haltung der Mutter zum heranwachsenden Kind, zugleich auch gegenüber der Schule und den Lehrern, denen sie ihr Kind anvertraut; die Persönlichkeit des Lehrers als Erzieher an einer katholischen Schule; seine Aufgaben an Volksschule, Mittelschule, Berufsschule, bis hin zur Lehrerbildungsanstalt und pädagogischen Akademie.

In einem Lebensbild der heiligen Teresa von Ávila wird die große spanische Mystikerin erstmalig vom pädagogischen Standpunkt aus betrachtet.

In der Auslegung der „Sancta discretio in der Seelenführung" und in der Einführung in das „Weihnachtsgeheimnis" gibt Edith Stein meisterhafte Beispiele einer lebensnahen Mystagogie.

Die allgemein verständliche Sprache dieser Beiträge offenbart die pädagogische Begabung Edith Steins. Sie kann hochgeistige Inhalte sehr schlicht ausdrücken und auch auf der Erfahrungsebene verständlich machen. Das ist natürlich nur auf dem Hintergrund ihrer eigenen geistlichen Erfahrung und ihrer mystischen Begnadung erklärbar. Ihr Einfühlungsvermögen und ihre sprachliche Anpassungsfähigkeit lassen an ein Wort von Erzabt Raphael Walzer OSB beim Seligsprechungsprozeß denken, der von Edith Stein sagte, daß sie nie den Schein des Gesuchten und Überlegenen an sich getragen habe, vielmehr schlicht mit einfachen Menschen, gelehrt mit Gelehrten, mit Suchenden eine Suchende sein konnte.

Der fünfte Abschnitt dieses Bandes ist ausschließlich einem Vortrag über katholische Jugendbildung vorbehalten[6]. Edith Stein beschreibt, wie junge Menschen durch einfühlsame Begleitung und in freier Selbstentscheidung zu einer gläubigen Lebenshaltung kommen können. Die begleitende Aufgabe fällt dabei dem Elternhaus, der Schule und der Kirche zu. Die Autorin setzt sich auch mit der Frage auseinander, wieweit eine Zusammenarbeit von liberalen und von religiös orientierten Lehrerverbänden möglich ist und wo notwendige Abgrenzungen angesagt sind.

Dieser Beitrag auf hohem akademischem Niveau bringt wiederum das fundierte pädagogische Wissen Edith Steins zur Geltung; zugleich vermittelt er eine Ahnung von ihrer seelischen Situation wenige Jahre vor ihrem

---

[6] *Jugendbildung im Licht des katholischen Glaubens* (Bl 14).

Eintritt in den Karmel. In Nachfolge der heiligen Teresa strebt sie, bei einer Verbindung von beschaulichem Leben, philosophischer und pädagogischer Arbeit, nach Loslösung von allem Irdischen, nach reiner Gottesliebe und Ausstrahlung dieser Liebe zu den Seelen.

Zur Authentizität der Beiträge

I.1 Zur Idee der Bildung

Der Beitrag *Zur Idee der Bildung* (BI 17) gibt den Wortlaut des Vortrags wieder, den Edith Stein für die katholischen Lehrer und Lehrerinnen der Pfalz über den Leitgedanken des damaligen Fortbildungsprogramms in Speyer am 18. Oktober 1930 gehalten hat.

Der Text wurde in *Zeit und Schule*, Organ des Vereins katholischer bayerischer Lehrerinnen, 27. Jahrgang, Nr. 22, München, 16. 11. 1930, S. 159 bis 162, 167 (linke Spalte), abgedruckt.

Im *Archivum* befindet sich eine Fotokopie des Abdrucks.

I.2 Wahrheit und Klarheit im Unterricht und in der Erziehung

Der Aufsatz *Wahrheit und Klarheit im Unterricht und in der Erziehung* (BI 12) ist der Text eines Vortrags, den Edith Stein vermutlich im Jahre 1926 auf einer pädagogischen Tagung in Speyer am 11. September hielt und in Kaiserslautern am 12. September wiederholte.

Der Text wurde, wie Sr. Maria Amata Neyer OCD ermitteln konnte, in der Zeitschrift *Volksschularbeit*, Jahrgang 1926, Heft 11, S. 321–328, abgedruckt, unterzeichnet mit: Dr. Edith Stein, Speyer.

Im *Archivum* befindet sich eine Abschrift des Textes (datiert, doch ohne Angabe des Jahres) mit Bleistiftzeichen des Setzers.

Papier: 11 Blätter, 28½ × 22½ cm.

Schrift: mit der Schreibmaschine geschrieben, ohne Bemerkungen von Edith Steins Hand.

Zur Authentizität der Beiträge

I.3 Die Typen der Psychologie und ihre Bedeutung für die Pädagogik

Der Beitrag *Die Typen der Psychologie und ihre Bedeutung für die Pädagogik* (BI 20) ist die Wiedergabe eines Vortrags, den Edith Stein vermutlich im Spätherbst 1928 im Rahmen des damaligen Fortbildungsprogramms für katholische Lehrer und Lehrerinnen hielt.

Der Text wurde in der Jugendbeilage von *Zeit und Schule*, Organ des Vereins katholischer bayerischer Lehrerinnen, 26. Jahrgang, Nr. 2, München, 16. 2. 1929, S. 27–28, abgedruckt.

Im *Archivum* befindet sich eine Fotokopie der Zeitschrift, die uns der Kölner Karmel zur Verfügung stellte.

I.4 Theoretische Grundlagen der sozialen Bildungsarbeit

Der Aufsatz *Theoretische Grundlagen der sozialen Bildungsarbeit* (BI 21) gibt den Wortlaut des Vortrags wieder, den Edith Stein bei der 16. Hauptversammlung des Vereins katholischer bayerischer Lehrerinnen in Nürnberg am 24. April 1930 hielt.

Der Vortrag wurde in *Zeit und Schule*, Organ des Vereins katholischer bayerischer Lehrerinnen, 27. Jahrgang, Nr. 6, München, 16. 3. 1930 angekündigt und in zwei Teilen am 1. und 16. 6. 1930, S. 81–85 und S. 90–93 veröffentlicht.

Im *Archivum* befindet sich eine Fotokopie der Zeitschrift, die uns der Kölner Karmel zur Verfügung stellte.

II.1 Notzeit und Bildung

Der Aufsatz *Notzeit und Bildung* (BI 9) skizziert die Hauptgedanken des Vortrags, den Edith Stein bei der Hauptversammlung des Vereins katholischer deutscher Lehrerinnen, am 18. Mai 1932, in Essen hielt.

Der Text des Vortrags wurde teilweise in dem Berichtband über die 46. und 47. Mitglieder- und Delegiertenversammlung des Vereins katholischer deutscher Lehrerinnen, Paderborn 1932, S. 149–153, abgedruckt.

Im *Archivum* befinden sich
a) das oben erwähnte Konzept des Vortrags, das wir bei der Rekonstruktion der nachgelassenen Papiere aus losen, numerierten Blättern zusammenstellen konnten; vgl. *Edith Steins Werke,* Bd. I, S. 282–283, Fußnote 2.
Papier: 8 Blätter, 21 × 16½ cm.
Schrift: lateinische Handschrift in Tinte, Blätter einseitig beschrieben.
b) eine Fotokopie des Abdrucks im Berichtband über die 46. und 47. Mitglieder- und Delegiertenversammlung (Pfingsten 1931 zu Marburg, Pfingsten 1932 zu Essen), die der Kölner Karmel uns zur Verfügung stellte. Dieser Bericht, der nach den Niederschriften von der Hauptgeschäftsstelle des VkdL zusammengestellt wurde, enthält neben vielen Zitaten Gedanken, die Edith Stein – vermutlich frei sprechend – u. a. auch in Essen darlegte. Wir geben deshalb diesen Bericht im Anschluß an das Konzept Edith Steins ungekürzt wieder. Die Ausführungen der Rednerin weichen darin offensichtlich nicht nur dem Inhalt nach, sondern selbst hinsichtlich der Reihenfolge der dargelegten Gedanken von dem Konzept des Vortrags ab. Der Bericht ist demzufolge wohl eine wertvolle Ergänzung des vorliegenden Konzepts, erlaubt jedoch keine authentische Zuordnung zu dem Gedankengang des Konzepts. Ferner ist der exakte Wortlaut der darin angeführten Zitate durch kein Dokument seitens der Rednerin verbürgt.

II.2 *Zum Kampf um den katholischen Lehrer*

Buchbesprechung: E. W. Dackweiler, Katholische Kirche und Schule.

Der Aufsatz *Zum Kampf um den katholischen Lehrer* (BI 2) bringt eine Erwiderung Edith Steins auf die heißumstrittene Frage einer pluralistischen Vereinigung der Lehrerverbände. Der Beitrag erschien unter ihrem Namen, Dr. Edith Stein, in *Zeit und Schule,* Organ des Vereins katholischer bayerischer Lehrerinnen, 26. Jahrgang, Nr. 17, München, 1. September 1929, S. 121–124.

Die *Buchbesprechung* (BIII 1), die Edith Stein in Münster, 1933, kurz vor ihrem Klostereintritt abfaßte, bezieht sich auf: *Katholische Kirche und Schule.* Eine Untersuchung über die historische und rechtliche Stellung der katholischen Schule zu Erziehung und Unterricht mit besonderer Berücksichtigung der Verhältnisse in Preußen von Dr. jur. Edgar Werner *Dack-*

weiler. Veröffentlichung der Sektion für Rechts- und Staatswissenschaft der Görres-Gesellschaft. Verlag Schöningh, Paderborn 1933, 264 S.
Im *Archivum* befinden sich
a) ein Exemplar der Zeitschrift, in dem der Aufsatz *Zum Kampf um den katholischen Lehrer* abgedruckt ist;
b) Dokumentation, die Edith Stein zur Abfassung des Aufsatzes veranlaßte. Wir konnten bei der Sichtung der nachgelassenen Papiere wiederfinden:
– P. Ingbert *Naab*, O.Min.Cap., *Der Kampf um den katholischen Lehrer*, München 1929; eine Broschüre von 48 Seiten. – Siehe dazu H. *Witetschek*, Pater Ingbert *Naab*, München 1985. Wir zitieren aus dieser Biographie die wichtigsten Lebensdaten von P. Naab:
1885 in Dahn (Pfalz) geboren;
1905 Einkleidung im Kapuzinerorden;
1910 Priesterweihe in Eichstätt; danach seelsorgliche Tätigkeiten in Bayern; Herausgeber mehrerer Zeitschriften;
1932 geriet mit einem offenen Brief an Hitler in schärfsten Gegensatz zum Nationalsozialismus;
1933 Flucht in die Schweiz unter dem Decknamen P. Peregrin;
1935 Tod; 1953 Überführung nach Eichstätt.
– Dr. Joseph *Adelmann*, *Der katholische Lehrer im bayerischen Lehrerverein*. Eine offene Antwort an den Verfasser der Schrift „Der Kampf um den katholischen Lehrer"; ein Exemplar der Zeitschrift, in dem dieser Aufsatz erschien: Bayerische Lehrerzeitung, 63. Jahrgang, Nr. 13, Nürnberg, 28. März 1929, S. 185–212. Das Exemplar trägt Randbemerkungen in Lateinschrift, Tinte, von Edith Steins Hand.
c) eine Fotokopie der Rezension aus *Vierteljahresschrift für wissenschaftliche Pädagogik*, 9. Jahrgang, 1933, S. 495–496, die uns der Kölner Karmel zur Verfügung stellte.

II.3 Die Mitwirkung der klösterlichen Bildungsanstalten an der religiösen Bildung der Jugend

Der Aufsatz *Die Mitwirkung der klösterlichen Bildungsanstalten an der religiösen Bildung der Jugend* (BI 4) bringt den Text eines Vortrags, den Edith Stein ca. 1929 hielt.

Der Text wurde, wie Sr. Maria Amata Neyer OCD ermitteln konnte, erstmals veröffentlicht im *Klerusblatt*, Organ der Diözesan-Priestervereine Bayerns und ihres Wirtschaftlichen Verbandes, 1929, Nr. 48/49, S. 1–4. Er trägt dort die Kürzung der Bezeichnung „Bildungsanstalten" in „Anstalten".

Im *Archivum* befinden sich
a) das Manuskript des Aufsatzes, das wir bei der Sichtung der nachgelassenen Papiere wiederherstellen konnten.
Papier: 41 Blätter, 21 × 16½ cm.
Schrift: lateinische Handschrift in Tinte, Blätter einseitig beschrieben.
b) eine Abschrift des Textes mit Stempel des Verlags und Bleistiftzeichen des Setzers.
Papier: 13 Blätter, 32½ × 21 cm.
Schrift: mit Schreibmaschine geschrieben, ohne Verbesserungen von Edith Steins Hand; Kürzung der Überschrift von fremder Hand: statt „Bildungsanstalten" „Anstalten".

II.4 Akademische und Elementarlehrerin

Der Aufsatz *Akademische und Elementarlehrerin* (BI 22) ist vermutlich nur ein Zeitschriftenartikel, erschienen in *Zeit und Schule*, Organ des Vereins katholischer bayerischer Lehrerinnen, 29. Jahrgang, Nr. 1, München (vermutlich Januar) 1932. Wie Sr. Maria Amata Neyer OCD ermitteln konnte, hatte der Vorstand des Vereins katholischer bayerischer Lehrerinnen am 11. 11. 1931 den Beschluß gefaßt, eine eigene Arbeitsgemeinschaft für die Akademikerinnen innerhalb des Vereins zu bilden. Auf diesen Tatbestand bezieht sich die Ausführung Edith Steins.

Im *Archivum* befindet sich eine Fotokopie der Zeitschrift, die uns der Kölner Karmel freundlicherweise zur Verfügung stellte.

III.1 Die Bestimmung der Frau

Der Aufsatz *Die Bestimmung der Frau* (BI 16) gibt den Wortlaut eines Vortrags wieder, den Edith Stein auf der Ostertagung der Junglehrerinnen im Verein katholischer bayerischer Lehrerinnen am 8. April 1931 hielt.

Zur Authentizität der Beiträge

Ein Auszug des Textes erschien in der Jugendbeilage von *Zeit und Schule*, Organ der katholischen bayerischen Lehrerinnen, Nr. 4 vom 16. 5. 1931.
Im *Archivum* befinden sich:
a) das vollständige Manuskript des Aufsatzes.
Papier: 20 Blätter, 26½ × 22 cm.
Schrift: lateinische Handschrift in Tinte, Blätter einseitig beschrieben.
b) eine Abschrift des Textes in 2 Exemplaren.
Papier: 12 Blätter (incl. Dubletten), 29½ × 21 cm.
Schrift: mit Schreibmaschine geschrieben, ohne Bemerkungen von Edith Steins Hand.
c) eine Fotokopie der Ankündigung des Vortrags (Jugendbeilage von Nr. 2 vom 16. 2. 1931) und der Auszug aus dem Vortrag (Jugendbeilage von Nr. 4 vom 16. 5. 1931), die uns der Kölner Karmel freundlicherweise zur Verfügung stellte.

III.2 *Eucharistische Erziehung*

Der Aufsatz *Eucharistische Erziehung* (BI 19) ist die Wiedergabe eines Vortrags, den Edith Stein, im Rahmen des Eucharistischen Diözesankongresses anläßlich des 900jährigen Domjubiläums, am 14. 7. 1930 im Martha-Heim in Speyer hielt.
Der Text wurde im *Pilger*, Bistumblatt Speyer, Nr. 30, 1930, S. 699 ff., abgedruckt.
Im *Archivum* befindet sich die Fotokopie einer Maschinenabschrift des handgeschriebenen Originalmanuskripts, die uns der Kölner Karmel zur Verfügung stellte. Das Originalmanuskript befindet sich im Klosterarchiv der Dominikanerinnen, St. Magdalena, Speyer, die uns freundlicherweise die Abdruckerlaubnis erteilten.

III.3 *Elisabeth von Thüringen.*
Natur und Übernatur in der Formung einer Heiligengestalt

Der Aufsatz *Elisabeth von Thüringen. Natur und Übernatur in der Formung einer Heiligengestalt* (DI 26) ist, wie Sr. Maria Amata Neyer OCD ermitteln konnte, der Text eines Vortrags, den Edith Stein in Wien am 30. Mai

1931 hielt. Er erschien gedruckt in der Zeitschrift *Das neue Reich,* Wochenzeitschrift für Kultur, Politik und Volkswirtschaft (Innsbruck, München), 13. Jahrgang, Nr. 37 und 38 vom 13. und 20. Juni 1931. Siehe dazu die Erwähnung des Vortrags in *Edith Steins Werke,* Bd. VIII, 97. Brief.

III.4 Eine deutsche Frau und große Karmelitin. Mutter Franziska von den unendlichen Verdiensten Jesu Christi, OCD (Katharina Esser), 1804–1866

Die Studie *Eine deutsche Frau und große Karmelitin* (DI 18) wurde als Beitrag für den Sammelband von Eugen Lense, *Die in Deinem Hause wohnen. Menschen im Ordensstand,* Benziger, Einsiedeln, Ostern 1938, verfaßt und erschien dort unter Edith Steins Klosternamen: Sr. Teresia Benedicta a Cruce.

Im *Archivum* befindet sich ein Exemplar dieses Buches; darin S. 147–163 der Beitrag Edith Steins, unterzeichnet: Sr. Teresia Benedicta a Cruce, und S. 234 die Anführung in der Liste der Mitarbeiter: Dr. Theresia Benedicta a Cruce, OCD Köln.

IV.1 Mütterliche Erziehungskunst

Der Aufsatz *Mütterliche Erziehungskunst* (BI 8) gibt zwei Vorträge wieder, die Edith Stein, wie Sr. Maria Amata Neyer OCD ermitteln konnte, am 1. und 3. April 1932 im Bayerischen Rundfunk im Rahmen der Sendereihe „Stunde der Frau" hielt. Die Vorträge wurden nachträglich in der Zeitschrift *Bayerisches Frauenland,* dem Organ für die Mitglieder des katholischen Frauenbundes in Bayern, gleichzeitig für die Hausfrauen- und Landfrauen-Vereinigungen des Katholischen Frauenbundes in Bayern, erwähnt: Heft 6 vom 6. Juni 1932, S. 46.

Im *Archivum* befinden sich:
a) das vollständige Manuskript der Vorträge, doch ohne Angabe des Jahres und des Ortes, an dem sie gehalten wurden. Das Manuskript trägt als Unterschrift: Dr. E. Stein.
Papier: 14 Blätter, 28 × 22 cm.
Schrift: lateinische Handschrift in Tinte, Blätter zweiseitig beschrieben.

b) Zwei Abschriften des Textes mit wichtigen Änderungen und Ergänzungen von Edith Steins Hand im ersten Exemplar, die Edith Stein weder im Manuskript noch in der zweiten Abschrift einzeichnete.
Papier: 15 Blätter (inkl. Dubletten), 28 × 22½ cm.
Schrift: mit Schreibmaschine geschrieben, Bemerkungen in lateinischer Handschrift in Tinte von Edith Stein selbst.

IV.2 *Eine Meisterin der Erziehungs- und Bildungsarbeit: Teresia von Jesus*

Die Studie *Eine Meisterin der Erziehungs- und Bildungsarbeit: Teresia von Jesus* (D I 4) ist als Beitrag für die Zeitschrift *Katholische Frauenbildung im deutschen Volk* geschrieben und erschien dort im 48. Jahrgang, Februar 1935. Die Studie ist von Edith Stein mit ihrem Klosternamen unterschrieben: Schwester Teresia Benedicta a Cruce OCD, Karmel Köln-Lindenthal.
Im *Archivum* befinden sich:
a) das vollständige Manuskript der Studie mit Bleistiftzeichen des Setzers.
Papier: 70 Blätter, 21 × 15 cm.
Schrift: lateinische Handschrift in Tinte, Blätter einseitig beschrieben.
b) eine Abschrift des Manuskripts mit Verbesserung des Namens entsprechend dem Manuskript in „von Schwester Teresia Benedicta a Cruce OCD." Darüber hinaus keine Verbesserungen von Edith Steins Hand.
Papier: 21 Blätter, 28 × 22 cm.
Schrift: mit Schreibmaschine geschrieben.
c) ein Belegexemplar einer Buchbesprechung Edith Steins, die in Zusammenhang mit ihrer Studie über die heilige Teresa steht. Die Buchbesprechung trägt die Überschrift: *Neuere Bücher über die hl. Teresia von Jesus* (D III 1) und ist mit dem Klosternamen Edith Steins unterzeichnet: Schwester Teresia Benedicta a Cruce OCD (Dr. Edith Stein). Ebenfalls liegt der vorausgegangene Korrekturabzug dieser Buchbesprechung vor, in dem die Überschrift „Neue Bücher über ..." lautet. Zwischen der Abfassung der Buchbesprechung und der Veröffentlichung in der Zeitschrift müssen etwa zwei Jahre liegen.
Papier: 2 Blätter, 25½ × 17½ cm, offensichtlich die Korrekturabzüge der Druckerei.
Schrift: Schriftsatz, ohne Bemerkungen von Edith Steins Hand.

Einleitung der Herausgeber

Diese Buchbesprechung erschien in der Zeitschrift *Die katholische Schweizerin*, 24. Jahrgang, Nr. 4, Januar 1937, S. 125–127. In derselben Zeitschrift, im 25. Jahrgang, 1937/38, Nr. 11, August 1938, S. 329, erschien auch eine von Edith Stein verfaßte kurze Besprechung der neuen deutschen Ausgabe der *Sämtlichen Schriften der hl. Theresia von Jesu* (D III 2). Wir geben diese Besprechung im Anschluß an den obigen Text hier wieder.

IV.3 Sancta discretio in der Seelenführung

Der Aufsatz *Sancta discretio in der Seelenführung* (DI 19) war, wie Sr. Maria Amata Neyer OCD uns mitteilt, ein Geschenk zum Namenstag von Mutter Renata de Spiritu Sancto am 15. Oktober 1938, dem letzten, den Edith Stein in Köln noch miterlebte. Der Kölner Karmel besitzt das Originalmanuskript des Textes.

Der Aufsatz erschien erstmalig im Druck in *Anima*, Vierteljahresschrift für praktische Seelsorge, 2. Jahrgang, 1947, Olten, Heft 4, S. 360–363.

Im *Archivum* befinden sich:
a) eine vollständige Abschrift des Textes.
Papier: 2 Blätter, 28 × 21½ cm.
Schrift: mit Schreibmaschine geschrieben.
b) *Anima*, Vierteljahresschrift für praktische Seelsorge, 2. Jahrgang, 1947, Olten, Heft 4. Der Abdruck ist unterzeichnet: *Aus dem unveröffentlichten Nachlaß Edith Steins*, und ergänzt durch eine biographische Anmerkung der Redaktion.

IV.4 Das Weihnachtsgeheimnis. Menschwerdung und Menschheit

Der Aufsatz *Das Weihnachtsgeheimnis* (DI 1) bringt den Text des Vortrags, den Edith Stein in der Ortsgruppe Ludwigshafen des katholischen Akademikerverbands am 13. Januar 1931 hielt.

Im *Archivum* befinden sich:
a) eine vollständige Abschrift des Aufsatzes, von Edith Steins Hand mit *E. Stein* unterzeichnet.
Papier: 5 Blätter, 33 × 21 cm.

Zur Authentizität der Beiträge

Schrift: mit Schreibmaschine geschrieben, ohne Bemerkungen von Edith Steins Hand.
b) ein Belegexemplar des Abdrucks der beiden ersten Abschnitte des Aufsatzes in: *Die katholische Schweizerin*, 23. Jahrgang, Nr. 3, 15. 12. 1935.
Papier: 3 Seiten, 24 × 16½ cm.
Schrift: Druck mit Seitenzahlen 66–68, ohne Bemerkungen von Edith Steins Hand.
c) eine Fotokopie des Abdrucks des dritten Abschnitts in derselben Zeitschrift, 23. Jahrgang, Nr. 4, 15. 1. 1936, S. 107–112.
Auch ein Belegexemplar derselben Zeitschrift vom Februar 1936, Nr. 5 liegt unter den nachgelassenen Papieren Edith Steins vor. Dieses Exemplar enthält jedoch keinen Text von oder über Edith Stein.
d) Ein Neudruck des Aufsatzes mit Kürzungen, unbedeutenden Änderungen des ursprünglichen Wortlauts, Wiedergabe von lateinischen Zitaten in deutscher Sprache erschien als Broschüre im Verlag des Borromäusvereins, Bonn 1948, mit einem Vorwort von W. *Stockums*, Weihbischof von Köln (S. 3), und einem biographischen Nachwort (S. 22f.). Das Nachwort ist nicht unterzeichnet, wurde aber, nach Ansicht von Sr. Maria Amata Neyer OCD, von Mutter *Teresia Renata de Spiritu Sancto* abgefaßt.

V. *Jugendbildung im Licht des katholischen Glaubens*

Der Aufsatz *Jugendbildung im Licht des katholischen Glaubens* (BI 14) bringt den Text des Vortrags, den Edith Stein im Rahmen einer Arbeitstagung des Deutschen Instituts für wissenschaftliche Pädagogik, Münster i.W., die vom 2. bis 5. Januar 1933 im Frauenbundhaus, Berlin-Charlottenburg stattfand, am 5. Januar 1933 hielt.
Im *Archivum* befinden sich
a) das vollständige Manuskript des Textes, ohne Eindruck eines Imprimatur noch Einzeichnungen eines Setzers.
Papier: 53 Blätter, 21½ × 17 cm.
Schrift: lateinische Handschrift in Tinte, Blätter einseitig beschrieben. Auf der Rückseite der Blätter: mit Schreibmaschine geschriebene Texte der Übertragung von *De veritate*.
b) eine Fotokopie des Programms der Tagung sowie einer kurzen Zusammenfassung des Inhalts vom Vortrag Edith Steins, 3 Blätter, die in der

Westfälischen Vereinsdruckerei, Münster, Nummer 43, gedruckt wurden. Der Kölner Karmel stellte diese Fotokopie freundlicherweise zur Verfügung.

Ein Abdruck des Textes ist uns bis heute nicht bekannt. Der Aufsatz erscheint hier vermutlich erstmals im Druck. Wir geben als wertvolle Ergänzung des Manuskripts den Text der unter b) erwähnten kurzen Zusammenfassung wieder.

Zur Revision der Beiträge

Die Revision des Textes erforderte bei jedem Beitrag eine sorgfältige Kontrolle des Inhalts durch Vergleichen des Wortlauts mit den vorliegenden Dokumenten. Bei abweichenden Textstellen wird hier, soweit dies möglich war, die von Edith Stein handschriftlich bestätigte Fassung des Textes wiedergegeben.

Ergänzende Bemerkungen zum Satz der Beiträge:
– Titel und Untertitel der Beiträge wurden für den Druck in eine einheitliche Form gebracht.
– Eine fehlende beiderseitige Hervorhebung von gegensätzlichen Begriffen wird folgerichtig ergänzt.
– Fehlerhafter Satzbau wird sinngemäß verbessert, gelegentlich ausgefallene Worte werden passend ergänzt.
– Rechtschreibung und Zeichensetzung wurden nach den heute geltenden Regeln der deutschen Rechtschreibung vereinheitlicht. Eigennamen jedoch werden in der öfters wechselnden Schreibweise Edith Steins originalgetreu wiedergegeben.
– Übermäßig lange Abschnitte wurden in zusätzliche Absätze untergliedert.

Solche äußeren Änderungen des ursprünglichen Textes bleiben in den Anmerkungen zu den einzelnen Manuskripten unerwähnt.

Änderungen, Streichungen oder Zusätze von fremder Hand blieben unberücksichtigt. Wir geben wörtlich den ursprünglichen Wortlaut des betreffenden Manuskripts oder einer von Edith Steins Hand verbesserten Abschrift wieder.

Dr. L. Gelber

I
Theoretische Grundlagen

1 Zur Idee der Bildung

Wie alle Wörter auf -ung hat auch das Wort *Bildung* schon der *Form* nach einen mehrfachen Sinn: es bezeichnet auf der einen Seite die Tätigkeit des Bildens oder auch den Prozeß des Gebildetwerdens; und auf der andern das Ergebnis dieser Tätigkeit, das an dem gebildeten Objekt, was ihm den Charakter des *gebildeten* verleiht. Dem *Wortinhalt* nach bedeutet *Bilden* ein *Material formen* und dadurch ein *Bild* oder *Gebilde schaffen*. Sagen wir *Gebilde*, so meinen wir damit eben, daß es Geformtes, Gestaltetes ist. Sagen wir *Bild*, so meinen wir, daß es Abbild eines Urbildes ist. Es gehört also zum Bildungsprozeß, daß eine Materie eine Form annimmt, die sie zum Abbild eines Urbildes macht.

1. Materie der Bildung

Was kommt als Materie in Betracht? Alles, was nicht fertig geformt und der Formung zugänglich ist. Ich sage: nicht fertig geformt. Denn etwas völlig Ungeformtes begegnet uns im Bereich der Erfahrung nicht. Mit völlig ungeformter Materie – *materia prima*, wie sie die Scholastik nennt – hat es nur Gott zu tun. Für uns kommen nur die *Gebilde* seiner Schöpfung in Betracht. Sie sind, wie sie aus Gottes Hand hervorgehen, schon geformte Materie, aber nicht so *durchgeformte Materie*, daß an ihnen nichts mehr zu formen wäre. Vielmehr gehört zu aller Materie die Bildsamkeit, die Empfänglichkeit für neue Formen.

I Theoretische Grundlagen

1.1 Tote Stoffe und Dinge

Bildsam, formbar sind zunächst die *toten Stoffe*. Sie lassen sich in eine *äußere Form prägen*, die dann zugleich das *Urbild* des zu formenden Gebildes (Gebilde – Güsse, Abdrücke – aus Metall, Wachs usw.), oder durch *formende Griffe* einem Urbild nachgestalten, das dem *Bildner* als Modell vor Augen steht oder das er im Geiste trägt. Auch Dinge, die in augenfälligerer Weise als die Stoffe bereits geformte Materie sind, lassen eine weitere Formung, eine Um- und Neuformung, zu: der Diamant, der geschliffen und in einen Ring gefaßt wird; der Backstein, der mit vielen seinesgleichen zum Haus gefügt wird usw.

1.2 Belebte Materie

1.2.1 Pflanze

Auch *belebte Materie* ist bildsam. Betrachten wir die Pflanzenwelt. Die Rebe ergibt sehr verschiedenartige Gebilde, je nachdem man sie an einzelne Pfähle bindet oder sie an einer Hauswand emporklettern oder um die Bogen eines Laubenganges sich winden läßt. Die Gartenkunst des 17. und 18. Jahrhunderts wußte aus Taxus die mannigfaltigsten und erstaunlichsten Gebilde zurechtzuschneiden. Ihrer rein stofflichen Natur nach sind die belebten wie die toten Stoffe mehr oder minder bildsam. In diesen Grenzen, die die Natur der Dinge dem Zugreifen setzt, kommen aber hier neue hinzu. Die toten Dinge kommen in einem gewissen Sinne *fertig* in unsere Hand. Sie bleiben unverändert, wenn ihnen nichts von außen geschieht. Die Pflanzen aber wandeln sich vor unsern Augen, gestalten sich um ohne äußeres Zutun. Es vollzieht sich hier eine Formung von innen her, eine *innere* Form ist als Bildnerin tätig. Und nach dieser inneren Form müssen wir uns bei unserem von außen bildenden Zugreifen richten, wenn sie uns nicht einen Strich durch die Rechnung machen soll.

Die aristotelisch-scholastische Philosophie nennt dieses innere Lebensprinzip *Seele:* Pflanzen- oder Ernährungsseele. Unsichtbar und geheimnisvoll ruht sie im Samenkern und macht es, daß es die brauchbaren Stoffe aus seiner Umgebung in sich aufnimmt und verarbeitet; sie organisiert den Stoff, d.h. sie baut daraus den *Organismus,* das mannigfach gegliederte und doch in sich einheitliche Gebilde von bestimmter Eigenart; sie formt den Stoff – den, der ihr ursprünglich anhaftet, und den damit verwachsenen von außen aufgenommenen – nach einem Bilde, das sie weder sinnlich noch geistig vor Augen hat, das ihr aber als Ziel gesetzt ist und dem sie vermöge einer blinden inneren Zielstrebigkeit zustrebt.

Wir können nichts aus der Pflanze machen, was nicht in ihr liegt. Aber es liegen mannigfaltige Möglichkeiten in ihr, und so kann sie – je nach den äußeren Einwirkungen – diese oder jene Gestalt annehmen. Zu den äußeren Einwirkungen gehört nicht nur jenes formende Zugreifen, von dem wir vorhin sprachen, das Anbinden, Beschneiden und dgl., es gehören dazu rein naturhafte Einflüsse wie Bodenbeschaffenheit, Witterung und dgl.; die Wirkung dieser Einflüsse ist groß, sie kann den inneren Bildungsprozeß, die Bildung nach dem Urbild, sehr stark hemmen oder auch fördern. Es ist auch ein tiefergehendes, planmäßiges Eingreifen möglich: auf Grund der erkannten Einwirkungen der äußeren Natur; und so kann es eventuell zum Schutze des inneren Bildungsprozesses gegenüber hemmenden äußeren Einflüssen werden; und auf Grund des erkannten inneren Bildungsprozesses und der verschiedenen möglichen Verläufe unter verschiedenen Bedingungen. So kann die innere Form dahin gebracht werden, diese oder jene Spielart zu gestalten.

1.2.2 Tier

Wir gehen eine Stufe höher im Reich der Lebewesen; *das Tier*. Auch hier sind rein äußere Eingriffe zur Änderung der Gestalt möglich: man kann das Schaf oder den Pudel scheren, dem Pferd den Schwanz stutzen usw. Es gibt auch die tieferen Eingriffe: Durch Herstellung der geeigneten Lebensbedingungen, durch Rassenzucht-Maßnahmen und dgl. kann man den inneren Bildungsprozeß unterstützen und dazu helfen, daß das *Urbild*, die *Spezies* möglichst rein verwirklicht wird. Aber die innere Form ist hier eine wesentlich andere als bei der Pflanze. Die *Tierseele* leistet dasselbe wie die Pflanzenseele – Aufnahme und Organisation äußerer Stoffe –, aber sie vermag mehr: Sie kann über die von innen her organisierte Materie – den *Leib* – in gewisser Weise – *verfügen;* d. h. sie kann ihn bewegen und ihm dadurch aus einem weiteren Umkreis die Stoffe verschaffen, deren er zu seinem Aufbau bedarf, andererseits ihn drohenden äußeren Einwirkungen entziehen. Diese Bewegungen im Dienste der Selbsterhaltung haben zur

I Theoretische Grundlagen

Voraussetzung, daß Förderliches und Hemmendes als solches *gespürt* wird, und so ist die Tierseele nicht bloß *Bewegungs-*, sondern auch *Empfindungsseele*. Es ist hier ein wirkliches *seelisches Leben* vorhanden, und zwar besteht es in einem Wechselspiel von *Reizen* und *Reaktionen*.

Dieses Wechselspiel ist ein typisch verschiedenes bei den verschiedenen *Tierspezies,* und dementsprechend kann und muß man beim Tier nicht nur von einer äußeren, sondern auch von einer *Seelengestalt* oder *-bildung* sprechen. Die innere Form arbeitet darauf hin, Seele und Leib die ihnen bestimmte Gestalt zu geben. Wie weit ist dieser Prozeß zu beeinflussen? Man kann Reize planmäßig hervorrufen und dadurch die entsprechenden Reaktionen auslösen; und dadurch ist es möglich, das äußere Gehaben weitgehend zu beeinflussen; darauf beruht alle *Dressur*. Es ist aber auch möglich, durch Variation der Lebensbedingungen auf den inneren Bildungsprozeß Einfluß zu gewinnen und die *Seelengestalt* mitzubestimmen; das tun *Zähmung* und *Züchtung*. So ist auf der einen Seite der Spielraum der Bildungseinflüsse erweitert; auf der andern Seite werden sie häufig durchkreuzt durch die Eigenwirksamkeit der tierischen Natur, die sich zur Wehr setzen kann.

1.2.3 Die Menschenseele und ihre Aufbaustoffe

Die *Seele des Menschen* ist nicht nur innere Form, die den Leib aufbaut, gestaltet und regiert und in sich empfindet, was ihm widerfährt oder widerfahren kann. Sie ist *Vernunftseele*, sie ist *Geist;* Form des Leibes zu sein ist gleichsam nur ihr niederstes Geschäft; sie hat eine *eigene und höhere Existenz* als die des Leibes; sie muß sich selbst aufbauen, gestalten und regieren und zugleich eine Welt aufbauen, in der sie leben und wirken kann: ihre *Umwelt,* eine *geistige Welt*. Dem Leibe und der Seele, dem ganzen Wesen aus Leib und Seele, das *eines* ist, d.h. der *ganzen Person*, ist ihr Bildungsprozeß vorgeschrieben, die innere Form arbeitet darauf hin, Leib und Seele nach ihrem Urbild zu gestalten. Der Leib bedarf dazu der Aufbaustoffe aus der materiellen Welt; sie müssen in ihn aufgenommen und von innen her gestaltet werden. Die Seele braucht auch Aufbaustoffe, aber andere, geistige. Sie hat Aufnahmeorgane, um ihr die nötigen Stoffe zuzuführen: Sinne und Verstand, die gewissermaßen Außenposten sind, die sie ausschickt, um ihre Vorräte hereinzuholen, und eine tiefer innen sitzende Kraft – die

1 Zur Idee der Bildung

deutsche Sprache hat dafür das Wort *Gemüt* –, die es spürt, was von den eingebrachten Vorräten für sie Wert hat und was keinen hat.

Was als Aufbaustoff für die Seele in Betracht kommt, das wird in ihr Innerstes aufgenommen und verwächst mit ihr. So wächst die Seele, wird reich und weit, zugleich wächst aber damit die Welt, in die sie erkennend hineinschaut und in die sie – das ist wiederum etwas Neues gegenüber den niederen Lebewesen – gestaltend eingreifen kann. Was Sinne und Verstand ihr gegenüberstellen, ist eine Welt von *Sachen;* die Bedeutung, die sie für den Aufbau der inneren Welt haben, als Nahrung der Seele, stempelt sie zu *Wertgegenständen* oder zu *Gütern.* Sofern die Güter Erzeugnisse des menschlichen Geistes sind, aus seiner schöpferischen Tätigkeit hervorgegangen, bezeichnen wir sie als *Kulturgüter.* Sie haben ein selbständiges Dasein, losgelöst von ihrem Urheber. Meist haben sie ein materielles Ding zur Grundlage ihres Seins. Aber das, was ihren Wert ausmacht, ist ein Geistiges; ein Stück geistiges Leben ist geheimnisvoll in sie eingefangen und kann von der Seele, die mit ihnen in Berührung kommt, aufgenommen werden. Wenn wir sie unter diesem Gesichtspunkt betrachten, nennen wir sie *Bildungsgüter.* Mehr noch als aus dem Umgang mit dieser Güterwelt gewinnt die Seele durch den Verkehr mit den möglichen Urhebern solcher Güter, den lebenden Personen. Besonders das Kind lebt geistig und seelisch überwiegend von seiner menschlichen Umwelt. Sobald es sein geistiges Auge aufschlägt, als geistiges Wesen zum Leben erwacht, findet es sich in einer Welt von Personen und Geistesgütern, aus denen ihm Leben zuströmt.

Das Wachstum der Seele und das Wachstum ihrer geistigen Umwelt gehen Hand in Hand. Das Organ der Seele, das ihr diese Welt erschließt, ihr geistiges Auge, ist der *Intellekt* (wir können den lateinischen Ausdruck mit *Verstand* wiedergeben, wenn wir das Wort in einem weiteren und freieren Sinn nehmen, als es gewöhnlich geschieht). Er ist aktiv und passiv zugleich: aktiv, sofern er sich seinen geistigen Besitz frei tätig erarbeitet; passiv, sofern er etwas von außen empfängt, was sich ihm zunächst ohne sein Zutun darbietet und in dessen Besitz er, nachdem er es für sich gewonnen hat, wiederum ruht. An der aktiven Verstandesleistung hat der Wille Anteil. Es ist in gewisser Weise in unsere Hand gegeben, ob und wie wir unsern Verstand arbeiten lassen wollen, damit zugleich, wie weit wir unsere geistige Welt ausdehnen, was wir an Bildungselementen in uns aufnehmen. Damit rühren wir an die Frage der Selbstbildung. Wir sind aber noch nicht genügend gerüstet, um sie in Angriff zu nehmen.

I Theoretische Grundlagen

Die Seele holt sich durch ihre Kräfte ihre Nahrung aus der erkannten Welt. Aber ihr Leben und Wachstum ist noch von anderen Faktoren abhängig. Die Seele ist *eingesenkt in den Leib*, mit ihm ist sie zur Einheit verbunden, so sehr, daß Gesundheit und Frische des Leibes der Seele Kraft und Leben zuströmen lassen, Krankheit und Schwäche des Leibes auch die Seele mit leiden lassen. Schließlich erfährt die Seele in ihrem Innersten Erneuerung und Kraftzustrom nicht von Geistesgütern der äußeren Welt, sondern von einem Formprinzip, das aus dem Urquell alles Seins und Lebens ihr eingegossen wird, durch die *göttliche Gnade*.

Damit haben wir die Reiche abgesteckt, aus denen die Seele ihr Aufbaumaterial gewinnen kann. Durch den Leib hat sie eine Wurzel ihres Daseins in der materiellen Welt. Durch ihre geistigen Organe erschließt sich ihr eine Gegenstandswelt, aus der sie schöpfen kann. Mit ihrem innersten Grunde kann sie in eine jenseitige Welt hineinwachsen. Aber es ist nicht nur ihre Aufgabe, aufzunehmen und zu wachsen, sondern sie soll das Aufgenommene organisieren und damit sich selbst gestalten, sich *bilden*, sich zu einem *Gebilde* und nach einem *Bilde* formen, und darüber hinaus schließlich in die äußere Welt gestaltend eingreifen.

2. Geistesbildung

Erst damit haben wir den Bildungsbegriff erreicht, den man im allgemeinen im Auge hat; an *Geistes*bildung, an Menschenbildung denkt man dabei. Die Seele soll Gestalt annehmen.

2.1 Schulung der Kräfte

Das geschieht einmal, wenn sie ihre *Organe* ausbildet: Sinne, Gedächtnis, Phantasie, Verstand, Gemüt, Willen. Und sie werden ausgebildet, wenn man sie in der ihnen gemäßen Weise betätigt, übt. Diese Übung der seelischen Kräfte bezeichnen wir als *Schulung*. Es kann also der *Gesichtssinn* nur geschult werden, wenn man den Menschen sich im Sehen üben läßt, d. h. im Auffassen, Unterscheiden, Wiedererkennen von Farben, Helligkeiten, Gestalten; das *Gehör* nur, wenn es sich in entsprechender Weise an Tönen, Klängen, Geräuschen betätigt. Das *Gedächtnis* wird geschult, wenn es sich

1 Zur Idee der Bildung

darin übt, Aufgenommenes sich einzuprägen und wieder hervorzuholen: der *Verstand* durch Denken und Erkennen – dadurch, daß man die Ergebnisse fremder Denkarbeit in fertigen Worten sich einprägt, schult man nur das Gedächtnis, nicht den Verstand. Das *Gemüt* wird *geschult*, hier liegt uns allerdings der Ausdruck *gebildet* näher, wenn es durch Begegnung mit wertvollen oder persönlich bedeutsamen Gegenständen oder Ereignissen in Bewegung gesetzt wird. Den *Willen* schult man durch Übung im Wählen, Entscheiden, Überwinden, Beharren usw.

Man hat für Schulung auch den Ausdruck *formale Bildung*. Die Bezeichnung empfiehlt sich nicht so sehr, weil die einzelne Kraft, die durch Übung leistungsfähig gemacht ist, für sich kein *Gebilde* ist. Sofern aber die geschulten Kräfte zum Aufbau des ganzen Seelengebildes gehören und die Schulung ein Teil des Bildungsprozesses ist, kann man den Ausdruck gelten lassen. Im übrigen ist formale Bildung niemals *bloß* formale Bildung. Keine Schulung ist möglich ohne ein entsprechendes Material. Die Sinne kann man nur üben, indem man Sinnesdaten aufnimmt, den Verstand nur, wenn man über etwas nachdenkt, etwas erkennt, erschließt usw. So wird allemal bei Gelegenheit der Kräfteschulung der Seele Material zugeführt. Freilich dient nicht alles Material wirklich ihrer Bildung. Was Sinne und Verstand aufnehmen und im Gedächtnis aufstapeln und was man fälschlich oft Bildung nennt, das bleibt, wenn es nicht ins Innere der Seele aufgenommen wird, toter Stoff. Die Seele schleppt es als einen äußeren Besitz mit sich, es ist kein Teil von ihr selbst. Es ist wie eine unverdaute Speise, die nicht den Körper aufbauen hilft, sondern ihn als ein Fremdkörper belastet. Was dagegen ins Innere der Seele aufgenommen wird, das wird ein Stück von ihr, ihr selbst untrennbar angehörig wie Fleisch und Blut dem Leibe. Weil hier im Innern der Seele die Umformung des aufgenommenen Materials und damit der Seele stattfindet, erscheint der Ausdruck *Gemütsbildung* passender als *Gemütsschulung*.

2.2 Verarbeitung der Stoffe; Formung der Seele

Was heißt es nun, daß die Seele diesen geistigen Stoff, der ihr von außen zugetragen wird, organisieren und zu einem Gebilde gestalten soll? Es soll mit dem verwachsen, was sie schon von Natur aus ist, und das ist zugleich ein Allgemeines – eine Menschenseele überhaupt – und etwas Individuelles, eine der einzelnen Seele zugehörige Eigenart; dabei sind diese beiden Elemente nicht als getrennte Bestandstücke zu denken, sondern als realiter untrennbar eins: keine Seele kann anders als in individueller Ausprägung existieren. Die natürliche Anlage der Seele ist gewissermaßen eine Grundform, worein das einzuordnen ist, was die Seele im Laufe ihres Lebens aufnimmt. Die Form liegt nicht von vornherein fertig vor, sondern sie prägt sich erst im Laufe ihres Entwicklungsgangs und Hand in Hand mit der Aufnahme von geistigen Stoffen aus, ähnlich wie der Same sich zur Pflanze entfaltet.

Es gibt in dieser Form ein Zentrum und eine Peripherie, eine Oberfläche und eine Tiefe. (Wir haben keine andere Möglichkeit, das, was rein geistig und unräumlich ist, auszudrücken, als mit Bildern aus der räumlichen und sichtbaren Welt). Und unter den Stoffen, die aufgenommen werden, gibt es solche, die in die Oberfläche, und solche, die in die Tiefe *gehören*. Es gibt eine Gesetzlichkeit, die über diese Anordnung entscheidet. Das ist die *Vernunft*. Sie entspricht der Ordnung der äußeren Welt. Man hat oft die Seele eine *kleine Welt*, einen *Mikrokosmos*, genannt und gesagt, daß sie ein Bild des *Makrokosmos*, der *großen Welt*, sein solle. Man hat das zunächst nur in dem Sinne gemeint, daß die *Vorstellungen* oder *Begriffe* des erkennenden Geistes ein Abbild der erkannten Welt seien. Aber es könnte auch so aufgefaßt werden, daß die Bildungsstoffe, die der Seele aus der äußeren Welt zugeführt werden, in ihr so geordnet werden sollen, wie es dem Rang und der Bedeutung der entsprechenden Gegenstände im Aufbau der großen Welt gemäß ist.

Wenn die Seele sich in dieser Weise formt, wenn alles in ihr an *seinem Platz ist*, dann ist in ihr Ruhe, Klarheit und Frieden, dann ist sie *harmonisch gebildet*. Das besagt nicht, daß sie jetzt *nichts mehr zu tun habe*. Trägheit und Untätigkeit sind Eigentümlichkeiten der Materie. Der Geist ist aktiv und lebendig. Wenn die Seele eine Fülle von geistigem Material in sich aufgenommen und es vernunftgemäß verarbeitet hat, dann ist sie tatbereit und leicht beweglich. Sie nimmt mit der geistigen Nahrung Antriebe zum Schaffen in sich auf; es drängt sie, ihr eigenes Wesen, das sie innerlich zum Gebilde gestaltet, nach außen hin wirksam werden zu lassen in Taten und Werken, die davon Kunde geben. Diese Wirksamkeit nach außen, das Sichaussprechen, Schaffen und Gestalten ist ein wesentliches Stück der Persönlichkeit, darum die Schulung der entsprechenden praktischen und schöpferischen Fähigkeiten zu aktionsbereiten Fertigkeiten ein wesentliches Stück des Bildungsprozesses. Darin liegt wohl der tiefste Sinn der *Arbeitsschule*.

1 Zur Idee der Bildung

3. Bildungsfaktoren

Wir sind davon ausgegangen: Bilden ist Formen eines Materials zu einem Gebilde, nach einem Bilde. Wir haben erwogen, was als Material in Betracht kommt und welcher Art das Gebilde ist, das erzielt werden soll. Es bleiben noch die weiteren Fragen: Welches ist das Bild, nach dem die Seele gestaltet werden soll? Und wer oder was ist das Subjekt der formenden Tätigkeit? Ich möchte die zweite Frage zuerst in Angriff nehmen, weil ohne ihre Lösung die erste kaum zu beantworten ist.

3.1 Alle Bildung ist Selbstbildung – Sinn von Bildung und Selbst

Der Satz der Lehrordnung, der als Leitgedanke für dieses Jahr gewählt wurde, scheint darauf Antwort zu geben: *Alle Bildung ist Selbstbildung.* Allerdings ist es fraglich, welchen Sinn wir diesem Satz zu geben haben. Dürfen wir für das mehrdeutige Wort *Bildung Bilden* einsetzen, d. h. formende Tätigkeit? Dann würde es heißen: Alles Bilden ist Selbstbilden; deutlicher gesagt: In allem bildenden Tun bildet das Tätige sich selbst, d. h., das Subjekt und das Objekt dieses Tuns sind dasselbe. Nehmen wir dagegen Bildung als das Ergebnis der bildenden Arbeit, als die Gestalt, die das, was gebildet wird, annimmt, so meint man offenbar: Alle Bildung ist selbsterarbeitete Bildung. Und versteht man unter *Bildung* – nach dem weitverbreiteten, wenn auch nicht ganz sinngemäßen Spruch gehend – das von außen aufgenommene Material, so ist der Satz wohl zu denken: Alle Bildung ist selbst erworbene Bildung.

Will man (wie Dr. Josef Dolch im *Volksschulwart,* Juni 1930) den Gegensatz des Tuns und des Ergebnisses des Tuns aus dem Bildungsbegriff ausschließen und das Wort für den Bildungsprozeß als einen Wachstumsprozeß nehmen, so wäre es sprachlich wohl am richtigsten, das *Selbst* ganz zu streichen und zu sagen: Alle Bildung ist Wachstum. Höchstens könnte man der Deutlichkeit halber hinzufügen: des sich Bildenden selbst. Das *selbst* wird dann den Gegensatz eines Bildenden und eines, das gebildet wird, ausschließen. Wo man dagegen unter *Bildung* eine formende Tätigkeit versteht, da wird der Gegensatz von Bilden und Gebildetwerden anerkannt, aber die Tätigkeit wird als eine reflexive aufgeführt und ein anderes Subjekt oder Objekt der Tätigkeit ausgeschlossen. Wo Bildung als erwor-

I Theoretische Grundlagen

bener Besitz der Persönlichkeit gilt, da besagt das *selbst* wiederum den Gegensatz gegen einen andern, dem man sie zu verdanken hätte, als etwas, das aus eigener Tätigkeit entspringt. Das sind die verschiedenen Deutungen, die etwa durch die Themen 5, 6 und 8 nahegelegt sind. Und je nach dem verschiedenen Sinn wird man prüfen müssen, ob und wie weit man dem Satz zustimmen kann.

Nehmen wir zunächst die Deutung, die Bildung als Wachstum faßt und durch das *selbst* eine bildende *Tätigkeit* ausschließen möchte.

3.2 Die natürliche Anlage als Bildungsfaktor

Wenn man ein wenig darüber nachdenkt, was *Wachstum* bedeutet, wie wir es vorhin taten, so wird man dem nicht ganz zustimmen. In allem Wachstum stecken ein Tun und ein Leiden als zwei Seiten einer Sache. Es ist eine Materie vorausgesetzt, die aufgenommen und geformt wird, und eine Form, die aufnimmt und formt. Das *Tun* ist nur hier kein freies, sondern ein naturhaftes Wirken. So können wir auch bei der Wachstumstheorie der Bildung das Tun nicht ausschließen, wenn wir es nur weit genug fassen. Nehmen wir dann Bilden als Tätigkeit: Das Subjekt des Bildens bildet sich selbst. Wir können auch sagen: Was Bildung erlangt, erlangt es durch sich selbst.

Können wir dem auf Grund unserer bisherigen Analyse zustimmen? Wenn wir die niederen Stufen der *Bildung* mit hereinziehen, so müssen wir sagen: Tote Stoffe werden nicht durch sich selbst, sondern durch eine formende Tätigkeit von außen gebildet. Bei den ungeistigen Lebewesen erfolgt die Bildung von innen. Dabei aber sind Formendes und Geformtes verschieden: Das, was geformt wird, ist ein Material von natürlichen Anlagen und Stoffen, die von außen aufgenommen werden. Das, was formt, ist ein immaterielles Prinzip, das mit der belebten und zu formenden Materie zusammen die Einheit des Lebewesens bildet. Indem man von dieser Einheit ausgeht, kann man sagen, daß das Lebewesen sich selbst bilde. Dabei ist das Bilden kein freies, bewußtes Tun. Es kann ferner durch äußere Einwirkungen beeinflußt werden, und ein frei tätiges Wesen kann planmäßig in den Bildungsprozeß eingreifen, aber nur unter Berücksichtigung der natürlichen Gesetze dieses Bildungsprozesses. Hier wirken also äußere und innere Kräfte zur Bildung zusammen.

1 Zur Idee der Bildung

3.3 Das freie Tun

Die *Bildung des Menschen* wird einmal wie bei den niederen Lebewesen durch die innere Form gewirkt, die keimhafte Anlage, die den Entwicklungsgang des Leibes und der Seele bestimmt. Darüber hinaus hat es aber bei ihm noch einen anderen Sinn, daß er *sich selbst bildet*. Wir sehen, daß die Tätigkeit der geistigen Organe, die der Seele ihre Nahrung zuführen, eine *freie* ist. Die freie Person ist *sich selbst* in die Hand gegeben, d. h., Leib und Seele sind – wenn auch nicht bedingungslos – der Leistung des Willens unterstellt. Der Mensch kann aus der ihn umgebenden Welt die bereitliegende Nahrung für Leib und Seele holen, er kann das Angemessene auswählen und Schädliches fernhalten; er kann aber das auch verabsäumen, er kann *sich vernachlässigen* und es damit selbst verschulden, wenn er *ungebildet* bleibt oder *verbildet* wird. Wir sehen aber schon, daß er nicht *allein* dafür verantwortlich ist. Einmal kann er nicht alles *aus sich machen*, was er will. Seinem vernünftigen Wollen sind durch seine natürliche Anlage Grenzen gezogen. Geht er über das hinaus, bescheidet er sich nicht mit dem, was ihm bestimmt ist, so gibt das keine wirkliche Bildung, sondern eine Scheinbildung, einen *äußeren Anstrich*.

Von hier aus wird auch der Sinn der *Selbstschulung* klar. Wir haben Schulung als eine Ausbildung der Kräfte durch Betätigung verstanden. Sofern diese Betätigung von der Freiheit der Person abhängig gemacht ist, wie es bei der Betätigung des Verstandes und Willens am deutlichsten der Fall ist, da *kann* das freie Subjekt sich *selbst* schulen, auch hier in den Grenzen, die durch die Natur gezogen sind, denn wo die erforderliche Naturgabe fehlt, da ist durch Übung wenig zu erreichen. Ferner geht nicht *alle* Schulung von dem freien Subjekt aus. Die Kräfte werden auch *unwillkürlich* zur Betätigung angeregt und geschult. Nimmt man dagegen das *Selbst* im Sinne der ganzen Person, dann stimmt es freilich, daß sie ihre Kräfte betätigen muß, um sie zu schulen, ohne daß dabei eine Mitwirkung anderer ausgeschlossen wäre.

So macht sich in dem Satz *Alle Bildung ist Selbstbildung* die Doppelbedeutung des *Selbst* geltend: Es kann damit einmal nur das Subjekt des freien Willens und der vom Willen bedingten *freien Akte* gemeint sein, sodann aber die ganze menschliche Person. Wenn man den ersten Sinn zugrunde legt, so muß aus dem Satz das *Alle* herausgestrichen werden, denn der Bildungsprozeß, auch der seelische, setzt beim Kinde schon ein, ehe es zum

Gebrauch seiner Freiheit gelangt, ehe es selbst gestaltend eingreifen kann, ehe es auch nur den Eindrücken, die es empfängt und die in ihm wirksam werden, willensmäßig Einlaß gewähren oder sie abweisen kann. Nehmen wir das Selbst im Sinne der ganzen menschlichen Person, dann ist der Satz wohl richtig, nur darf man nicht hineinlegen, daß die Bildung von dem sich Bildenden *allein* abhänge.

3.4 Die äußeren Bildungsstoffe

Wir haben ja gesehen: Er holt sich seine Bildungsstoffe zum größten Teil von außen, und ohne die ihm gemäßen Bildungsstoffe kann er nicht die Bildung erlangen, zu der er von Hause aus befähigt ist. Der Irrtum in dem weitverbreiteten Gebrauch des Wortes *Bildung*, daß man *Bildung* als eine Art von äußerem Besitz ansieht und *gebildet* den nennt, der gewisse Kenntnisse erworben hat, besteht nicht darin, daß man an eine Annahme von außen glaubt, sondern darin, daß man die unverarbeiteten Bildungsstoffe mit der Bildung selbst verwechselt. Von dem Vorhandensein und der Erreichbarkeit der nötigen Stoffe also ist die Bildung abhängig; das ist ein dritter Faktor neben der natürlichen Anlage und der freien Tätigkeit des zu Bildenden.

3.5 Menschliche Bildung

Darüber hinaus ist nicht zu leugnen, daß der Mensch – mindestens solange er nicht selbst frei an seiner Bildung arbeiten kann – auf die Tätigkeit anderer angewiesen ist, die ihm die nötigen Bildungsstoffe zuführen können und sollen, von menschlichen *Bildnern*. Sofern die Bildung eines Menschen von der freien Tätigkeit seiner Umgebung, ihrem Tun und Unterlassen, abhängig ist, besteht für die Umgebung eine Pflicht und Verantwortung in dieser Richtung. Ihr Eingreifen in den Bildungsprozeß kann allerdings nur darin bestehen, daß sie dem Objekt ihrer Bildungsarbeit Stoffe zuführt. Diese Stoffe sollen möglichst geeignet sein, und sie sollen in einer Form dargeboten werden, die für die Aufnahme möglichst förderlich ist. Ob sie aber dann wirklich aufgenommen werden, das hat der menschliche Bildner nicht mehr in der Hand: Paulus hat gepflanzt, Apollo bewässert – der das Gedeihen gibt, ist Gott.

1 Zur Idee der Bildung

3.6 Gott als Bildner

Damit kommen wir auf ein Letztes. Nach unserem Glauben ist der Bildungsweg des Menschen ein Weg der göttlichen Vorsehung. Gott hat dem Menschen seine natürliche Anlage gegeben und hat sie ihm in Form eines Keimes gegeben, der zur Entfaltung und Entwicklung bestimmt ist. Er hat den Entwicklungsgang von verschiedenen äußeren Faktoren und vom freien Willen des betreffenden Menschen selbst abhängig gemacht. Das Zusammenspiel und Ergebnis dieser mannigfachen Faktoren, das für den menschlichen Blick nicht durchschaubar, höchstens dunkel zu fühlen und zu ahnen ist, schaut er klar voraus. Und er hat sich selbst eine besondere Form des Eingreifens in dieses Spiel vorbehalten. Wie er gelegentlich – in dem, was wir *Wunder* nennen – in den Gang des äußeren Naturgeschehens eingreift und die Dinge zu Wirkungen befähigt, die nicht in ihrer Natur liegen, so wirkt er auch *Wunder* in der inneren Welt; wir nennen das Gnadenwirkung.

Keine Bildungsstoffe aus dem Bereich der menschlichen Werke, keine Bildungsmaßnahmen eines Erziehers können die Natur eines Menschen verändern, sie können nur dazu beitragen, daß sie diese oder jene unter den ihr möglichen Bildungsrichtungen einschlägt. Gott aber kann Gaben verleihen, die er nicht in die Natur gelegt hat. Er kann Schlacken beseitigen, die in der ererbten Anlage stecken oder durch eigene Schuld in die Seele einwurzeln; er kann also die Natur umwandeln und so von innen her den Bildungsgang in einer nach außen hin, ja für den, dem es widerfährt, selbst höchst überraschenden und erstaunlichen Weise beeinflussen.

4. Das Urbild

Noch eine Frage bleibt zu behandeln: Nach welchem Bilde wird der Mensch geformt? Um diese Frage zu beantworten, müssen wir die verschiedenen Faktoren in Betracht ziehen, die an der Bildung mitarbeiten. Solange der Mensch noch nicht frei tätig an seiner Bildung arbeitet, hat er auch noch kein Bild dessen, was er werden soll oder will. Sein unbewußter Bildungsgang hat nur eine innere Zielstrebigkeit wie der der Pflanze und des Tieres. Sobald er aber bewußt an sich arbeitet, steht ihm ein Bild vor Augen. Entweder sieht er es draußen: wenn er sich einen Menschen als

I Theoretische Grundlagen

Vorbild wählte, dem er sich nachbilden will. Da aber die Naturen der Menschen verschieden sind, besteht bei solchem Nachbilden immer die Gefahr, daß etwas angestrebt wird, was in der Natur des Nachstrebenden nicht angelegt ist. Dann kommt es zu keiner wirklichen Bildung von innen heraus, sondern nur zu einem *Wie er sich räuspert und wie er spuckt*. Nur soweit sich das Nachstreben auf allgemein menschliche Züge erstreckt, die jedem Menschen erreichbar sind, oder auf einer wirklichen Verwandtschaft der Naturen beruht, kann es zu echter Bildung führen.

Ähnlich steht es mit einem geistigen Bildungsideal, das man in sich trägt und zu dem man sich emporzuarbeiten sucht. Es kann nur dann bildend wirken, wenn es mit der eigenen Natur im Einklang steht. Dasselbe gilt schließlich für die Bildungsarbeit, die man an anderen zu leisten sucht. Je nach der Weltanschauung stehen den Bildnern die verschiedensten Bildungsideale vor Augen. Nur wenn sich in diesem Zielbilde das, was jedem Menschen als Ziel bestimmt ist, mit dem, was ihm als Individuum vorgezeichnet ist, vereinigt, kann auf einen Erfolg der Bildungsarbeit gerechnet werden. Was aber dem Menschen als Menschen und was dem einzelnen als Ziel bestimmt ist, das steht, vollkommen erkannt, vor keines Menschen Auge. Manches davon wird erkannt, manches darüber hinaus gefühlt und geahnt. Klar und vollständig schaut es Gott allein, der jeder Natur ihr Ziel bestimmt und das Streben nach diesem Ziel in ihn hineingelegt hat.

Gott schuf den Menschen nach seinem Bilde. Aber dieses Bild schaut ja in Vollkommenheit wiederum nur er allein. Wir schauen es in vielen Bildern, die es jedes unvollkommen, jedes von einer anderen Seite darstellen: in den Geschöpfen. Am vollkommensten in dem vollkommensten aller Geschöpfe, in Gottes Sohn, und im Wort der Offenbarung, das uns von Gott kündet. Wir sollen von diesem Bild soviel in uns aufnehmen, wie wir nur können, damit es zur inneren Form werde und uns von innen heraus gestalte. Wir sollen auch, soweit unsere Kraft reicht, uns selbst zu erkennen streben und das, wozu wir angelegt sind, und ebenso andere, deren Bildung uns mit anvertraut ist. Aber wir werden nie in den Besitz einer vollkommenen Erkenntnis gelangen, weder für uns selbst noch für andere, und darum niemals in der Lage sein, unsere Bildungsarbeit, an uns selbst und an andern, mit unfehlbarer Sicherheit in Angriff nehmen zu können. Sicher gehen wir nur, wenn wir uns bedingungslos der Hand dessen übergeben, der allein weiß, was aus uns werden soll, und allein die Macht hat, uns diesem Ziel zuzuführen – vorausgesetzt, daß wir guten Willens sind.

2 Wahrheit und Klarheit im Unterricht und in der Erziehung

Wer den diesjährigen Leitgedanken für die theoretische Pädagogik und die Themen für die Jahresarbeiten zuerst gehört hat, der hat sich wahrscheinlich gefragt, was eigentlich beides miteinander zu tun hat. Wenn man aber den Leitgedanken in Ruhe durchdenkt, so wird der Zusammenhang klar, und es fällt jetzt daher ein Licht auf die Themen *Wahrheit und Klarheit im Unterricht und in der Erziehung*. Wenn wir verstehen wollen, was das bedeutet, so müssen wir die Ausdrücke, die darin vorkommen, näher erwägen. Was Unterricht und was Erziehung ist, darüber haben Sie in Ihren langjährigen pädagogischen Studien sicher mehr als genug gehört und gelesen. Aber über Wahrheit und Klarheit, da dürfte es vielleicht noch an der nötigen Klarheit fehlen. Auf die Erörterung dieser beiden Begriffe möchte ich daher zunächst eingehen. Zu untersuchen, was *Wahrheit* und was *Klarheit* ist, das ist Aufgabe der Erkenntnistheorie und Logik, und über die einfachsten Grundbegriffe dieser beiden philosophischen Disziplinen muß man einigermaßen unterrichtet sein, wenn man über Wahrheit und Klarheit sich Aufschluß verschaffen will.

Die Fragen, mit denen sich die Erkenntnistheorie beschäftigt, sind etwa: Was ist Erkenntnis? Welche möglichen Arten der Erkenntnis gibt es? Unter welchen Bedingungen ist richtige oder gültige Erkenntnis möglich? Von der ersten Frage wollen wir jetzt ausgehen.

Erkennen heißt eine neue Kenntnis gewinnen oder einen Gegenstand *kennenlernen*. Das ist nur eine vorläufige Bestimmung, an der wir später eine Korrektur anbringen müssen, aber fürs erste kann sie genügen. Zu jeder Erkenntnis gehört *dreierlei*: ein *Objekt* oder ein *Gegenstand*, der erkannt wird, *ein Subjekt* oder ein *geistiges Wesen*, das erkennt, und die Tätigkeit oder der Akt der Erkenntnis. Es gibt *verschiedene Arten* der Erkenntnis, je nach den Gegenständen. Um z. B. ein Ding der Außenwelt zu erkennen, bedarf es der *sinnlichen* Wahrnehmung des Sehens, Hörens usw. Will ich etwas erkennen, was in mir *selbst*, in meiner Seele vorgeht, so nützen mir dafür die äußeren Sinne nichts. Es bedarf einer andersartigen Erkenntnis, einer *inneren Wahrnehmung* oder *Anschauung*. Will ich schließlich die Gesetze etwa der Zahlen oder geometrischer Gebilde erkennen, so komme ich weder mit äußerer noch mit innerer Wahrnehmung aus. Man braucht dazu etwas, was man mit *idealer* oder *reiner Anschauung* bezeichnet.

I Theoretische Grundlagen

Die Erkenntnis ist also etwas anderes je nach dem *Objekt*, sie ist aber auch etwas anderes je nach dem *Subjekt* des Erkennens. Ein Kind erkennt anderes und anders als ein Erwachsener, ein Wilder anders als ein Kulturmensch und über alle Unterschiede der Erkenntnis bei verschiedenen Menschentypen hinaus geht die Kluft, die sich auftut, wenn wir der menschlichen Erkenntnis die göttliche Erkenntnis gegenüberstellen. Es ist bei beiden ein *Gemeinsames* vorhanden, was es erlaubt, in beiden Fällen von Erkenntnis zu sprechen. Aber die Verschiedenheit ist so groß, daß es gar nicht möglich ist, eine gemeinsame Definition aufzustellen.

Wir sagten vorhin: Erkennen ist das Gewinnen einer neuen Erkenntnis. Das stimmt für die göttliche Erkenntnis nicht. Gottes Erkenntnis ist ein Wissen oder Erkannthaben von Ewigkeit her. Die moderne Erkenntnislehre pflegt sich um diese Frage nicht zu kümmern. Aber die klassische katholische Philosophie des Mittelalters, etwa die des *hl. Thomas*, faßt das Problem immer in dieser Weite, und wir werden die Fragen unseres Leitgedankens nicht lösen können, wenn wir nicht an diese weite Fassung des Problems anknüpfen. Fürs erste allerdings genügt es, wenn wir von der menschlichen Erkenntnis ausgehen.

Wir sagten: Die Erkenntnis ist eine andere je nach dem Subjekt und je nach dem Objekt. Aber auch bei *gleichem* Subjekt und Objekt kann unter Erkenntnis noch sehr Verschiedenes verstanden werden. Wenn wir uns etwa in einer fremden Umgebung, in einer unbekannten Stadt befinden, so brauchen wir nur die Augen aufzumachen, um eine ganze Fülle von neuen Gegenständen kennenzulernen. Wenn wir z.B. zum ersten Mal die Hauptstraße in Speyer entlanggehen und der Dom vor uns auftaucht, so tritt er vor uns hin als ein völlig neuer Gegenstand, besonders wenn wir annehmen, daß wir vorher auch noch nichts über ihn gehört oder gelesen haben. Aber können wir das, was wir bei diesem ersten Hinschauen gewinnen, schon eine *wirkliche Erkenntnis* nennen? Offenbar werden wir uns damit nicht begnügen. Auf dieses erste rein passive Aufnehmen folgt eine weitere Tätigkeit. Wir werden den Dom von den verschiedenen Seiten betrachten, wir werden uns vielleicht fragen, welchem Stil er angehört, wir werden uns über seine Vergangenheit unterrichten usw. Und erst, wenn wir all das getan haben, werden wir sagen, daß wir eine *wirkliche Erkenntnis* oder ein *Urteil* über ihn gewonnen haben. Es hat sich also an die sinnliche Wahrnehmung, von der wir ausgingen, eine mannigfache geistige Tätigkeit angeschlossen, ein *zergliederndes* und *zusammenfassendes* Denken. In der ersten

2 Wahrheit und Klarheit im Unterricht und in der Erziehung

Anschauung stand der Gegenstand als etwas Einfaches und Einheitliches vor uns. Dann haben wir ihn zergliedert, einzelne Teile und Eigenschaften herausgehoben, ihn in Beziehung zu anderen Gegenständen gesetzt usw. Alle diese Eigenschaften und Beziehungen schreiben wir dem Gegenstand, von dem wir ausgingen, zu, und das geschieht in der *Form des Urteils,* das man auch gern mit der Erkenntnis gleichsetzt. Und von dem Urteil nun sagen wir in erster Linie, daß es wahr oder falsch ist.

Wahrheit ist ein Prädikat, das dem Urteil zukommt, Wahrheit ist nach der klassischen Definition der Scholastik die Übereinstimmung der Erkenntnis und des Seins. Wir haben eine wahre Erkenntnis oder ein wahres Urteil gewonnen, wenn der Gegenstand in Wirklichkeit *so* ist, *wie* es das Urteil von ihm behauptet. Um eine wahre Erkenntnis zu gewinnen, muß die geistige Tätigkeit, die sich an die ursprüngliche einfache Anschauung anschließt, nach bestimmten allgemeinen Gesetzen vorgehen, und das Ergebnis der Tätigkeit, das Urteil, muß eine bestimmte Form haben. Die allgemeinen Gesetze des Denkens und die Formen des Urteils sowie der ihm verwandten Gebilde untersucht die Logik, die also mit der Erkenntnistheorie nahe zusammenhängt.

Die wichtigsten Gebilde, mit denen die Logik es zu tun hat, sind *Begriff, Urteil* und *Schluß.* Das Urteil aber steht im Mittelpunkt. Um Begriffe zu bilden, d. h. einen Gegenstand durch charakteristische Merkmale zu bestimmen, muß ich zunächst diese Merkmale an ihm herausheben und ihm in der Form des Urteils zusprechen, d. h., der Begriff setzt sich aus Urteilen zusammen. Wenn diese Urteile *wahr* sind, so kann man auch den Begriff *wahr* oder *richtig* nennen, denn er stimmt dann mit seinem Gegenstand überein.

Sie sehen jetzt vielleicht schon, in welchem Zusammenhang dieser *Begriff der Wahrheit,* den wir bisher abgeleitet haben, mit dem *Unterricht* steht. Ehe ich aber darauf eingehe, möchte ich noch den Begriff der *Klarheit* erörtern. Wir müssen dazu zu der ersten Stufe der Erkenntnis, der schlichten *Anschauung,* die dem zergliedernden Denken zugrunde liegt, zurückgehen. Auch wenn wir uns auf diese Unterstufen der Erkenntnis beschränken, kann sie noch in verschiedener Weise verlaufen. Stellen wir uns vor, daß wir bei einer Gebirgswanderung in dichten Nebel geraten. Plötzlich taucht vor uns etwas in unbestimmten Umrissen auf, ein großes, unheimliches Gebilde, von dem wir noch nicht erkennen können, was es ist. Wir kommen näher. Der Nebel zerteilt sich, und wir sehen in scharfen Umrissen

I Theoretische Grundlagen

klar und deutlich das gastliche Haus vor uns, das das Ziel unserer Wanderung war. Die verschwommene und verworrene Anschauung ist einer klaren und deutlichen gewichen. Klarheit ist also in erster Linie ein Prädikat, das der *Anschauung* zukommt. Wir nennen eine Anschauung klar und deutlich, wenn wir erkennen können, was der angeschaute Gegenstand ist und *wie* er beschaffen ist.

Wir sprechen aber von Klarheit nicht nur bei sinnlichen Anschauungen, sondern auch bei Anschauungen in einem anderen Sinn, z. B. bei *politischen, religiösen Anschauungen* und dgl., d. h. bei der einheitlichen Auffassung großer geistiger Zusammenhänge. Klarheit und Wahrheit stehen *nicht* zusammenhanglos nebeneinander. Die denkende Zergliederung der Erkenntnisgegenstände knüpft, wie wir sehen, an die Anschauung an, und je klarer die Anschauung ist, desto größere Aussicht besteht, daß wir wahre Urteile und richtige Begriffe gewinnen.

Nun ist wohl deutlich, in welcher Beziehung Wahrheit und Klarheit zum Unterricht stehen. Was heißt unterrichten anderes als *Erkenntnis vermitteln?* Das heißt erstens, den Schülern *wahre Urteile, klare Anschauungen* und *richtige Begriffe* beibringen und zweitens ihren *Verstand* so bilden, daß sie fähig werden, sich selbst *klare Anschauungen, richtige Begriffe* und *wahre Urteile* zu erwerben.

Damit sind wir zu einem ersten Ergebnis gelangt. Wahrheit und Klarheit in dem bisher festgelegten Sinn müssen Unterrichts*ziel* sein. Auf *welche Weise* aber ist dieses Ziel zu erreichen? *Erstes Mittel* dazu ist jedenfalls, daß der *Lehrer selbst* über klare Anschauungen und wahre Urteile verfügt und imstande ist, sich selbst selbständig welche zu bilden, d. h., Klarheit und Wahrheit sind nicht nur Unterrichts*ziel*, sondern auch Unterrichts*mittel*. Andere Mittel treten hinzu. Der Lehrer muß die Kinder anschauen und denken lehren, d. h., er muß es ihnen vormachen, wie sie anschauen und denken sollen, er muß sie zum Mitanschauen und Mitdenken veranlassen und sie dadurch schließlich dahin bringen, daß sie diese Tätigkeit auch selbständig in der richtigen Weise ausüben können. Die modernen Forderungen nach Anschauungs- und Arbeitsunterricht dienen hauptsächlich diesem Zweck.

In welchem Verhältnis aber stehen Wahrheit und Klarheit zur *Erziehung?* Der Unterricht ist ja nur ein *Teil* der Erziehung, vornehmlich des Verstandes. Unter Erziehung aber verstehen wir die Bildung des *ganzen Menschen* mit *allen* seinen Kräften und Fähigkeiten. Kommt auch dafür

2 Wahrheit und Klarheit im Unterricht und in der Erziehung

Wahrheit und Klarheit als Ziel und Mittel in Frage? Fassen wir zunächst das Erziehungs*ziel* ins Auge, so werden wir Wahrheit noch in einem anderen Sinn als bisher fassen müssen, um sie dann in Beziehung zu bringen. Wir sagten früher, Wahrheit sei nach der Bestimmung der Scholastik, etwa des hl. Thomas, die Übereinstimmung der Erkenntnis mit dem Sein. Wir sagten aber auch, daß unter Erkenntnis etwas wesentlich anderes zu verstehen sei, je nachdem wir die menschliche oder die göttliche Erkenntnis ins Auge fassen. Die menschliche Erkenntnis folgt den *Dingen nach*. Sie ist wahr, wenn sie die Dinge so auffaßt, wie sie in Wirklichkeit sind. Die göttliche Erkenntnis ist *früher* als die Dinge. Sie erkennt die Dinge, *ehe* sie sind, sie schreibt ihnen vor, was sie sein sollen. Sie enthält ein *Urbild* oder eine *Idee* aller geschaffenen Dinge in sich.

Wenn wir von der göttlichen Erkenntnis ausgehen, so bekommt der Satz: „Wahrheit ist die Übereinstimmung der Erkenntnis mit dem Sein" eine neue Bedeutung. Die menschliche Erkenntnis ist wahr, wenn sie mit den Dingen übereinstimmt. Nun muß man sagen, die *Dinge* sind wahr, wenn sie mit der *göttlichen* Erkenntnis übereinstimmen, d. h., wenn sie *das* sind, was sie nach dem göttlichen Schöpfungsplan sein *sollen*. Alle geschaffenen Dinge sind im göttlichen Geist vorgezeichnet, auch der Mensch. Er ist *wahrer Mensch,* wenn er das ist, was Gott dem Menschen vorschreibt, und zwar sowohl im allgemeinen Sinne des Menschseins als in dem ganz speziellen Sinne der individuellen Persönlichkeit. Auch für *jeden einzelnen* Menschen ist im göttlichen Geist ein *Urbild dessen* vorgezeichnet, *was* er sein *soll.*

Damit aber haben wir das Ziel der Erziehung umschrieben. Was anders wollen wir mit der Erziehung erreichen, als daß der junge Mensch, der uns anvertraut ist, ein *wahrer Mensch* und *wahrhaft er* selbst wird? Wie aber ist dieses Ziel zu erreichen? Das eine scheint klar: um es erreichen zu können, muß der Erzieher eine klare Anschauung und ein wahres Urteil darüber besitzen, *worin* das Erziehungsziel, d. h. das *wahre Menschsein* und die *wahre Individualität*, besteht. Wie ist eine solche Erkenntnis zu erlangen? *Die Philosophen* aller Zeiten haben sich um diese Erkenntnis bemüht und sind zu keinem einheitlichen Ergebnis gelangt, es ist ein ewiger Streit der Meinungen bis in unsere Tage.

Wie sollte es auch anders sein? Der *wahre* Mensch, so sagten wir, ist der, der mit dem göttlichen Urbild des Menschen übereinstimmt. Wie soll die menschliche Erkenntnis zu diesem Urbild heranreichen? Es ist ganz klar:

I Theoretische Grundlagen

was in *Gottes* Geist ist, können wir nur *so weit* wissen, als Gott *selbst* es uns offenbart, d. h., ein wahres Urteil über das, was ein wahrer Mensch ist, und damit über das Erziehungsziel, können wir nur der offenbarten Wahrheit entnehmen. Es ist beschlossen in unserem Glaubensleben. Das Mittel, unser Erziehungsziel zu erreichen, ist, den Zögling nach Möglichkeit so zu bilden, wie es die Glaubenslehre verlangt. Dafür aber haben wir noch einen besonderen Weg. Das, was unter dem wahren Menschen zu verstehen ist, ist uns ja nicht nur in den Worten der Offenbarung kundgegeben, sondern das Urbild des wahren Menschen, wie er nach Gottes Plan sein soll, hat Gestalt angenommen und ist unter die Menschen getreten in dem *Gottmenschen Jesus Christus*. Wahre Menschen bilden heißt sie nach dem *Bilde Christi* bilden. Wir haben dann das Kind auf den Weg zum Ziel gebracht, wenn wir das Bild Christi in seine Seele eingeprägt und dazu erzogen haben, den Weg der Nachfolge Christi zu gehen. Das wird der Lehrer aber niemals nur durch eine Belehrung in Worten erreichen. Um *wahre* Menschen erziehen zu können, muß er *selbst* ein *wahrer Mensch* sein. Es wird ihm um so eher gelingen, seine Kinder zu Nachbildern Christi zu gestalten, je mehr er sich *selbst* zum Nachbild Christi gestaltet hat.

Damit scheint aber erst das eine Ziel der Erziehung und das Mittel dazu gegeben, nämlich das des allgemeinen Menschseins. Es scheint, als wäre die Individualität dabei noch nicht berücksichtigt. Es müßte also als weiteres Ziel der Erziehung hinzukommen die Herausarbeitung der individuellen Gestalt, die für den einzelnen Menschen vorgezeichnet ist, und dafür scheint die Voraussetzung eine Erkenntnis der Individualität des Zöglings zu sein. Tatsächlich ist ja das die Hauptforderung der modernen Pädagogik seit *Rousseau*, der *Individualität* Raum zu schaffen, sie zur freien Entwicklung zu bringen. Wie aber ist eine Erkenntnis der Individualität möglich? Die modernen Reformpädagogen schlagen die verschiedensten Mittel dazu vor: Das Kind soll sich *selbst* betätigen, man soll es frei nach seinen Antrieben sich gestalten lassen, man soll mit keinem äußeren Zwang an es herantreten.

Etwas Richtiges steckt gewiß darin. Wenn man das Kind dazu bringen kann, daß es sich ohne Scheu dem Lehrer gegenüber verhält und ausspricht, so wird man eine gewisse Möglichkeit haben, es zu erkennen und die Linien zu ahnen, die seiner Entwicklung vorgezeichnet sind. Aber man darf sich nicht einbilden, daß auf diese Weise eine *vollständige* Erkenntnis der Individualität möglich ist. Die Individualität als das Bild, das Gott

2 Wahrheit und Klarheit im Unterricht und in der Erziehung

selbst von dem einzelnen Menschen in sich trägt und nach dem er ihn gestaltet wissen will, gehört zu den Geheimnissen, die Gott selbst sich vorbehalten hat und die für keinen Menschen vollständig erkennbar sind. Kein Mensch kennt uns vollständig, wie wir sind, und wir selbst kennen uns auch nicht.

Wenn das individuelle Erziehungsziel sich auf eine vollkommene Erkenntnis der Individualität aufbauen müßte, dann könnten wir unsere Erziehungstätigkeit von vornherein aufstecken. Der einzige, der für eine Erziehung auf das individuelle Ziel fähig wäre, wäre *Gott*. Und letzten Endes ist dies auch richtig. Das, was wir in der Erziehung leisten, ist nur eine sehr bescheidene Vorarbeit. Die aber ist möglich, und sie besteht hauptsächlich darin, daß wir das allgemeine Erziehungsziel anzubahnen suchen. Wir sagten vorhin, wir haben das Kind auf den *rechten* Weg gebracht, wenn wir es so weit haben, daß es in der *Nachfolge Christi* leben will, d.h., daß es auf seinen eigenen Willen verzichtet und die Leitung seines Lebens in die Hand Gottes legt.

Auf den ersten Blick scheint es, als wäre damit auf die Individualität verzichtet. Das ist aber keineswegs der Fall. Gott führt den Menschen so, daß er *wahrer* Mensch wird. Das kann aber nie heißen, daß er *ein Mensch im allgemeinen* wird. Denn Menschentum und wahres Menschentum gibt es nur in *individueller Ausprägung*. Wer sein Leben in Gottes Hand gibt, der kann sicher sein, und *nur* der kann sicher sein, daß er ganz er selbst wird, d.h., daß er das wird, was Gott für ihn persönlich vorgesehen hat. Es gibt also nichts Törichteres als die Sorge um die Wahrung der Individualität und das ängstliche Forschen nach der Individualität, wie es die ganz moderne Pädagogik beherrscht.

Wir haben jetzt nur noch einiges über die Frage der *Klarheit* als *Erziehungsmittel* und *Erziehungsziel* zu sagen. Was das Erziehungs*mittel* betrifft, so ist es ziemlich einfach. Man muß klare Anschauungen über das Erziehungsziel und die Mittel, die dazu führen können, besitzen, um es erreichen zu können. Anders steht es mit der Klarheit als Erziehungs*ziel*. Kann man ähnlich wie von einem wahren Menschen auch von einem klaren Menschen sprechen? Der gewöhnliche Sprachgebrauch tut es in verschiedenem Sinn. Man nennt einen Menschen dann klar, wenn er klare Anschauungen besitzt, und verworren, wenn das Gegenteil der Fall ist. Daß in diesem Sinne die Klarheit Erziehungsziel sein muß, liegt auf der Hand. Vor allen Dingen muß der Mensch klare Anschauungen darüber besitzen, was

I Theoretische Grundlagen

er werden soll, um die Selbsterziehung leisten zu können, durch welche die Erziehung durch andere schließlich abgelöst werden muß.

Man spricht aber von Klarheit bei Menschen auch noch in *anderem* Sinn. Es gibt Menschen, aus deren ganzem Verhalten ihr inneres Wesen klar hervorleuchtet, bei denen man voraussagen kann, wie sie sich in dieser oder jener Lage verhalten werden. Es sind die Menschen, die *klare* und *feste Grundsätze* haben und nach diesen Grundsätzen handeln. Auch in diesem Sinne muß die Klarheit Erziehungsziel sein.

Schließlich kann man noch in einem *dritten Sinne* von Klarheit sprechen. Man sagt von manchen Menschen, man könne ihnen bis auf den Grund der Seele sehen, ähnlich wie man bei einem klaren See bis auf den Grund sehen kann. Soll auch in diesem Sinne die Klarheit Erziehungsziel sein? Ich glaube nicht, daß man das ohne weiteres sagen kann. Es sind besonders schlichte und einfache Naturen, denen man Klarheit in diesem Sinne nachrühmt. Das ist sicher eine angenehme Eigenschaft, aber nicht etwas, was man von jedem Menschen verlangen kann und muß. Und ferner ist dieses bis auf den Grund Sehen doch im strengen Sinne bei keinem Menschen zutreffend. Wie wir vorhin sagten, die Individualität ist ein letztes Geheimnis, das kein Mensch vollständig durchdringen kann. Es vollständig durchdringen wollen, ist ein *sinnloses* Unternehmen. So ist die letzte Wahrheit über die Erziehung, zu der wir vorgedrungen sind, die Einsicht in die Grenzen, die unserer ganzen Erziehungsarbeit gesetzt sind. Wir säen Samen aus, aber wir wissen nicht, ob er auf steinigen Boden fällt oder auf guten Grund; und der das Gedeihen gibt, ist Gott.

Das wäre also das Ergebnis, zu dem wir gelangt sind. Klarheit der Anschauung und Wahrheit der Begriffe und Urteile ist Ziel und Mittel des Unterrichts. Wahrheit als Übereinstimmung des Menschen mit dem, was er nach dem göttlichen Schöpfungsplan sein soll, und Klarheit als Besitz klarer Anschauung und als Übereinstimmung zwischen Theorie und Praxis ist Erziehungsziel. Klare und wahre Anschauungen über das, was Erziehungsziel sein soll, und über das, was der Erzieher für das Ziel leisten kann, sind Erziehungsmittel. Diese Ergebnisse wären nun zugrunde zu legen, um an der Hand des Leitgedankens die modernen Schlagworte auf ihre Ursachen, ihren Wahrheitskern, ihre Einseitigkeiten und Irrtümer zu untersuchen.

3 Die Typen der Psychologie und ihre Bedeutung für die Pädagogik

Das Fortbildungsprogramm dieses Jahres stellt eine Reihe von psychologischen Beobachtungsaufgaben und setzt damit voraus, daß über Ziele und Methoden der Psychologie ausreichende Klarheit herrscht, um diese Themen erfolgreich bearbeiten zu können. Tatsächlich ist es aber äußerst schwierig, zu einer klaren Übersicht über das Arbeitsgebiet der Psychologie zu gelangen, da die Lehrbücher und Spezialuntersuchungen eine verwirrende Fülle verschiedener Arbeitsweisen und ganz verschiedene Auffassungen von der Aufgabe dieser ganzen Wissenschaft zeigen. Die folgenden Ausführungen möchten, soweit das im Rahmen eines Vortrages möglich ist, zu einem klärenden Überblick verhelfen.

A. TYPEN DER PSYCHOLOGIE

Wenn wir verschiedene Lehrbücher der Psychologie zur Hand nehmen, so werden wir darin sehr Verschiedenes finden, und selbst innerhalb eines Buches kann man eventuell in den verschiedenen Abschnitten Ausführungen begegnen, die nach Gegenstand und Methode sehr wenig miteinander gemeinsam haben. Es werden eben unter dem Namen „Psychologie" *sehr verschiedene Forschungsrichtungen* bezeichnet, die von alters her nebeneinander hergingen und von denen zu verschiedenen Zeiten bald diese bald jene vorherrschend war. Wir wollen drei *Grundtypen* unterscheiden:

1. Die *metaphysische* oder *rationale Psychologie* (Lehre vom Wesen der Seele),
2. die *empirische Psychologie* (Lehre von den Bewußtseinstatsachen),
3. die *Charakterologie* (praktische Menschenkunde).

1. Die metaphysische Psychologie

knüpfte an die Rätselfragen des Lebens: Traum, Tod usw., an und fragt nach dem *Wesen der Seele,* was die Seele überhaupt sei. Als charakteristisches Beispiel wählen wir die Psychologie der Hochscholastik, d.h. des hl. Thomas v. Aquin, weil sie in ihrer Übersichtlichkeit uns zugleich einen Leitfaden bietet, um uns in dem Labyrinth der folgenden Richtungen zu-

I Theoretische Grundlagen

rechtzufinden. Wir können sie in folgendem Schema darstellen: 1. Wesen der Seele (Form des Leibes, Prinzip des animalischen und geistigen Lebens). 2. Potenzen (Habitus). 3. Akte (Aktionen, Passionen).

Die Seele ist ihrem Wesen nach etwas Einfaches (Unzusammengesetztes), Geistiges (Immaterielles); aber sie hat ihren Funktionen nach ein doppeltes Gesicht: Sie ist einmal die Form des Leibes, d.h. das, was ihm das Leben gibt, ihn aus einem toten Körper zu einem lebendigen Leib macht und worin alle Lebenstätigkeiten gründen; ferner wurzelt in ihr auch alles sinnliche und geistige Leben. Und so entspringt dem einen, einfachen Wesen eine Vielheit von Fähigkeiten, Vermögen oder Potenzen: solche, die der Erhaltung des Lebens dienen (z.B. Ernährungsvermögen), sinnliche (auffassende Fähigkeiten und Strebevermögen), geistige (Verstand, Willen). Alle Fähigkeiten aber sind Fähigkeiten zu etwas, d.h. zu Tätigkeiten und Zuständen der Seele, den Akten, die in aktive und passive (Aktionen und Passionen) einzuteilen sind. Die Potenzen sind zunächst als unentwickelte Vermögen, als bloße Möglichkeiten vorhanden; sie können aber eine leichte Bereitschaft gewinnen, zu Akten überzugehen: dann hat die Potenz durch einen „Habitus" eben eine solche Bereitschaft oder Fertigkeit, Vollendung gewonnen.

2. Die empirische Psychologie

Seit der Renaissance macht sich in weiten wissenschaftlichen Kreisen das Bestreben geltend, alles anders zu machen, als es die kirchliche Schulwissenschaft, die Scholastik, getan hat. So begegnen wir seit dem 16. und 17. Jahrhundert einer Psychologie, die nicht mehr über das Wesen der Seele nachdenken, sondern (wie man es im 19. Jahrhundert schließlich genannt hat) eine *Psychologie ohne Seele* sein will; sie interessiert sich auch nicht mehr für die seelischen Vermögen, sondern nur noch *für* das aktuelle Leben (1,3), für die *Tatsachen, die man im Bewußtsein vorfinden kann*. Sie hat ihren Anfang in den Schriften der englischen Empiristen (Locke, Hume usw.) und feierte ihre Triumphe in Deutschland im 19. Jahrhundert. Es werden aber die Bewußtseinstatsachen sehr verschieden betrachtet und behandelt, und so müssen wir mehrere Untertypen unterscheiden:

1. *die beschreibende* (deskriptive) *Psychologie,* die die Bewußtseinstatsachen oder „Phänomene" darstellt, zergliedert und klassifiziert, ähnlich wie

3 Die Typen der Psychologie und ihre Bedeutung für die Pädagogik

die Biologie. Solche Beschreibungen finden sich bei allen empirischen Psychologen, als eigentliche Aufgabe der Psychologie wurden sie aber erst gegen Ende des 19. Jahrhunderts bezeichnet (Franz *Brentano*, Theodor *Lipps*). Die ältere Psychologie der Neuzeit wollte etwas anderes, sie wollte

2. *erklärende oder naturwissenschaftliche Psychologie* sein und die psychologischen Tatsachen nach dem Muster der exakten Naturwissenschaften behandeln, d. h. sie einmal auf einfache Elemente zurückführen *(Elementarpsychologie)*, wie die Chemie die erfahrungsgemäßen Stoffe auf Elemente und Atome, ferner ihr Auftreten erklären durch Aufsuchen von *Gesetzen*, gleich denen der Physik, die einmal die Abfolge der Bewußtseinstatsachen regelt (Assoziations-Psychologie) und ferner ihr Verhältnis zu körperlichen Vorgängen und äußeren Reizen *(Psychophysiologie, Psychophysik)*.

Diese erklärende Psychologie geriet in eine doppelte Verlegenheit: Um die Tatsachen zu erklären, mußte sie doch wieder etwas „hinter ihnen" annehmen, sie sprach wieder von „Seele" und „seelischen Vermögen", oder wenn ihr das gar zu unsympathisch war, setzte sie an die Stelle der Seele das Gehirn und an die Stelle der seelischen Vermögen Gehirnpartien und -funktionen. Damit war man aber über die Erfahrung hinausgegangen und wieder in die Metaphysik hineingelangt, da man doch abgeschworen hatte. – Sodann erwies sich diese Art Psychologie als merkwürdig unfähig, etwas über das höhere geistige und seelische Leben zu sagen. Sie kam nicht über eine „Erklärung" der sinnlichen Empfindungen und Wahrnehmungen usw. hinaus, und wenn sie es versuchte, waren die Ergebnisse mehr als fragwürdig. Man lernte durch sie die Menschen nicht besser verstehen, und der Historiker, der Literar-Historiker usw., kurz die Geisteswissenschaften erfuhren von ihr keine Förderung. So ertönte seit dem Ende des 19. Jahrhunderts immer lauter der Ruf nach einer

3. *verstehenden oder geisteswissenschaftlichen Psychologie (Dilthey, Spranger)*. Sie betrachtet das gesamte seelische Leben als eine sinnvolle Einheit, deren Zusammenhänge man, weil sie *Vernunftgesetzen* gehorchen, *nachleben, verstehen* kann. Sie will diese lebendige Einheit nicht zerstückeln, sondern gerade in ihrem sinnvollen Gesamtaufbau, ihrer Struktur, begreifen (Strukturpsychologie) und die verschiedenen Typen solcher verständlichen Zusammenhänge zeichnen (den Typus des „Helden", des theoretischen, des ästhetischen Menschen usw.) und damit die Grundbegriffe herausarbeitend, mit denen die Geisteswissenschaften arbeiten. – Wenn sie bei ihren Untersuchungen vom aktuellen Leben (1,3) ausgeht, so ist doch

I Theoretische Grundlagen

beim Aufsuchen der Zusammenhänge die Einheit der Seele (1,1) vorausgesetzt. Besonders betont wird diese unteilbare Einheit in der *Individualpsychologie* (Alfred *Adler*).

3. Neben der religiös-philosophischen Besinnung, die zum ersten, und neben der inneren Erfahrung, die zum zweiten Typus führte, ging von alters her die Erfahrung des praktischen Lebens von der Verschiedenheit der menschlichen Charaktere, ihrer *individuellen* und *typischen Eigenart,* und so zeigen sich auch schon früh Ansätze zu einer Charakterologie (der bekannteste, freilich sehr primitive Versuch ist die Lehre *Galens* von den *vier Temperamenten*). Die Bemühungen, sie zu einer Wissenschaft auszubauen, waren aber vereinzelt und kamen daher immer wieder zum Stillstand; erst in unserer Zeit beginnen sie festere Formen anzunehmen. Die Anregungen gingen von verschiedener Seite aus: wie schon erwähnt, sucht die *Struktur-Psychologie* in gewissen Charaktertypen den Schlüssel zum Verständnis des seelischen Lebens; dann führte das Studium der krankhaften Formen des Seelenlebens und das Verlangen, heilend einzugreifen, zur Aufstellung solcher Typen von *psychiatrischer* Seite (die bereits genannte Individualpsychologie z. B.); und schließlich mußten auch die Aufgaben der Erziehung zu dem Bestreben führen, einmal dem allgemeinen Typus des Kindes und des jugendlichen Menschen und ferner die verschiedenen Untertypen zu erfassen (differenzielle Psychologie, Jugendpsychologie).

Diese ganze Disziplin befindet sich noch in den Anfängen; es handelt sich um tastende Versuche. Das gilt von der Typenlehre, noch mehr aber von den Versuchen einer Erforschung der *Individualität,* die zwar im Leben – ebenso wie der Typus – erfahrbar, aber nicht in allgemeinen Begriffen darstellbar ist. Die verheißungsvollsten Ansätze zu einer Typen- wie zu einer Individualitätsforschung sehe ich in den Arbeiten von Ludwig *Klages*, die durch systematisches Studium der Ausdruckserscheinungen, vor allem der Handschrift, die Anfänge einer Charakterkunde geschaffen haben.

B. METHODEN

Den verschiedenen Zielstellungen entsprechen verschiedene Methoden. Das Verfahren der metaphysischen Psychologie ist rationale, *philosophisch-theologische Besinnung* im Anschluß an gewisse Erfahrungstatsachen und eventuell religiöse Dogmen – die beschreibende Psychologie arbeitet hauptsächlich mit *Reflexion* auf das eigene innere Leben und *Analyse* des

3 Die Typen der Psychologie und ihre Bedeutung für die Pädagogik

Vorgefundenen; beides setzt natürliche Begabung und sorgfältige Schulung voraus. – Die Methoden der erklärenden Psychologie sind mannigfach. Zunächst Beschaffung des Materials durch *Selbst- und Fremdbeobachtung;* diese kann gelegentlich oder systematisch sein, eventuell, wenn die Tatsachen planmäßig und unter selbstgewählten Bedingungen zum Zwecke der Beobachtung hervorgerufen werden, *experimentell*. An die Materialbeschaffung schließt sich die Verarbeitung, das Ordnen und das *Aufsuchen von Regelmäßigkeiten*, die eine Aufstellung von Gesetzen erlauben.

Die vorstehende Psychologie muß einen möglichst konkreten Einblick in ganze Lebensläufe gewinnen und daraus dann mit Hilfe einer *Typenanschauung* die gesetzlichen Zusammenhänge ablesen. Dasselbe ist in der Charakterkunde notwendig. Dazu muß aber eine gründliche Schulung in der Deutung der Ausdruckserscheinungen kommen und die Fähigkeit richtiger Darstellung, die durch geeignete Anordnung ein Bild der Charakter*einheit* zu geben vermag.

C. PÄDAGOGISCHE BEDEUTUNG

Klarheit über 1. ist notwendig, um zu wissen, was es denn eigentlich ist, womit man als Erzieher umgeht und worauf man – gewollt oder ungewollt – beständig Einfluß übt. Aus demselben Grunde ist 2. für den Lehrer und Erzieher wichtig. Seelische Eindrücke und Tätigkeiten werden beständig vom Schüler erwartet, verlangt, durch den Lehrer hervorgerufen; so muß man sie auch kennen. 2. hat besondere Bedeutung für gewisse unterrichtliche Maßnahmen: Durch Beobachtung, Experiment sind über das Arbeiten des Gedächtnisses z. B., über zweckmäßiges Lernen, über Ermüdbarkeit und dergleichen Tatsachen festgestellt worden, die sich der Lehrer nicht entgehen lassen sollte. – Für die Erziehung dagegen können wir vor allem aus 1,3 und 3 Belehrung schöpfen: Anleitung zum Verständnis der Kinder und zur Verhütung von Verletzungen der jugendlichen Seele, die oft lebenslange Störungen zur Folge haben. (Im Anschluß daran wird einiges über die Bedeutung der verschiedenen Methoden für die Jahresarbeiten gesagt.)

Dabei sollen wir uns immer klar sein: Alle psychologischen Methoden sind nur schüchterne Versuche, ins Innere der Seele einzudringen – ihr Wesen (das allgemeine wie das individuelle) bleibt uns verhüllt. Dafür gilt das Wort *Platos:* „Die Grenzen der Seele wirst du niemals ausfindig machen und gingest du auch den ganzen Weg – so tief ist ihr Wesensgrund."

I Theoretische Grundlagen

4 Die theoretischen Grundlagen der sozialen Bildungsarbeit

Der Schule – und speziell der Volksschule – ist es aufgegeben, die Kinder des Volkes so zu bilden, daß sie am sozialen Leben in seinen verschiedenen Gestaltungen – als Familie, Gemeinde, Volk, Staat, Kirche usw. – als tüchtige und dienstbereite Glieder teilnehmen. In dieser Aufgabenstellung liegen gewisse Voraussetzungen über die Natur von Individuum und Gemeinschaft und das Verhältnis beider; diese Voraussetzungen aufzudecken, sie zu prüfen und aus den Ergebnissen der Prüfung gewisse allgemeine Richtlinien für die soziale Bildungsarbeit abzuleiten, soll heute mein Ziel sein.

I. Voraussetzungen der Forderung nach sozialer Bildungsarbeit

Die erste Voraussetzung lautet: *Soziale Bildungsarbeit ist möglich,* d.h., es ist kein sinnloses Unterfangen, Individuen für die Gemeinschaft bilden zu wollen. Die zweite: *Soziale Bildungsarbeit ist notwendig. D.h.* einmal: *Die Individuen* sind *nicht* schon *fertige Gemeinschaftsglieder,* sondern müssen erst dazu erzogen, geformt, gebildet werden. Es heißt aber überdies, viel tiefer gehend: *Gemeinschaft ist notwendig,* ohne Gemeinschaft, ohne soziales Leben und somit ohne Bildung der Individuen zu Gemeinschaftsgliedern ist *das letzte Ziel des Menschen nicht erreichbar.*

1.

Lassen Sie mich mit dieser letzten Behauptung beginnen, weil sie die grundlegende ist und weil wir dadurch den Leitfaden auch für die Behandlung der anderen gewinnen. Wenn man zur Theorie einer Kunst vordringen will, d.h. aus dem Grunde verstehen will, worauf sie beruht, so tut man gut, einem Meister der Kunst bei seiner Arbeit auf die Finger zu schauen. Wenn man also zu den theoretischen Grundlagen der Erziehungsarbeit vordringen will, muß man sich zu einem großen Meister dieser Kunst begeben. So bin ich zum größten Erzieher des Abendlandes, zum hl. Benedikt, gegangen und habe zugesehen, wie er es anfing, um die Menschen, die zu ihm kamen und von ihm für den Himmel erzogen werden

4 Die theoretischen Grundlagen der sozialen Bildungsarbeit

wollten, an ihr Ziel zu führen: Er organisierte sie zu klösterlichen Familien, ließ sie gemeinsam beten, gemeinsam arbeiten und unterstellte sie im Gehorsam einem Abt, einem Vater, der sie leitet wie das Haupt die Glieder und für sie vor Gott verantwortlich ist. Nur in ganz seltenen Ausnahmefällen kann es einem Menschen gelingen, ganz allein und auf sich gestellt den Weg zum Himmel zu finden. Der Durchschnitt selbst *der* Menschen, die die Welt verlassen und sich die Arbeit für den Himmel zum ausschließlichen Lebensinhalt wählen, wird verlorengehen, wenn sie sich nicht einer Gemeinschaft unter einer festen Regel einordnen.

Das steht zunächst als eine Tatsache vor uns, an der wir nicht gut rütteln können, weil eine 1400jährige Praxis darauf aufbaut: 1400 Jahre abendländischen Ordenslebens mit allen seinen Früchten für die Völker Europas bürgen dafür, daß Gemeinschaft zum Himmel führt. Aber die Tatsache ist dunkel und geheimnisvoll. Kann es uns gelingen, zu ihrem Verständnis vorzudrücken? Eine einfache Überlegung führt uns weiter. St. Benedikt ist der Schüler eines größeren Meisters; die Sta. Regula ist nur praktische Ausdeutung des Evangeliums Christi, seine klösterlichen Familien sind nur besonders kraftvoll und gut ausgebildete Zellgruppen in dem großen Körper der weltumspannenden Gemeinschaft, die Christus selbst zur Rettung der Seelen begründet hat, der hl. Kirche. So war es Gottes Wille, der den Menschen in die Gemeinschaft hineinstellte. Und wenn wir uns umschauen in unserer heiligen Glaubenslehre, so finden wir weitere, unumstößliche Belege dafür. Durch den Fall des ersten Menschen kam Verderben über das ganze Geschlecht; und wie wir in Adam alle gefallen, so sind wir in Christus alle erlöst. Niemand kommt zum Vater als durch ihn, d.h. durch Eintritt in die Gemeinschaft der Erlösten, durch Eingliederung in den mystischen Leib Christi. So haben wir in dem Geheimnis der Erlösung ein vollgültiges Zeugnis, daß *Gemeinschaft* notwendig ist, *um zum Heil zu gelangen.*

2.

Damit sind wir aber zugleich an einen Punkt vorgedrungen, von dem Licht auch auf die erste Voraussetzung fällt, die wir aufstellten: *soziale Bildungsarbeit ist möglich.* Soziale Bildungsarbeit ist nur dann möglich, wenn *der Mensch von Natur aus Gemeinschaftsglied ist*; denn man kann nichts in den Menschen hineinbilden, was nicht in ihm steckt. *Erbsünde* und *Erlösung*

I Theoretische Grundlagen

aber wären völlig unbegreiflich, wenn die Menschheit eine Summe einzelner, völlig getrennter Individuen wäre und nicht ein Leib mit Haupt und Gliedern. Nur weil in Adam *die Menschheit als eine Natur* geschaffen ist, kann sein Verderben das Verderben aller sein; nur weil Christus in diesen Organismus als Organ hineinwächst, kann die *Gnade des Hauptes* auf alle Glieder überströmen. Daß der Mensch seiner Natur nach ein Glied des großen Menschheitskörpers ist, aus der Gemeinschaft, in der Gemeinschaft und für die Gemeinschaft geboren, ist eine Tatsache, aber eine geheimnisvolle Tatsache, eine, die mit allen Mysterien des Christentums verknüpft ist, von ihnen Licht empfängt, aber eben darum mit dem Licht unseres natürlichen Verstandes nicht restlos zu durchdringen ist. Wir können sie noch um einen Schritt höher hinauf oder tiefer hinein verfolgen, bis zu ihrer Wurzel im höchsten und letzten Glaubensgeheimnis: dem *Geheimnis der Trinität.* Gott schuf den Menschen nach seinem Bilde. Gott aber ist *einer* in drei Personen. *Ein Wesen*, unteilbar, vollkommen einfach und einzig in seiner Art – also *Individuum* im vollkommensten Sinn des Wortes. Aber ein Wesen, das drei Personen gemeinsam ist und sie zur Einheit verbindet: Einheit des Seins und Einheit des Lebens in Erkenntnis, Liebe und Tat – also *Gemeinschaft* im vollkommensten Sinne des Wortes. Weil der Mensch nach dem Bilde des dreieinigen Gottes geschaffen ist, ist er Individuum und Gliedwesen zugleich. Wer er ein *unvollkommenes Abbild Gottes* ist, ist er einmal nicht Individuum und Gliedwesen in einem, wie es die Dreifaltigkeit ist, sondern beides steht in ihm nebeneinander; er ist sodann beides unvollkommen; und er *ist* es nicht von Ewigkeit her, sondern er *wird* beides.

Untersuchen wir diese drei Punkte nun nacheinander. Der Mensch ist Individuum und Gemeinschaftsglied zugleich, aber nicht in einem. *Individualität und Gliedschaft* stehen in ihm *nebeneinander*. Die Gliedschaft besagt: er hat teil an der einen *Menschennatur*, die die eine und selbe ist in „allem, was Menschenantlitz trägt". Sie ist die Grundlage für die *Gleichheit im Leben* der Menschen: in ihrem Denken, Fühlen, Wollen und Tun. Und die Grundlage der *Gemeinsamkeit*: daß Menschen, wo immer sie in Berührung kommen, *miteinander* denken, fühlen, wollen und handeln, d. h. in *Gemeinschaft* und *als Gemeinschaft leben* können. Aber die eine Menschennatur differenziert sich in *Typen*, die sich in *engeren Gemeinschaften* ausleben: Rasse, Volk, Stand, Berufsklasse, Familie usw., und so entstehen in dem großen Organismus der Menschheit Teilorganismen, die in sich geschlossen und nach außen, gegen die andern, abgegrenzt, innerlich aber wiederum gegliedert sind. Zuletzt aber ist jeder einzelne nicht nur Mensch und nicht nur Vertreter dieses oder jenes Typus, sondern *Individuum*, einzig in seiner Art und dadurch auf sich gestellt und von allen andern gesondert.

Die Individualität der Menschen setzt der Gemeinschaft Grenzen. Weil sie Individuen sind, müssen alle menschlichen Gemeinschaften unvollkommen sein. Weil jeder etwas ganz für sich hat, können sie nicht völlig eins werden, wie die göttlichen Personen eins sind durch die Einheit ihres Wesens. Was Vater, Sohn und Geist tun – Schöpfung, Erhaltung, Vorsehung, Gericht, was immer – ist schlechthin *ein* Akt, auf keine Person entfällt etwas Besonderes. Von Menschen können wir wohl auch sagen: *Eine* Begeisterung ergriff das ganze Volk. *Ein* Schmerz erfüllte die ganze Gemeinde. Aber dieses Eine bezeichnet nicht alles, was in den einzelnen vor sich geht. Von jedem strömt etwas Persönliches in das Erlebnis der Gemeinschaft hinein, was er nicht mit den andern teilt. Jeder ist noch etwas anderes außer dem, was er als Glied der Gemeinschaft ist, keiner geht mit seinem ganzen Wesen in die Gemeinschaft ein.

Doch nicht nur Gliedschaft und Gemeinschaft, auch die *Individualität des Menschen* ist *unvollkommen*. Gottes Wesen, das eine und unteilbare, von allen Geschöpfen nachgebildet, von keinem einzigen und auch nicht von allen zusammen erreicht, ist absolut vollkommen. D. h. einmal: es ist allumfassend – alles, was ist, ist in ihm und aus ihm. Es heißt ferner: was Gott ist, ist er voll und ganz von Ewigkeit her und ohne Wandel in alle Ewigkeit. Das Individuum ist unvollkommen – d. h. einmal: es ist seinem Wesen nach ein Bruchstück, in jedem Geschöpf ist ein Strahl des göttlichen Wesens nachgebildet, in jedem ein anderer. Es heißt ferner: was das Individuum seiner Bestimmung nach – eben als Abbild des göttlichen Urbildes – *sein soll*, das *ist* es nicht von Ewigkeit her, auch vom Beginn seines Daseins an nicht, es ist es der Möglichkeit nach, aber nicht in Wirklichkeit; es muß erst dazu *werden*. Dies Werden füllt sein Dasein aus.

Damit sind wir beim dritten Punkt angelangt: *Individuum* wie *Gemeinschaft* sind nichts Fertiges, sie sind immer *im Werden*, in Entwicklung begriffen. In der Familie tritt das Kind ins Dasein. Durch sie empfängt es sein Dasein, in ihrer Obhut und Fürsorge wächst es heran; indem es *mit* den andern, den Erwachsenen, denkt, fühlt, handelt, also in Gemeinschaft lebt, lernt es denken, fühlen und handeln, wächst es heran als Gemeinschaftsglied, zugleich aber auch als Individuum, denn die individuelle Natur, die

I Theoretische Grundlagen

es mit zur Welt bringt, beginnt sich zu regen, lebt und betätigt sich in den Akten, die es in der Gemeinschaft und mit ihr vollzieht, und gibt ihnen ihr Gepräge. Indem ein neues Glied in die Gemeinschaft hineinwächst und sich als ihr Glied entfaltet, erfährt die Gemeinschaft selbst eine Umbildung und Tatentwicklung. So wachsen und entwickeln sich Gemeinschaft, Gliedschaft und Individualität neben- und miteinander, zugleich aber im Kampf gegeneinander. Je stärker die Gemeinschaft das Individuum in ihren „Betrieb" hineinzieht und es in ihren Typus hineinformt, desto größer ist die Gefahr, daß seine individuelle Natur in ihrer Entfaltung gehemmt wird. Je kraftvoller die individuelle Natur sich entfaltet, desto größer ist die Gefahr, daß es aus der Gemeinschaft herauswächst, sich innerlich und evtl. auch äußerlich von ihr absondert. Diesen Gefahren ist es aber nicht wehrlos preisgegeben. Das Individuum, das in der Gemeinschaft heranwächst, und die andern, mit denen es in Gemeinschaft steht und immer mehr zur Gemeinschaft verwächst, sind ihrer Natur nach *Personen*, d.h. *vernünftige* und *freie Wesen*, Wesen, die erkennen und auf Grund der Erkenntnis handeln können: die auch sich selbst und die andern Glieder und die Gemeinschaft erkennen und in sie gestaltend eingreifen können. Die Personalität ist die zweite Wurzel für die Möglichkeit sozialer Bildungsarbeit. Ohne sie wäre auf Grund der natürlichen Gliedschaft nur Gemeinschafts*entwicklung*, aber keine *Arbeit* möglich. Allerdings bedeutet die Möglichkeit des freien Eingreifens zugleich neue Gefahren für die Entwicklung der Individuen und Gemeinschaften. Darauf kommen wir bald zurück.

Mit den letzten Erwägungen sind wir bereits bei der zweiten Voraussetzung der sozialen Bildungsarbeit angelangt, die wir anfangs aufdeckten. *Soziale Bildungsarbeit ist notwendig*, weil der Mensch nicht als fertiges Gemeinschaftsglied zur Welt kommt; weil Gliedschaft und Gemeinschaft sich erst entwickeln müssen und – so können wir jetzt hinzufügen – weil in der Doppelnatur des Menschen, der individuellen und der Gliednatur, Konfliktmöglichkeiten und Gefahren liegen, die durch eine angemessene Bildungsarbeit vielleicht zu vermeiden sind. Gefahren ergeben sich bei rein natürlicher Entwicklung ohne planmäßiges Eingreifen. Noch größere vielleicht bei planmäßigem Eingreifen auf Grund verkehrter Theorien.

Das menschliche Individuum bringt Kräfte mit zur Welt, die Kräfte der menschlichen Natur und seine individuellen, die sich im Laufe seines Lebens entfalten sollen und wollen. Sie können sich nur entfalten durch Betätigung, und diese Betätigung erfolgt überwiegend unter der Leitung von und in Gemeinschaft mit bereits entwickelten Menschen, mit „Erwachsenen". Die Leitung braucht keine planmäßige, keine eigentliche Erziehung zu sein. Das Kind tut „mit", was die Großen tun, und tut, was sie von ihm verlangen. Und sie handeln vor ihm und verlangen von ihm vielfach ohne alle vorausgehende pädagogische Besinnung, ohne zu überlegen, ob die Betätigung, zu der sie es – bewußt oder unbewußt – veranlassen, für seine individuelle und soziale Entwicklung zweckmäßig ist. In der Familie, und auch in größeren Gemeinschaften, wird meist „ohne weiteres" angenommen, daß der einzelne „mittun" kann, daß er denkt und fühlt wie die andern. Und man stellt ihn dahin, wo es für die Zwecke der Gemeinschaft nützlich ist. Soweit die allgemeine Menschennatur und der spezielle Gemeinschaftstypus in ihm herrschend sind, geht er widerstandslos mit und läßt sich hier und dort „anstellen". Indem aber in der Betätigung seiner Kräfte zugleich die individuelle Natur zur Entfaltung kommt und sich geltend macht, kann sie ihn in Widerspruch zu den äußeren Einflüssen und Anforderungen bringen. Sie bedingt evtl. ein wesentlich anderes Fühlen und Denken, als das der andern ist, und sie verlangt nach einer andern Betätigung, als die ihr im Dienst der Gemeinschaft zugemutet wird. Wir nehmen vorläufig an, daß das Individuum – ebenso wie die Gemeinschaft – ganz „naiv" verfährt, d. h. das, was in ihm ist, sich auswirken läßt, ohne über sich nachzudenken und ohne an sich zu arbeiten. Wenn es eine „starke Natur" ist, wird es zum Konflikt und evtl. zum Bruch mit der Gemeinschaft kommen. Es wird sein andersgeartetes Fühlen und Denken zum Ausdruck bringen, wird sich den Anforderungen, die an es herantreten, wenn sie seiner Natur widerstreiten, verweigern und sich den Platz im Leben suchen, der seinen eigenen Kräften entspricht, unbekümmert darum, was aus der Gemeinschaft wird. Denken wir uns, daß dies nicht ein vereinzelter, sondern der allgemeine Entwicklungsverlauf wäre, dann würden alle sozialen Gebilde gesprengt, die Menschheit atomisiert.

Daß es nicht dahin kommt, daß überhaupt soziale Gebilde entstehen konnten und sich erhalten, dafür hat die Natur gesorgt, weil im Durchschnitt wohl die sozialen Kräfte im Menschen gegenüber den individuellen überwiegen. Für die Mehrzahl der Menschen besteht eher die Gefahr, daß ihre Individualität in der Gemeinschaft erstickt, als daß sie die Gemeinschaft sprengt. Das „Eigene", was sie in sich haben, ist zu schwach, um sich gegenüber dem Andersgearteten, was ihnen von allen Seiten entgegentritt,

I Theoretische Grundlagen

herauszutrauen und zu behaupten: es wagt sich nicht zu betätigen und muß darum verkümmern. Und auch das kann nicht als ein glücklicher Entwicklungsverlauf angesehen werden: nicht für das Individuum und auch nicht für die Gemeinschaft, die ja auf die Kräfte der Individuen angewiesen ist.

Ein gesunder Entwicklungsgang muß zu einer Harmonie der individuellen und der sozialen Kräfte führen. Und da die *gefallene* menschliche Natur, sich selbst überlassen, nicht zu dieser Harmonie gelangt, bedarf es eines planmäßigen Eingreifens, einer *Bildungsarbeit*. Diese Bildungsarbeit wird aber nur dann zum Ziel führen, wenn sie auf echter Erkenntnis, auf einer richtigen Theorie des sozialen Lebens aufgebaut ist. Eine falsche Theorie bedeutet neue Gefahren.

Die Konflikte zwischen Individuum und Gemeinschaft geben selbst Anlaß zur Besinnung über das Wesen beider und ihr angemessenes Verhältnis. Diese Besinnung hat zu zwei entgegengesetzten Irrtümern, zwei einseitigen Theorien geführt, deren verheerende Wirkungen auf das praktische Leben wir heute überall wahrnehmen können. *Der Individualismus* betont allein das Recht des Individuums auf freie Entfaltung; er kennt keine ursprüngliche, natürliche Gemeinschaft, sondern nur soziale Verbände, die dem Nutzen der Individuen dienen und von ihnen nach freier Wahl für ihre Zwecke gestiftet und ebenso frei wieder aufgelöst werden: Wir nennen sie nach dem Sprachgebrauch der neueren Soziologie *Gesellschaften*. Dieser Individualismus, der mit dem Beginn der Neuzeit, als einer ihrer charakteristischen Züge, um sich zu greifen begann und seit der Französischen Revolution sich mit aller Kraft auswirkte, hat weitgehend zur Auflösung der organischen Gemeinschaften geführt, die im Altertum wie im Mittelalter im sozialen Leben vorherrschten: zur Zersetzung der Familie, zur Spaltung der Kirche, zur Zersplitterung des Volkes. – Die entgegengesetzte Anschauung, die wir als *Sozialismus* bezeichnen können (ohne sie damit auf den bestimmten Parteistandpunkt festzulegen), ordnet das Individuum vollständig der Gesamtheit ein und unter; sie erkennt keine Individualität an, sondern nur die überall gleiche Menschennatur, und sie läßt kein Leben außerhalb der Gemeinschaft und ohne Ertrag für sie zu. (*Der* Sozialismus, wie er uns in den Parteiprogrammen und der Praxis unserer sozialistischen Parteien entgegentritt, ist dafür kein reines Beispiel, weil er sich geschichtlich aus dem Liberalismus heraus entwickelt hat und darum stark von individualistischen Tendenzen durchsetzt ist.) Die Folgen sehen wir in dem

4 Die theoretischen Grundlagen der sozialen Bildungsarbeit

Mangel an kraftvollen und selbständigen Persönlichkeiten, an großen und originellen Leistungen, in der Herrschaft von Fabrikware und Klischee, nicht nur in Gebrauchsgegenständen, sondern auch auf geistigem Gebiet: Dutzendmenschen, Dutzendanschauungen – leer und unwahr, ohne eigenes Gepräge, ohne Seele.

Wenn falsche Theorien zu den zersetzenden Krankheiten unseres sozialen Lebens geführt haben, wird eine gute Theorie zur Genesung notwendig sein, eine Besinnung auf die ewigen Seinsgründe von Individuum und Gemeinschaft, wie ich sie am Anfang in einigen Strichen anzudeuten versuchte. Individuum und Gemeinschaft sind beide gottgewollt und in Gott gegründet. Wer eins von beiden auf Kosten des andern zur Geltung bringen will, der schädigt beide. Denn die Gemeinschaft baut sich aus Individuen auf wie ein Organismus aus seinen mannigfach gestalteten Gliedern. Wer ein Glied beschädigt, beeinträchtigt den ganzen Organismus. Und losgelöst aus dem Organismus kann kein Glied existieren. So muß die Bildungsarbeit, die gefordert ist, mit beiden rechnen und beide miteinander und füreinander gestalten.

Dazu gehört aber noch mehr als eine richtige Anschauung darüber, was Individuum und Gemeinschaft überhaupt sind, nämlich die Erkenntnis der *einzelnen* Individuen und Gemeinschaften, mit denen man es jeweils zu tun hat und an denen es Hand anzulegen gilt. Wer eine gute Theorie des sozialen Lebens hat, kann immer noch in der Praxis Schaden anrichten, wenn er die Natur der bestimmten Individuen und die Bedürfnisse der speziellen Gemeinschaft verkennt. Denken wir etwa an moderne Jugend- und Volksbildner, die der Individualität Rechnung tragen und durch Heranbildung kraftvoller Führerpersönlichkeiten dem ganzen Volk Wege zum Aufstieg bahnen wollen. Wenn sie nun bei einem durchschnittlichen Schülermaterial etwas voraussetzen, was sich nur bei seltenen Ausnahmemenschen findet, so züchten sie Dünkel und Anmaßung, Menschen, die mit großen Worten und mit großen Gesten statt mit schlichter Tat aufwarten.

Wir können jetzt die Ergebnisse unserer kritischen Erwägungen zusammenfassen. Wir haben gefunden, daß in der Forderung nach sozialer Bildungsarbeit drei Voraussetzungen stecken:
Gemeinschaft ist notwendig.
Soziale Bildungsarbeit ist möglich.
Soziale Bildungsarbeit ist notwendig.
Wir haben sie alle geprüft und als berechtigt erkannt:

I Theoretische Grundlagen

Die Grundgeheimnisse unseres Glaubens wiesen uns darauf hin, daß die Erreichung des ewigen Ziels an die Gemeinschaft gebunden ist.

In der natürlichen Einordnung in die Gemeinschaft und in der Freiheit des Menschen sahen wir die Möglichkeit begründet, ihn zum tauglichen Gemeinschaftsglied zu bilden.

Die Werdenatur des Menschen, die Disharmonie zwischen seiner individuellen und seiner sozialen Anlage sowie die Gefahren, die der sozialen Praxis von den Einflüssen falscher Theorien und mangelhafter Erkenntnis der jeweiligen konkreten Verhältnisse drohen, zeigten uns die Notwendigkeit einer auf guter theoretischer Grundlage aufgebauten sozialen Bildungsarbeit. Die theoretische Grundlage ist gut, wenn wir Einsicht in die Natur von Individuum und Gemeinschaft überhaupt haben, wenn wir uns über den Sinn der verschiedenen Typen von Gemeinschaft klar sind und wenn wir das Material an konkreten Individuen, an dem wir praktische Bildungsarbeit zu leisten haben, richtig beurteilen. Schließlich, wenn wir die Mittel kennen, die zur richtigen Eingliederung des Individuums in die Gemeinschaft führen können.

II. Theoretische Grundlagen für aufbauende soziale Bildungsarbeit

Wir versuchen nun den Grund zu legen, den theoretischen, den Erkenntnisgrund, auf dem sich das Gebäude der sozialen Bildungsarbeit erheben kann.

1.

Zunächst fassen wir zusammen, was wir über das allgemeine Verhältnis von *Individuum und Gemeinschaft* bereits festgestellt haben, und ergänzen es, soweit es der Zweck erfordert. Das menschliche Individuum ist mit einer allgemein-menschlichen Anlage ausgerüstet und steht von Natur aus in Verbindung mit seinesgleichen, so daß überall da, wo Menschen zusammentreffen, eine Verständigung sich anbahnt und eine Gemeinsamkeit des Lebens, in der sie zu bestimmten, konkreten sozialen Gebilden zusammenwachsen, die wir Gemeinschaften nennen. Sie sind aber überdies mit einer individuellen Anlage ausgestattet, einer einzigartigen Eigenart, an der die Gemeinsamkeit des Fühlens, Denkens und Handelns eine Grenze findet.

4 Die theoretischen Grundlagen der sozialen Bildungsarbeit

Trotzdem hat die Individualität eine positive Bedeutung für das soziale Leben. Durch sie ist vorgezeichnet, zu welcher Stellung in dieser oder jener engeren Gemeinschaft und evtl. in der gesamten Menschheitsentwicklung der einzelne bestimmt ist. Die Gemeinschaft ist ein Leib mit mancherlei Gliedern und die Mannigfaltigkeit der Individualitäten entspricht der Mannigfaltigkeit der Funktionen in dem großen Körper. Das eine Individuum ist zu diesen, das andere zu jenen Gliedfunktionen tauglich, es ist keine beliebige Vertauschung der Individuen bzw. Glieder möglich. Das Individuum ist ferner *freie Person,* und sobald es den Gebrauch seiner Freiheit erlangt hat, ist es der Gemeinschaft nicht mehr einfach ausgeliefert, sondern kann sich ihr hingeben oder sich gegen sie verschließen und diese oder jene Rolle in ihr übernehmen oder ihre Annahme ablehnen. Die Existenz und die besondere Beschaffenheit und Ausgestaltung der jeweiligen Gemeinschaft ist also von dem freien Willen und der individuellen Anlage der Individuen abhängig, die ihr angehören. Wäre die menschliche Natur schlackenlos rein, wie sie aus den Händen des Schöpfers hervorging, und verliefe das menschliche Leben rein nach den Gesetzen der Vernunft, so würde sich die Einordnung des Individuums in die Gemeinschaft reibungslos vollziehen. Es würde jeder erkennen, an welchen Platz er durch seine Individualität gehört, und würde diesen Platz bereitwillig einnehmen, und die andern, ebenfalls von der richtigen Erkenntnis geleitet, würden ihm den Platz ebenso bereitwillig einräumen. Wir alle wissen, wie wenig die Wirklichkeit diesem schönen Bilde entspricht. Es ist schwer zu ermessen, was mangelhafter ist: unsere Selbsterkenntnis oder unsere Erkenntnis anderer Menschen. Beständig streben Menschen nach Ämtern und Stellen, zu denen sie ihrer Natur nach keineswegs befähigt sind, beständig werden von andern auf Grund mangelhafter Erkenntnis ihrer Individualität Anforderungen an sie gestellt, denen sie nicht gewachsen sind. Die verschiedenartigsten Bewerber treten miteinander in den Wettkampf um denselben Platz. So mancher verblutet sich im Ringen um ein Ziel, das er sich bei vernünftiger Einsicht nicht setzen würde. Mancher zerfällt mit sich selbst und mit der Gemeinschaft, in der er lebt, weil seiner Natur kein angemessener Spielraum gegönnt wird. Und selbst, wo Einsicht vorhanden ist oder doch den persönlichen Fähigkeiten nach vorhanden sein könnte, richtet sich das Handeln nicht danach. Der Mensch flüchtet sich in Illusionen und Selbsttäuschungen, weil er die Wahrheit, die seinen Wünschen widerspricht, nicht sehen *will.* Wer ihn auf Grund besserer Einsicht aufklären und in

I Theoretische Grundlagen

andere Bahnen lenken will, in dem sieht er seinen Feind. Und die wiederholten Mißerfolge, zu denen sein unvernünftiges Streben führt, können dahin wirken, daß er von keiner Gemeinschaft mehr etwas wissen will, sich ganz in sich selbst verschließt und von allen andern abkapselt. Dann sind die Wege vollends abgeschnitten, auf denen ihm Hilfe kommen könnte. Kampf auf allen Seiten, einsame Wanderer, weglos verirrt, von ihrem eigenen Bestimmungsziel abgetrieben und niemandem nütz – das sind Bilder des sozialen Lebens, wie wir sie täglich beobachten können. Seit die ersten Menschen die erste Gemeinschaft und die erste soziale Ordnung zerrissen, in die sie gestellt waren: die Gemeinschaft mit Gott in kindlichem Gehorsam, ist mit der menschlichen Natur auch alle menschliche Gemeinschaft aus den Fugen geraten. Jeder liegt in Streit mit sich selbst und mit allen andern. In der ursprünglichen Gemeinschaft mit Gott war der Mensch völlig geborgen. Er erkannte sich nicht selbst, aber er war erkannt und wußte sich erkannt. Er sorgte nicht für sich und um sich, doch es war für ihn gesorgt. Auf Gott ruhte sein Blick, nicht auf sich selbst. Seine Gemeinschaft mit Gott war von seiner Seite keine absolute und vollkommene. Als Gottes Abbild vermochte er ebensoviel von Gott zu erfassen, um sich mit allen Kräften ihm hinzugeben. Doch als unvollkommenes Bild in unendlichem Abstand sah er sich Gott gegenüber als dem Unfaßlichen und Undurchdringlichen, der alle menschliche Erkenntnis und Liebe unendlich übersteigt. Von dem Unermeßlichen erkannt und geliebt und in ihm geborgen, muß er alle Erkenntnis und Liebe, deren er fähig ist, aufbieten, um ihm zu nahen. Vor dem Mysterium seiner Unermeßlichkeit muß er sich in Ehrfurcht und Gehorsam beugen. In Gott und von Gott aus erfaßt und umfaßt er alle Geschöpfe. Als Gottes Geschöpfe sind sie gut und Gegenstand seiner Liebe. Er weiß sich eins mit ihnen in der Verherrlichung Gottes, vor allem mit denen, die wie er selbst Gott geistig nahen, in Erkenntnis und Liebe. Er ist in Harmonie mit sich selbst und mit allen andern. Von Gott losgerissen, ist er auf sich selbst gestellt. Die Gnade trägt ihn nicht mehr, er muß für sich selbst sorgen. Er muß sich selbst und die andern Geschöpfe zu erkennen suchen, seine Kräfte prüfen und sehen, wie er damit durch die Welt kommt. Und da jeder für sich seinen Weg sucht, hat jeder ein anderes Ziel, und oft kreuzen sich die Wege. Man sieht sich den Nebenmenschen daraufhin an, wie er einem zum eigenen Zweck dienen kann – so wie man es mit den toten Dingen macht –, und je nachdem macht man mit ihm gemeinsame Sache oder tritt ihm entgegen. Das ist die „gesellschaftliche" Ein-

4 Die theoretischen Grundlagen der sozialen Bildungsarbeit

stellung, die verstandesmäßig abwägende, auf praktischen Nutzen gerichtete. Die ursprüngliche Gemeinschaft der Menschen ist nicht aufgehoben, eine gewisse Verständigung besteht noch immer und ist für das „gesellschaftliche" Leben selbst vorausgesetzt; noch immer bilden sich Gemeinschaften, aber ihre Bildung wird durch jene isolierende Seelenhaltung gehemmt und durchkreuzt. Da der Mensch sich von Gott losriß, trennte er sich auch von seinem Mitmenschen. Auf den Sündenfall folgte der Brudermord.

2.

Wir können die Folgen des Falls an allen menschlichen Gemeinschaften gewahren, wenn wir uns ihren ursprünglichen Sinn vergegenwärtigen und dem ihre gegenwärtige Durchschnittsgestalt entgegenhalten. Wir wollen das hier für die Gemeinschaften durchführen, die in der sozialen Bildungsarbeit eine besondere Rolle spielen: *Familie, Volk, Kirche* und *Schule*. Nicht nur Gemeinschaft überhaupt, sondern jeder besondere Gemeinschaftstyp ist gottgewollt und hat seinen eigenen Sinn im Zusammenhang der ganzen Menschheit. Der organische Charakter der Gemeinschaft ist nirgends deutlicher als bei der Familie. Gott schuf den Menschen als Mann und Weib und wollte, daß sie beide „ein Fleisch" seien. Die Fortexistenz der Menschheit ist daran geknüpft, daß sie, die getrennte Individuen und selbständige Personen sind, wie ein einziger Organismus fungieren und daß sie das neue Leben, das diesem Organismus entspringt, die neu entstehenden Individuen, hegen und hüten, bis sie für sich selbst sorgen können. Und wie alle Geschöpfe Gottes, so hat auch die Familie neben ihrer natürlichen Bedeutung einen Heilssinn. Das eheliche Zusammenleben soll für die Ehegatten ein Heiligungsmittel sein, und durch sie sollen die Kinder auf den Weg des Heils geführt werden. Daneben stellen wir das Durchschnittsbild der modernen Familie. Die Eheschließung ist für die einen eine wirtschaftliche Angelegenheit, ein Geschäft, das man rückgängig macht, wenn es sich nicht als rentabel erweist; für die andern eine Einrichtung, in der man unter dem Schutz der Gesetze seine Triebe befriedigen kann. Der eine Teil benutzt den andern zu diesem Zweck und schiebt ihn beiseite wie ein verbrauchtes Spielzeug, wenn der Zweck nicht mehr erreicht wird. Bei dem zweiten Typus erscheint es als ein unglücklicher Zufall, wenn Kinder kommen. Beim ersten ist es eine Sache der Berechnung, ob man sich Kinder

I Theoretische Grundlagen

und wie viele man sich leisten kann. Entartung ist beides. Der natürliche Sinn von Ehe und Familie ist hier wie dort verlorengegangen, von dem sakramentalen Sinn ganz zu schweigen.

Der Mensch, der in der Familie herangewachsen und ihr schließlich *entwachsen* ist, kann doch nicht ganz für sich allein stehen. Seine individuelle Anlage stempelt ihn zum Bruchstück oder richtiger zu einem Glied oder Organ, das berufen ist, in einem großen Ganzen eine aufbauende Rolle zu spielen und darin zugleich seine eigene Existenz zu sichern. Das Ganze ist nicht nur da um der Existenz der einzelnen willen, sondern hat seine eigenen Aufgaben. Es bringt Güter hervor, die die einzelnen Mitschaffenden und ganze Generationen überdauern und sich auf ferne Geschlechter vererben. Den großen Organismus, der imstande ist, relativ selbständig zu existieren und eine in sich geschlossene Güterwelt, eine Kultur, zu erzeugen, nennen wir ein Volk. Gemeinsamkeit der Art, der Sprache, der Arbeit, des Schicksals schlingt um die Volksgenossen ein engeres Band, das sie aus dem gesamten Menschheitsorganismus – freilich nicht außerhalb, sondern *in* ihm, wiederum als Glied – herausgrenzt. Der einzelne wird in der Volksgemeinschaft geboren und von ihr getragen, es ist ihm natürlich, sie zu lieben und ihr zu dienen. Daß sie auch einen Heilssinn hat, zeigt uns am deutlichsten das Volk, das Gott sich speziell zum heiligen Volk erwählt hat: dem *ganzen Volk* hat er das *Gesetz* gegeben, das jedem einzelnen den Weg durchs Leben weisen sollte, und er hat es dem *einen* Volk gegeben, um es für alle andern, für die gesamte Menschheit zu bewahren und es fortlaufend zu überliefern. Er gab es dem ganzen Volk, aber durch auserwählte Einzelne, durch Führer, ausgezeichnete Organe des Ganzen, die das Gesetz zu verkünden, zu hüten und für seine Ausführung zu sorgen hatten. Der Volksorganismus differenzierte sich in Haupt und Glieder, in Obrigkeit und Untertanen, er nahm die Form des *Staates* an. Das Volk berufen, die Individuen zum Heil zu führen und zugleich dem Heil der ganzen Menschheit zu dienen – das Individuum, durch das Volk gehütet, ihm als aufbauendes Glied am angemessenen Platz eingeordnet, das ist der Ewigkeitssinn allen Volkstums, wenn er auch am „Volk Gottes" in besonderem Maße ausgeprägt ist, weil in seiner Organisation Kirche und Staat zugleich vorgebildet sind. Sehen wir dagegen wieder das Durchschnittsbild des gegenwärtigen Volkslebens: wohl gibt es Staatsmänner, die ihr Amt sachgemäß, d. h. seinem Sinn gemäß, verwalten; auch solche, die es als einen heiligen Dienst am Volke ausüben. Aber daneben steht die Menge derer, denen das Amt

4 Die theoretischen Grundlagen der sozialen Bildungsarbeit

eine Futterkrippe ist und zugleich eine Verführung zu widergöttlichen, gemeinschaftsauflösenden Machtgelüsten und ihrer Befriedigung. Und die große Masse der „Staatsbürger", für die die Volksgemeinschaft als solche jeden Sinn verloren hat, die für die staatlichen Einrichtungen nur so weit Interesse haben, als sich ein persönlicher Vorteil herausschlagen oder ein Nachteil umgehen läßt. Die Atomisierung ist so weit vorgeschritten, daß es kaum noch möglich ist, einen scharf ausgeprägten Volkscharakter zu erkennen, daß große Aktionen des ganzen Volkskörpers kaum noch zustande zu bringen sind.

Im Alten Bunde wurde die natürliche Gemeinschaft des Volkes Israel in eine göttliche Heilsanstalt hineinorganisiert. Die Kirche des Neuen Bundes ist primär göttliche Heilsanstalt und setzt keine andere natürliche Gemeinschaft als die allgemein-menschliche voraus. Sie ist die Hüterin und Lehrerin der Heilswahrheiten, die Verwalterin und Ausspenderin der Heilsmittel, durch beides soll sie die Menschen in die Gemeinschaft mit Gott zurückführen. Sie ist zugleich der mystische Leib Christi, dessen Glieder die Gläubigen bilden. Jeder, der die von ihr dargebotenen Gnadengüter annimmt, geht als Glied in den Organismus, in die Gemeinschaft der Heiligen ein. Weil die Kirche nicht von unten her erwachsen, sondern von oben her begründet ist, gibt es bei ihr keine parallele Entartung wie bei den natürlichen Gemeinschaften. Es ist nur möglich, daß von ihren Gliedern ihre Einrichtungen mißachtet oder mißbraucht werden. Eben damit scheiden sie aus dem Organismus aus und hören auf, lebendige Glieder zu sein. Entweder sie werden auch äußerlich abgetrennt, oder sie sterben doch ab und werden nur noch als tote Werkzeuge benützt: Wie der unwürdige Priester Gnaden vermitteln kann, ohne selbst Anteil daran zu haben.

Gehen wir nun zu dem sozialen Gebilde über, das uns ganz speziell angeht, zur *Schule,* so sehen wir zunächst, daß der ursprüngliche Sinn hier nicht so ohne weiteres zutage liegt. Sie ist keine natürliche Gemeinschaft, wie Familie und Volk, sie ist eine „gesellschaftliche Einrichtung", planmäßig geschaffen zu bestimmten Zwecken. Aber diese Zwecke sind Zwecke der natürlichen bzw. übernatürlichen Gemeinschaften. So bekommt sie ihren Sinn von diesen, und wenn sie ihn erfüllt, so wird sie Gemeinschaft, ja um ihn zu erfüllen, muß sie Gemeinschaft sein. Die Schule steht im Dienst des Volkes und der Menschheit, sofern es ihre Aufgabe ist, Kulturgüter zu überliefern, was Vergangenheit und Gegenwart geschaffen haben, der Zukunft zu überliefern. Dazu bedarf es einer lebendigen Berührung

I Theoretische Grundlagen

der Generationen, d. h. von reifen Menschen, die am Kulturleben mitschaffend oder mindestens verstehend Anteil nehmen, mit Jugendlichen, in denen Verständnis und Teilnahme angebahnt werden sollen. Daß eigene Einrichtungen für diese Berührung geschaffen wurden, hat zur Voraussetzung, daß die Familie, der natürliche Boden für die Überlieferung von einer Generation auf die nächste, nicht ausreichend war. Offenbar ist ihr Anteil am Kulturleben nicht umfassend genug und wird immer weniger genügen, je größer der Reichtum an Kulturgütern wird. So ist der berufsmäßige Lehrer und Bildner nötig geworden, der auf Grund natürlicher Begabung und planmäßigen Studiums bestimmte Kulturgebiete lebendig beherrscht und andern zu erschließen vermag. Schon um das leisten zu können, ist Gemeinschaft zwischen Lehrern und Schülern nötig. Noch mehr bedarf es dessen zu einem andern Zweck. Je mehr die Auflösung der Familie fortschreitet, desto dringlicher wird das Verlangen nach einer andern *Erziehungsstätte:* einer Stätte, wo die individuellen und sozialen Kräfte der Kinder in sachgemäßer Pflege und Obhut sich entfalten und gestalten können, statt zu verkümmern oder auszuarten, und wo sie für ihr irdisches und ewiges Ziel gebildet werden. So ist es uns heute fast selbstverständlich geworden, in der Schule, speziell in der Volksschule, eine *Erziehungsgemeinschaft* zu sehen. Heim und Familie soll sie dem heimatlosen und verwaisten Kind soweit als möglich ersetzen, dem Kind, das kein Elternhaus hat oder dessen Elternhaus diesen Namen nicht verdient; wo die Familie ihre natürlichen Pflichten dem Kinde gegenüber noch erfüllt, aber nichts mehr tut, um es der Gemeinschaft Christi einzugliedern, kann die Schule als Führerin zur Kirche eintreten; und wo das Elternhaus seine Arbeit sachgemäß leistet, soll es von der Schule darin unterstützt werden. Glaubens- und Kulturtradition und Erziehung sind also ihre doppelte Aufgabe. Messen wir wieder den durchschnittlichen Schulbetrieb an ihrem Sinn und Zweck, so wird man geneigt sein, das Bild weniger trübe zu finden als den Zustand von Familie und Volk. Jedenfalls darf man sagen, daß bei denen, die am Schulbetrieb aktiv beteiligt sind, bei der Lehrerschaft und den Behörden, mehr ernstliches Streben zu finden ist, sich über den Sinn und Zweck der Schule Rechenschaft zu geben und praktisch danach zu verfahren als innerhalb der andern Gemeinschaften. Man wird ferner sagen dürfen, daß die typischen Abirrungen von dem ursprünglichen Sinn und Zweck heute weniger verbreitet sind, als sie es noch vor wenigen Jahrzehnten waren. Das ist einmal der Mißbrauch des Lehramts als reine Erwerbsquelle, ein Streben da-

4 Die theoretischen Grundlagen der sozialen Bildungsarbeit

nach und eine Praxis, ohne nach der eigenen inneren Tauglichkeit und Berufung zu fragen und ohne sachlichen Dienstwillen. Sodann der Cäsarenwahn des Schulmeisters, der eine brutale Herrschaft über die Kinder ausübt und die Seelen mißhandelt, statt ihnen zu dienen. Verschwunden sind diese Verirrungen keineswegs, aber es zeigt sich doch daneben mehr ernster und selbstloser Berufseifer. Dagegen ist eine andere Gefahr in den letzten Jahren und Jahrzehnten wohl noch gegen früher angewachsen: die Gefahr einer verkehrten Ausgestaltung der Schulen unter dem Einfluß falscher pädagogischer Theorien. Individualismus und Sozialismus, die wir als Gefahren für die Gestaltung des gesamten sozialen Lebens erkannten, haben sich auf dem Gebiet des Schulwesens in der letzten Zeit des pädagogischen Experimentierens besonders stark auswirken können. Eigenbrötler, wirkliche oder vermeintliche Originale, anmaßende und überhebliche oder überempfindliche Menschen, jedenfalls solche, die sich keiner Gemeinschaft reibungslos einfügen, zieht das individualistische Prinzip heran, Herdenmenschen ohne Rückgrat oder Rebellen das sozialistische. Und der Einfluß religionsloser Kreise auf die Gestaltung des Schulwesens hat schon weitgehend zur Säkularisierung der Schulen geführt und strebt danach, sie völlig durchzuführen.

3.

Also Entartung und Zersetzung bei allen sozialen Gebilden ist das Ergebnis unserer kritischen Sicht. Nur die Rückkehr zu ihrem ursprünglichen Sinn in Erkenntnis und Tat kann Genesung bringen. Mittel und Wege dazu werden wir bald noch erörtern. Zuvor müssen wir noch die letzte theoretische Bedingung erwägen, die für erfolgreiche soziale Bildungsarbeit erfüllt sein muß: die Erkenntnis und richtige Beurteilung des jeweils vorliegenden Materials. Das ist eine bekannte Tatsache, von der gerade auf pädagogischem Gebiet schon mehr als genug gesprochen worden ist: Wenn der Lehrer auch die richtige theoretische Auffassung von Individuum und Gemeinschaft hat und wenn er sich über Sinn und Aufgabe des sozialen Gebildes, in das er hineingestellt ist, der Schule, klar ist, so wird er doch an seinem Schülermaterial keine erfolgreiche soziale Bildungsarbeit leisten, wenn er es nicht in seiner Sonderart erkennt und dementsprechend anzupacken weiß. Denn es ist keine völlig formlose Materie, die man in jede beliebige Form hineinpressen kann und die jede gleich willig annimmt, sondern es trägt eine innere Form in sich, die jeder von außen herantretenden Formung Richtlinien vorschreibt und Grenzen setzt. Nur wer auf diese naturgegebenen Richtlinien achtet, wird aus dem Menschenmaterial, das in seine Hände gegeben ist, eine Gemeinschaft formen können, in der individuelle und soziale Anlagen zu ihrem Recht und zu harmonischem Ausgleich kommen, und damit zugleich den Ansprüchen gerecht werden, die von andern Gemeinschaften an seine Bildungsarbeit gestellt werden.

III. Mittel sozialer Bildungsarbeit

1.

Wir haben erkannt, wie Gemeinschaften überhaupt und speziell die Gemeinschaften, an denen und für die wir arbeiten sollen, ihrem ursprünglichen Sinne nach beschaffen sein sollten und wie sie davon abweichen. Danach ist es klar, worin *soziale Bildungsarbeit* bestehen muß: in der *Rückführung der Gemeinschaften zu ihrem ursprünglichen Sinn durch entsprechende Formung der Gemeinschaftsglieder*. Und wenn die Auflösung des menschlichen Gemeinschaftslebens ihre Wurzel in der Aufhebung der Gemeinschaft mit Gott hat, so ist eine Gesundung nur durch *Wiederherstellung der Gemeinschaft mit Gott* möglich. Sie ist für die gesamte Menschheit geleistet durch die Erlösungstat Christi. Und wie beim Sündenfall die menschliche Freiheit dahin wirkte, daß das Band zerriß, so hat sie auch mitgewirkt, es neu zu knüpfen. Mit dem Wort der Jungfrau: *Ecce ancilla Domini. Fiat mihi secundum verbum tuum!* ergriff die Menschheit die ausgestreckte Gnadenhand Gottes und kehrte in das Verhältnis des kindlichen Gehorsams zurück. Maria, die sich selbst in Gott vergißt und Gottes Sache zu ihrer Sache macht, tritt damit zugleich in die ursprüngliche Gemeinschaft aller Menschen zurück, in Gott umfaßt sie alle mit ihrer Liebe und ihrem Heilswillen. Aber der Weg, der damit für alle geöffnet ist, muß von jedem in eigener Tat begangen werden, und jede einzelne Gemeinschaft muß in Gott und von Gott her neu begründet werden. Wie das innerhalb der andern Gemeinschaften zu leisten ist, das brauchen wir hier nicht zu erörtern. Wir wollen uns nur noch darüber Klarheit verschaffen, wie es in der Schule möglich ist.

2.

Wir nehmen die ganz konkrete Situation: eine Lehrerin und eine Volksschulklasse. 40 Kinder, die zum erstenmal in einem Schulsaal zusammen sind. Soziale Bildungsarbeit bedeutet hier: diese Kinder sollen zu einer Gemeinschaft geformt werden, in der jedes den Platz einnimmt, der seiner Individualität entspricht; und sie sollen dadurch fähig werden, in den Gemeinschaften, denen sie außerdem angehören oder in die sie noch hineinwachsen werden, sich ebenso angemessen einzugliedern. Wie ist das zu erreichen? Wir haben gesehen: Von der Natur der Individuen hängt der Charakter der Gemeinschaft ab, die aus ihnen erwachsen kann. Die Individualität jedes einzelnen muß so weit erkannt werden, um den Platz herauszufinden, der ihm in der Gemeinschaft gebührt; jeder muß sich ferner bereit finden, diesen Platz einzunehmen und überhaupt am Gemeinschaftsleben teilzunehmen und auch die Opfer zu bringen, die das von seiner Individualität fordert. Nur *ein* Individuum ist der Lehrerin zunächst bekannt; es ist zugleich das einzige, für das es von vornherein feststeht, welcher Platz ihm zukommt: das ist sie selbst. Sie ist berufen, das Haupt dieses Organismus zu sein, der da werden soll; durch sie soll das Ganze organisiert werden. Ob es gelingt, das hängt zunächst davon ab, daß sie die rechte Einstellung mitbringt, die wir uns früher klargemacht haben: sie muß wissen, daß sie nicht da ist, um zu herrschen, sondern um zu dienen – den Kindern, dem Volk und Gott. Sie muß im Kindesverhältnis zu Gott stehen, in Ehrfurcht und Liebe zu ihm sich selbst vergessen; dann bringt sie Ehrfurcht und Liebe für die Kinder als Gottes Geschöpfe in die Schule mit hinein und *steht* schon in Gemeinschaft mit ihnen, ehe noch äußerlich das Gemeinschaftsleben beginnt. Der Grund dafür ist gelegt. Liebe weckt Gegenliebe und Vertrauen. Ehrfurcht erhebt das Kind zu dem Gefühl seiner eigenen Würde als Gotteskind und läßt es erst recht zu dem Menschen emporschauen, der es diesen Adel empfinden lehrt. Das ist vielleicht seine erste lebendige Berührung mit dem Gottesreich. Liebe und Ehrfurcht werden so die Atmosphäre, in der die Schulgemeinde erwächst. Indem die Lehrerin sie allen entgegenbringt, begegnen sie den Kindern als die Grundhaltungen der Seele, die ihnen allen zukommen, die jedes von ihnen allen andern entgegenzubringen hat. In dieser Atmosphäre kann nun das Gemeinschaftsleben sich entfalten, die Gemeinschaft sich organisieren und jedes Einzelne sich zu ihrem Glied formen. Wo Liebe und Vertrauen herrschen, schließt sich das

I Theoretische Grundlagen

Kinderherz leicht auf und gibt einen ersten Einblick in die Eigenart der einzelnen.

Weiter schreitet diese Erkenntnis und zugleich die Gemeinschaftsbildung in der *Arbeit,* die der Schulgemeinde durch den ursprünglichen Zweck der Schule, die Kulturtradition, als hauptsächlicher Lebensinhalt gegeben ist. Die Kinder sollen so weit gebracht werden, daß sie einmal verstehend und schaffend am Kulturleben teilnehmen können. Gewisse Fertigkeiten und Kenntnisse werden bei allen dazu nötig sein, es gibt also allgemeine Lehrziele, die möglichst von allen erreicht werden sollen. Aber wir wissen, daß nicht alle das gleiche leisten können, daß jedes andere Gaben mitbringt und daß auch später ihre Aufgaben draußen im Leben sehr verschieden sein werden. So werden wir darauf achten, was die einzelnen gut und gern tun, was ihnen Mühe macht und evtl. unerreichbar ist. So erkennen wir die individuellen Gaben und Kräfte. Wir werden nun nach Möglichkeit jedem Gelegenheit geben, sein besonderes Talent zu pflegen und es zugleich für die Gemeinschaft nutzbar zu machen. Da ist ein Rechenkünstler, der von selbst findet, was man den andern mühsam beibringen muß. Man wird ihm besondere Aufgaben stellen und ihn evtl. schon zum Mitunterrichten anstellen. Im deutschen Aufsatz ist er vielleicht schwach und bedarf der Nachhilfe durch den sprachgewandteren Kameraden. Ein kleiner Maler bringt die nötigen Zeichnungen an der Wandtafel besser fertig als die Lehrerin. Es finden sich Vorturner und Vorsänger. Bei Spielen in der Freistunde und auf Ausflügen entdeckt man Organisationstalente. Läßt man diese Kräfte zur Geltung kommen, so entfaltet sich ein reges und freudiges Leben. Es entwickeln sich kleine Persönlichkeiten von fest ausgeprägter Individualität und starkem Gemeinschaftssinn. Jeder fühlt sich im Besitz seiner Kräfte und schätzt die des andern. Jeder weiß sich als Glied des Ganzen, das seiner bedarf und dem er freudig dient. Wenn er der Schule entwachsen ist, wird er so weit sozial gebildet sein, daß er sich in den Gemeinschaften, in die er neu eintritt, nach dem Platz umschaut, den er ausfüllen könnte, und sich leicht und sicher einfügt.

Wir hatten schon anfangs gesehen, daß die Gemeinschaftsbildung in der Schule vom „Haupt" ausgeht. Und einer Leitung bedarf es beständig: es müssen die Aufgaben gestellt oder es muß zum mindesten die Gelegenheit zur Betätigung gegeben werden, damit die Kräfte in Erscheinung treten; diese Kräfte müssen erkannt und an der richtigen Stelle eingesetzt werden. Dazu bedarf es keines gebieterischen Auftretens und keiner Machtmittel;

nur einer inneren Überlegenheit, die von selbst fühlbar wird. Wer sie besitzt, der hat Autorität; wer sie nicht besitzt, der wird sich durch kein Zwangsmittel „in Respekt setzen" können. Äußere Unterwerfung kann man erzwingen, aber nicht innere, willige Unterordnung, wie sie zu rechter Gemeinschaftsbildung nötig ist. Der Überlegene, der nicht auf seine Überlegenheit pocht, sie gar nicht hervorkehrt, findet freudigen Gehorsam, weil unentwickelte Kräfte von selbst nach Halt an einem Stärkeren und nach Leitung verlangen. Er findet Respekt und Gehorsam gerade darum, weil er beides nicht fordert, jedenfalls nicht *für sich* in Anspruch nimmt. Die Lehrerin, die im echten Sinn das Haupt ihrer kleinen Gemeinde ist, gehört ja selbst der Gemeinschaft an. Jedes fühlt, daß sie dem Ganzen dient und nur verlangt, was ihm dienlich ist. Und sie gehorcht, indem sie befiehlt, einem Höheren, von dem sie ihre Autorität empfangen hat und dem sie ihre Gemeinde zuführt.

Soziale Bildung hat ihren Sinn letztlich darin, daß Gemeinschaft zu Gott führt und in Gott begründet ist. Die Lehrerin empfängt die Kinderseelen aus Gottes Hand, soll sie zu Gott führen und ist vor Gott für sie verantwortlich. Das Gemeinschaftsleben selbst ist ihr eine Hilfe dabei. Die Kinder werden in der Schule in die Glaubenslehren und in die Praxis des Glaubenslebens eingeführt. Die einen zeigen sich empfänglicher als die andern, es entwickeln sich religiöse Führernaturen, die die andern mit sich reißen. Andererseits erhält die Gemeinschaft durch das Glaubensleben erst ihren festesten Grund. Die Gemeinschaft betet miteinander, und die einzelnen wissen, daß gerade dem *gemeinsamen* Gebet Erhörung verheißen ist. Die Kinder werden zusammen auf den Empfang der Sakramente vorbereitet und im gemeinsamen Empfang aufs innigste verbunden. Sie lernen auch die Bedeutung des Fürbittgebetes kennen und fühlen sich vor Gott füreinander verantwortlich. Und jedes Einzelne, das so weit geführt worden ist, daß es in das echte Kindesverhältnis zu Gott eintritt, gewinnt damit jene universale Aufgeschlossenheit, jene echte Brüderlichkeit, die ihm für *jede* Gemeinschaft die rechte Einstellung gibt.

Und das ist das tröstliche Ergebnis, zu dem unsere Untersuchung führt: die recht geführte Schule leistet eine soziale Bildungsarbeit, die den Menschen für jede mögliche Gemeinschaft tauglich macht. Sie entwickelt Tüchtigkeit und Gemeinsinn, Bereitwilligkeit zu Ein- und Unterordnung, die sich in der Familie wie im öffentlichen Leben bewähren werden. Und sie kann zur Liebesgemeinschaft mit allen Menschen in Gott führen. Ich glaube, daß der Lehrer – und speziell der Volksschullehrer – in seiner sozialen Bildungsarbeit günstiger gestellt ist als die andern, die auf dasselbe Ziel hinarbeiten: als Behörden, Reformschriftsteller und Reformprediger, die auf Familie und Volksleben Einfluß zu gewinnen suchen. Er hat ein weniger verbildetes Menschenmaterial, er hat es viel stärker in der Hand und wird weniger in seiner Arbeit durch andere Einflüsse gestört. Wenn er seinen Beruf so ausübt, wie dessen Sinn es fordert, so hat er am ehesten Aussicht, eine Gesundung von Familie und Volk anzubahnen. Und sollte es dazu heute zu spät sein, so arbeitet er jedenfalls für die Gemeinschaft der Heiligen.

Freilich erfordert eine solche soziale Bildungsarbeit eine Lehrerschaft, die gewissermaßen eine Elitetruppe der heiligen Kirche darstellt: fest begründet im Glauben, geleitet von einer Erkenntnis, die vom übernatürlichen Licht erleuchtet ist, gestärkt durch die Gnadenmittel der Kirche und ein beständiges, kraftvolles und gesundes inneres Gebetsleben zur äußersten Hingabe und Opferbereitschaft für die Sache Jesu Christi, für das Reich Gottes. Das Prinzip aller sozialen Bildungsarbeit läßt sich in ganz wenige Worte zusammenfassen: Du sollst den Herrn, deinen Gott, über alles lieben und deinen Nächsten wie dich selbst.

II
Lehrberuf

1 Notzeit und Bildung

Die Wirtschaftskrisis des letzten Jahrhunderts und die Notverordnungen, die sie hervorrief, sind von einschneidender Wirkung für das *gesamte deutsche Bildungswesen* geworden. Für die *Volksschulen* wie für die *mittleren* und *höheren Schulen* wurde die Stundenzahl herabgesetzt, die Frequenzzahl erhöht, dadurch eine Zusammenlegung von Klassen und weitgehender Abbau von Lehrkräften ermöglicht. *Berufsschulen, Mittel-* und *Hochschulen* wurden besonders gefährdet. Von den fünfzehn *pädagogischen Akademien* wurden neun geschlossen, den übrigen für ein Jahr Neuaufnahmen untersagt. Geschlossen wurden auch die *Kunstakademien* in Berlin, Kassel und Königsberg, die *Staatstheater* (mit Ausnahme der beiden Berliner), die *Landesturnanstalt*. Auch die *Volkshochschulen* und *Universitäten* bekommen die Kürzung der Mittel zu spüren! Entsprechende Maßnahmen wurden in den andern Bundesstaaten getroffen.

Die Folge der Verordnungen und ihrer allmählichen Durchführung war zunächst eine große Unruhe in allen Betrieben durch die Ungewißheit der Lage, die Entfernung und Versetzung von Lehrkräften; vielfach war ruhige und stetige Arbeit ganz unmöglich.

Wie sich die Einschränkung der Hochschulen in den objektiven Kulturleistungen auswirken wird, ist heute noch schwer zu bemessen.

Aufs härteste getroffen wurde der Lehrerstand; in seiner Gesamtheit durch die wiederholten Gehaltskürzungen, viele Tausende durch *Dienstentlassung* oder *Versetzung*. Die ersten, die von den Abbaumaßnahmen getroffen wurden, waren die *Schulamtsbewerber;* und wenn auch sofort Hilfsmaßnahmen für sie vorgesehen wurden, so konnten sie doch nicht ausreichend sein, um der materiellen Not, und noch weniger um der seelischen Not der jungen Menschen zu wehren. Aber auch alte, erprobte Lehrkräfte wurden aus ihrem Wirkungskreis herausgerissen, entweder ganz aus

II Lehrberuf

ihrem Beruf entfernt oder in völlig neue, ungewohnte Verhältnisse versetzt. Lehr*erinnen* und besonders *katholische* Lehrerinnen sind in verhältnismäßig großer Zahl an den Verlusten beteiligt.

Welche Gefahren aus all diesen Maßnahmen für die *Jugend* erwachsen, liegt auf der Hand. Je mehr die Schülerzahl einer Klasse anwächst, desto weniger wird es der Volksschule möglich, ihre Erziehungsaufgabe zu erfüllen; in allen Schulgattungen wird die Durchführung der modernen Methoden äußerst erschwert. Die Einschränkung der Berufsschulpflicht und der Stundenzahl an den Berufsschulen bedeutet eine weitere Gefährdung der Jugendlichen, besonders der Mädchen. Die Zusammenlegung von Schulen gefährdet die konfessionelle Erziehung, Ausbreitung der Koedukation die spezifische Mädchenbildung; für diese bedeutet eine weitere Schädigung die Verminderung des Fraueneinflusses durch den starken Abbau weiblicher Lehrkräfte.

Gegenüber all diesen Mißständen und Gefahren erwachsen den katholischen Lehrerinnen große Aufgaben. Der Deutsche katholische Lehrerinnenverein hat, sobald die ersten Gerüchte von den bevorstehenden Verordnungen laut wurden, mit energischen Hilfsmaßnahmen eingesetzt. Er hat durch Vorstellungen bei den Regierungsstellen die Gefahren abzuwenden gesucht und positive Vorschläge für weniger bedenkliche Sparmaßnahmen gemacht. Nachdem eine gemeinsame Hilfsaktion aller Standesorganisationen nicht zu erreichen war, wurde für seine Mitglieder eine großzügige Standeshilfe organisiert: materielle Unterstützung, Arbeitsvermittlung, Fortbildungsveranstaltungen, persönliche Beratung.

Darüber hinaus erwächst dem, der in der Bildungsarbeit steht, die große Aufgabe aber: positive *Kräfte* zu entbinden. Wir müssen uns auf eine lange Notzeit einstellen und uns darüber klar sein, daß wir an vielem, was wir als Mißstand empfinden, nichts ändern können. Aber wir brauchen nicht zu verzweifeln, weil uns eine Fülle unversieglicher Quellen *geistigen Lebens* zur Verfügung steht. Wenn wir noch so sehr beschränkt wurden in der Ausstattung der Schulen, wenn der Lehrbetrieb sich wieder auf die einfachsten Verhältnisse beschränken mußte: Deutschland ist immer noch reich genug, um Geist und Seele aller seiner Kinder zu ernähren. Es hat seine Berge und Wälder, seine Ströme und Seen, hat die romantische Herrlichkeit seiner Burgen und Dome, seine alten Stadttore und Wälle und winkligen Gäßchen; es hat seinen Schatz an Liedern und Märchen und höchsten Geistesschöpfungen. Alles das ist da und erschließt sich dem, der dafür aufgeschlossen ist. Bildungsarbeit leisten heißt, Geist und Herz für diesen Reichtum aufzuschließen.

Aber wir haben noch etwas mehr zu geben als objektive Kulturgüter; Menschen in Not, große und kleine, verlangen mehr als nach objektiven Gütern nach menschlicher Wärme und Güte. Die Kinder in der Schule, die Standesgenossen in Not, sie brauchen nicht bloß das, was wir *haben*, sondern das, was wir *sind*. Wer wirklich helfen will, darf damit nicht zurückhalten.

Freilich, wenn wir auf uns selbst gestellt sind, kann der eigene innere Reichtum schnell versiegen. Um niemals mit leeren Händen vor Hilfsbedürftigen stehen zu müssen, muß man aus ewigen Quellen schöpfen, aus den Quellen des Gnadenlebens. Zu ihnen hinzuführen ist die höchste Bildungsarbeit und die wirksamste Hilfeleistung.

Bericht im Dokumentationsband über die 46. und 47. Mitglieder- und Delegiertenversammlung des Vereins katholischer deutscher Lehrerinnen

Notzeit und Bildung

Dr. Edith Stein gibt mit ihren Ausführungen gewissermaßen die Leitmotive, die in den folgenden Vorträgen immer wieder aufklingen. Sie kennzeichnet im ersten Teil ihrer Ausführungen die Lage und zeigt die Auswirkung der Sparmaßnahmen an den verschiedenen Schularten auf, beginnend mit der Volksschule und fortführend bis zur Pädagogischen Akademie und der Universität. Die Darlegungen gehen von preußischen Verhältnissen aus, erfassen darin aber das Typische, das auch auf die anderen Länder zutrifft!

Bei den Fragen der Volksschule geht sie auf die Erhöhung der Klassenfrequenz ein:

„In der klaren Erkenntnis, daß bei der immer weiter um sich greifenden Zerrüttung des Familienlebens in weitesten Kreisen das Elternhaus seiner Erziehungspflicht nicht mehr genüge, haben sich alle an der Jugenderziehung Beteiligten zu dem Grundsatz durchgerungen, daß die Volksschule die Erziehungsstätte des Volkes sein müsse, und es ist an ihrer Ausgestaltung in diesem Sinne in den letzten Jahren mit besonderer Sorgfalt gearbeitet worden: durch entsprechende Einrichtung der Schulgebäude, durch die

II Lehrberuf

Auswahl des Lehrstoffs und Anpassung des Lehrverfahrens, durch eine angemessene Vorbereitung der Lehrerschaft für ihre Aufgabe. Für viele Kinder ist diese ‚neue Schule' eine Heimstätte geworden, die *erste* Heimstätte, die sie kennenlernen. Wie viele kleine Geschöpfe, die aus Schmutz und sittlicher Verwahrlosung kommen, körperlich nervös und seelisch in einer erbarmungswürdigen Verfassung, bekommen hier zum erstenmal eine Atmosphäre der Ruhe, der Ordnung und des Friedens zu spüren, zum erstenmal menschliche Güte und Reinheit, zum erstenmal einen Hauch mütterlicher Liebe, zum erstenmal eine Ahnung von einer Welt über dieser Welt. Niemals wird die Schule voll und ganz ersetzen können, was ein gutes Elternhaus bietet. Aber wenn sie nicht das Äußerste bietet, was an Stellvertretung der elterlichen Pflichten möglich ist, dann ist die Zukunft des deutschen Volkes preisgegeben. Je größer aber die Schülerzahl ist, desto weniger ist es möglich, der Erziehungsaufgabe gerecht zu werden, desto weniger ist man imstande, den Kindern die individuelle Behandlung zuteil werden zu lassen, die zur erzieherischen Einwirkung nötig ist."

Besonderen Beifall finden die Ausführungen der Rednerin, in denen sie aus dem Wesen pädagogischer Aufgaben heraus begründet, daß Bildungsfragen nicht vom finanztechnischen Standpunkt aus gelöst werden können und dürfen.

Sehr feine Worte findet sie über die Eigenständigkeit der Mädchenbildung, aus der sie die Notwendigkeit der lehrenden Frau als Erzieherin der Mädchen fordert.

Von den Ausführungen über andere Schularten sei hier kurz wiedergegeben, was über die Berufsschulen und über die Hilfsschulen gesagt wurde:

„Unter dem Gesichtspunkt der Volkserziehung ist auch äußerst zu beklagen die Einschränkung der *Berufsschulen* durch Herabsetzung ihrer Stundenzahl und Ausschaltung der Haustöchter und Hausangestellten. Hier war gerade ein Weg für die Erziehung zum häuslichen Beruf gebahnt und zugleich ein Weg, um der sittlichen Gefährdung der weiblichen Jugend entgegenzuarbeiten. Der Verzicht darauf bringt die Gefahr einer noch weiter um sich greifenden Verwahrlosung.

Mit nicht geringerer Besorgnis muß man die Bedrohung der *Hilfsschulen* ansehen. Ich glaube, es ist nicht übertrieben zu sagen, daß sie in vieler Hinsicht Musterschulen waren. Nirgends ist wohl mit größerer Berufsfreudigkeit und mit größerem Opfermut gearbeitet worden. Manche moderne Unterrichtsmethode ist in der Hilfsschule ausgedacht und erprobt worden.

1 Notzeit und Bildung

Vor allem aber haben diese ärmsten Geschöpfe, die Stiefkinder der Natur, die vielfach ihrer Gebrechen wegen auch zu Hause als Stiefkinder behandelt werden, hier eine Stätte echten Kinderglücks gefunden. So sehr ist sie ihnen das Asyl, das eigentliche Heim, daß sie am liebsten den ganzen Tag in der Schule sind und ihre Lehrer dauernd für sich in Anspruch nähmen. Viele von ihnen konnten auch zu Lebenstüchtigkeit erzogen werden, während sie ohne den Einfluß der Schule ganz verkommen wären. Wir haben darum allen Grund, uns für seine Erhaltung einzusetzen."

Dann spricht sie über die Härten, die den Lehrerstand getroffen haben und die sich bei einzelnen Gruppen als besonders schwer erweisen. Der nächste Teil handelt über die Maßnahmen, die der Verein traf, um die Schule zu schützen und den besonders schlecht gestellten Gruppen der Lehrerschaft zu helfen.

Im nächsten Teil beschäftigt sich die Rednerin mit der Not der Jugend selbst, namentlich auch mit der der Schulentlassenen:

„Die Fürsorge für die Jugendlichen ist noch dringlicher geworden durch die gesteigerte sexuelle Erregbarkeit unserer Zeit und die Gefahren der Arbeitslosigkeit. Darum kann der Abbau im Berufsschulwesen nur mit der größten Besorgnis betrachtet werden; es ist fast mit Sicherheit anzunehmen, daß er sich in gesteigerter Kriminalität auswirken muß – ganz abgesehen von den seelischen Schädigungen, in die keine Statistik Einblick gibt. In den unteren und mittleren Klassen der höheren Schulen sind die Gefahren ähnlich wie in der Volksschule. Auf der Oberstufe und auf den Hochschulen kommt als weiterer Druck, der die jüngeren Seelen belastet, die Ungewißheit der Zukunft, die Schwierigkeit der Berufswahl. Das hemmt die Freude an der Arbeit, den Mut zur Wahl des Weges, auf den die natürliche Begabung drängt, zu dem man sich innerlich berufen glauben durfte; es bedroht unser ganzes freies Kulturschaffen. Es muß betont werden, daß die Lage der Mädchen eine besonders schwierige ist: auf der einen Seite die geringe Aussicht, daß ihnen der Wunsch nach Eheschließung und Familiengründung erfüllt wird, der bei vielen heute viel ausgeprägter ist als in früheren Generationen. Auf der anderen Seite die immer stärker werdende Strömung zur Ausschaltung der Frau aus dem Berufsleben. Wir sehen in diesem doppelten Hemmnis nicht nur eine schwere Belastung der weiblichen Jugend, sondern zugleich eine Gefahr für unser gesamtes Kulturleben. Es ist freilich zuzugeben, daß die überhandnehmende Berufstätigkeit der verheirateten Frau eine Gefahr für das Familienleben bedeutet. Hier

II Lehrberuf

wäre eine rückläufige Bewegung, eine stärkere Einstellung auf die häuslichen, ehelichen, mütterlichen Pflichten zu begrüßen. Es ist schon ausgeführt worden, daß daraus die Forderung verstärkten – nicht geminderten – weiblichen Einflusses in der Mädchenbildung erwächst. Auf der anderen Seite sind wir der Überzeugung, daß der Anteil der Frauen am Kulturleben und -schaffen, wie er in den letzten Jahrzehnten angebahnt wurde, vor allem ihre ausgebreitete soziale Tätigkeit, ihre Mitarbeit an der Gestaltung des Erziehungs- und Bildungswesens und am Aufbau des neuen Staats, eine objektive Notwendigkeit im Interesse unseres Volkes wie der ganzen Menschheit ist. Weil wir an diese objektive Notwendigkeit glauben, können wir uns nicht denken, daß die Kräfte, die sich der Entwicklung entgegenstemmen und die Räder rückwärts drehen wollen, einen dauernden Erfolg haben könnten. Wohl aber könnten sie schwere Entwicklungsstörungen hervorrufen. Fragen des Kultur- und Geisteslebens aber dürfen nicht nach rein materiellen oder nur biologischen Gesichtspunkten erledigt werden."

Nach dieser Kennzeichnung der Lage spricht Dr. Edith Stein von der für uns so bitteren, aber unabweisbaren Tatsache, daß wir uns auf eine lange Notzeit gefaßt machen müssen. Sie scheidet zwischen dem, was nach der gegebenen Situation als unabwendbar hingenommen werden muß, und dem, was eine verantwortungsbewußte Zeit im Interesse der Zukunft des Volkes wieder aufbauen muß.

Die Rednerin warnt vor untätigem Pessimismus. Das ganze Volk müsse zu einer Notgemeinschaft werden, und an den Erziehern der Jugend läge es vor allem, die positiven Kräfte zu entbinden, die zu einem wenn auch langsamen Wiederaufstieg führen können. Sie weist nach, daß durch die finanziellen Beschränkungen die Bildungsarbeit nicht unmöglich gemacht wird:

„Denn Bildungsarbeit verwendet zwar materielle Hilfsmittel und ist bis zu einem gewissen Grade daran gebunden; aber ihrem innersten Wesen nach ist sie ein *Werk des Geistes* und schöpft *aus unversieglichen Quellen*. Und Deutschland ist so reich an solchen Quellen, daß es Geist und Seele aller seiner Kinder sättigen könnte, wenn man sie nur zu erschließen wüßte. Wir haben noch etwas mehr zu geben und müssen mehr geben als objektive Kulturgüter. Menschen in Not, Große wie Kleine, verlangen mehr als nach objektiven Kulturgütern, verlangen nach menschlicher Güte und Wärme. Schon um die objektiven Güter zugänglich zu machen, ihre menschenbildende Kraft zu entbinden, muß man selbst darin leben und

1 Notzeit und Bildung

das, was man in sich hat, lebendig ausströmen lassen. Anderes kommt hinzu: All die Fragen, die heute die Menschen bestimmen und bedrängen, die lastende Not, sie verlangen nach Aussprache und Lösung. Die Kinder in der Schule, die Standes- und Volksgenossen in Not, sie klopfen an unser Herz, sie brauchen nicht bloß das, was wir *haben*, sie brauchen das, was wir *sind*. Und wir dürfen damit nicht zurückhalten, wenn wir wirksam helfen wollen. – Dazu gehört freilich, daß die Menschen, die einander helfen können, zusammengeführt werden. Unsere Kinder brauchen Leitung und Führung, für diese und für eine andere Welt, treue und warmherzige Behütung durch frische, glaubensfreudige, tatkräftige und opferfreudige Menschen. Tausende von Junglehrern und -lehrerinnen, aber auch von älteren, harren sehnsüchtig darauf, Bildungsarbeit leisten zu dürfen: führt sie zusammen! Wenn man darangeht, Arbeitsmöglichkeiten zu schaffen, den Arbeitsdienst zu organisieren, dann können wir nicht laut genug rufen: Denkt daran, daß der Mensch nicht vom Brot allein lebt! Denkt daran, daß nicht bloß der Körper Nahrung und Betätigung braucht, um nicht zu erschlaffen und zu entarten, sondern auch Geist und Seele! Denkt daran, daß es auch geistiges Ödland gibt! Organisiert die geistige Arbeit! Und wenn man uns nicht hören sollte, oder wenn man nicht so bald die Wege fände oder durch die schwere Gesetzgebungsmaschinerie in der Durchführung gehemmt würde: so müßten wir mit eigener Tat vorangehen, wir, die katholischen Lehrerinnen, als geschlossene, hilfsbereite Notgemeinschaft. Es ist schon manches geschehen durch Fürsorge für Fortbildungsgelegenheiten. Das ist gut und nützlich. Aber fruchtbarer und beglückender als Fortbildung ist schöpferische Arbeit, Dienst in der Gemeinschaft. Suchen wir, wo wir können, die brachliegenden Kräfte durch freiwilligen Arbeitsdienst fruchtbar zu machen: in der Schule, in der Kinderhilfe, in der Volksbildungsarbeit, in freiem wissenschaftlichem und künstlerischem Schaffen. Aus solcher Auffassung der Zeitaufgaben heraus erwächst opferfreudiger Wagemut, dem seine Kraft aus ewigen Quellen zuströmt."

Daraus ergibt es sich wie mit Naturnotwendigkeit, daß dieser Vortrag über die Not im Ethischen mündet und im Religiösen ausklingt:

„Es ist eine große Aufgabe, die vor uns steht: das Letzte hergeben, was uns an materiellen Mitteln entbehrlich ist, neue Wege zu bahnen und Menschen, die mutlos und verbittert sind, aufzumuntern, daß sie Mut und Vertrauen fassen und fähig werden, diese neuen gebahnten Wege zu gehen.

II Lehrberuf

Die heilige Kirche läßt uns in ihrer *Liturgie* in jedem Jahre den ganzen Weg mitgehen, den unser Herr gegangen ist. In jedem Jahre erneuert sie in uns die Freude darüber, daß er zu uns herabgekommen ist. Und stillem Advents- und jubelndem Weihnachtsglück verschließen sich wenige Herzen. Aber er kam herab, um den dunklen Weg des Leidens zu gehen. Und wir dürfen davor nicht haltmachen. Durch die Nacht des Leidens und des Todes werden wir zur Herrlichkeit der Auferstehung geführt. Das Alleluja, das am Karsamstagmorgen zart und leise und verhalten erklang, weil in seine Seligkeit noch der Karfreitag nachzitterte, es hat sich zu immer hellerem Jubel gesteigert, bis der Herr emporstieg über alle Himmel, um seinen Thron einzunehmen zur Rechten des Vaters. Sind wir den ganzen Weg mit ihm gegangen, so ist unser Herz nun dort oben, wo die ewigen Freuden sind, und wir wissen, daß die Leiden dieser Zeit nichts sind gegenüber der künftigen Herrlichkeit. Aber wenn auch unser Wandel im Himmel ist – wir haben noch eine Aufgabe auf dieser Erde. Der Weg des Menschensohns ist beendet. Seine Apostel haben sein Erbe zu verwalten. Er hat sie nicht als Waisen zurückgelassen, sondern ihnen den Geist gesandt, der sie alle Wahrheit lehrte. Und überall in der Welt und bis ans Ende der Tage, wo das Wort des Evangeliums erklingt und als Samenkorn auf guten Boden fällt in einem Menschenherzen, da wird dieses Herz zum Tempel des Heiligen Geistes und der ganzen Heiligen Dreifaltigkeit. Und wenn es darauf lauscht, was in der Stille des Herzens der Geist Gottes spricht, und entschlossen ist, nicht nur Hörer, sondern auch Vollbringer des Wortes zu sein, dann ist es bereitet zum Apostolat und zur Mitwirkung am Erlösungswerk Christi. Schließen wir die Reihen, und helfen wir einander, daß wir bereit werden zu dem Apostolat, zu dem wir berufen sind: ins Dunkel der Zeit das Licht der Ewigkeit hineinzutragen, unter stürzenden Trümmern hervorzuholen, was zur Dauer bestimmt ist, und den neuen Tempel zu bauen, und alle Klagen zum Verstummen zu bringen durch den hellen Jubel des österlichen Alleluja."

Diesen heiligen Ruf der Freude, die durch keine materielle Not zerstört werden kann, nimmt der Chor in einem vollendet gesungenen Liede auf, und Orgelklang schließt diese erste Sitzung der Hauptversammlung.

2 Zum Kampf um den katholischen Lehrer

P. Ingbert Naab, O.Min.Cap., hat in seiner Schrift *Der Kampf um den katholischen Volksschullehrer* den katholischen Lehrern zu zeigen gesucht, daß ihre Zugehörigkeit zum Bayerischen Lehrerverein mit katholischen Grundsätzen sachlich unvereinbar sei, wenn auch tatsächlich viele „gute Katholiken" persönlich die aufrichtige Überzeugung haben mögen, daß beides sich miteinander vertrage. Auf diese Schrift hat Dr. Joseph Adelmann in Nr. 13 der Bayerischen Lehrerzeitung (28. März 1929) mit einem offenen Brief geantwortet, in dem er es geradezu als eine Pflicht der katholischen Lehrer in unserer Zeit bezeichnet, mit den Kollegen von anderer Konfession in jener allgemeinen Standesorganisation zusammenzuarbeiten. Damit ist die Existenzberechtigung einer eigenen katholischen Organisation in Frage gestellt; und so ist es auch für die katholischen Lehrerinnen von Bedeutung, sich mit den Gedankengängen Dr. Adelmanns auseinanderzusetzen.

1. Katholizismus und Deutschtum

Jener „offene Brief" sucht den Standpunkt des Verfassers und seiner zahlreichen Gesinnungsgenossen aus den Reihen der jungen katholischen Lehrer tief zu begründen. Im Anschluß an Männer und Schriften, die in den letzten Jahren in den Bemühungen um Klärung der Frage nach dem Verhältnis von Katholizismus und Kultur Aufsehen erregt haben, zeigt er die schwere Aufgabe, vor die der katholische Volksschullehrer heute gestellt ist: um Kinder des deutschen Volkes für das deutsche Volk zu erziehen, muß er mit dem deutschen Volkstum verwachsen sein. Es ist von ihm in erhöhtem Maße zu verlangen, was für den deutschen Katholiken überhaupt gilt: Katholizismus und Deutschtum in sich zu vereinen. Beides *muß* vereint werden und *kann* vereint werden, wenn es auch zu einer Spannung innerhalb des deutschen Katholizismus und in der Seele des einzelnen deutschen Katholiken führt. Dr. Adelmann sieht diese Spannung hauptsächlich darin begründet, daß wir den Katholizismus in römischer Prägung bekommen haben, die in einem gewissen Gegensatz zum deutschen Wesen steht. Er zieht daraus nicht etwa die Forderung: Los von Rom! Er erkennt an, daß die römische Formstrenge ein heilsames Gegengewicht gegen den deutschen Hang zu Maß- und Formlosigkeit sein kann, und stellt nur die berechtigte Forderung, daß der Entfaltung des spezifisch deutschen Wesens Raum gegeben werde.

Es ließe sich wohl aus Idee und Geschichte der Kirche der Nachweis führen, daß ihre Praxis dieser Forderung durchaus entsprechen muß und auch entsprochen hat. Sie ist nicht eine Masse aus gleichen Elementen, sondern ein Leib mit mannigfaltigen Gliedern. Diese Mannigfaltigkeit ist nicht nur auf die Verschiedenheit der Rangstufen in der Hierarchie zu beziehen, auch nicht nur auf die Verschiedenheit geistlicher Gaben, sondern auch auf die natürliche Ausrüstung der Geschöpfe im geordneten Stufenreiche des Kosmos.

Wenn im Gegensatz zu der rationalistischen Betonung der „allgemeinen Menschennatur" Herder in jedem Volke den „Ausdruck eines Gottesgedankens" sieht und auf seinen Spuren die Romantik das Recht individueller wie nationaler Eigenart betont, so ist es katholisches Gedankengut, das hier dem Geist der Aufklärung gegenübergestellt wird. Welche Möglichkeiten der Entfaltung solcher Eigenart innerhalb des Glaubenslebens gegeben sind, dafür braucht man nur etwa die frei von unten herauf erwachsenen und von der Kirche nachträglich gutgeheißenen Volksandachten der verschiedenen Länder zu vergleichen. Schon ein Blick in die Diözesangesangbücher zeigt eine weitgehende Differenzierung. Ein unlöslicher Gegensatz liegt also hier keineswegs vor.

Wie allgemeine Menschennatur und Individualität sich nicht ausschließen, sondern die abstraktiv heraushebbare allgemeine Natur konkret nur in individueller Ausprägung zu finden ist, so sind auch Katholizität und nationale Differenzierung des kirchlichen Lebens keine sich ausschließenden Gegensätze: das Ewige und Unwandelbare kann in mannigfaltiger Gestalt Fleisch und Blut werden. Nur wenn einseitige „Standpunkte" dieses oder jenes ausschließend verfechten, werden Konflikte heraufbeschworen, wie sie sich tatsächlich nicht nur in Deutschland, sondern auch in anderen europäischen Ländern gezeigt und zu den verhängnisvollsten Folgen geführt haben. Wer als Historiker den vielgestaltigen Blüten und Ranken des Glaubenslebens im deutschen Mittelalter nachgeht, als das deutsche Volk noch einig der Einen Kirche anhing, dem wird wohl der Gedanke kommen, daß nicht im „römischen Regiment", sondern in der Glaubensspaltung die Ursache für die besonderen Schwierigkeiten des deutschen Katholizismus zu

2 Zum Kampf um den katholischen Lehrer

suchen sei. Faßt man die Glaubensspaltung selbst als eine Folge des „römischen Regiments", d. h. als Abwehrreaktion auf, so wäre zu fragen, ob nicht diese Reaktion selbst weitgehend „römisches" Gepräge zeige, d. h. ihre Wurzeln außerhalb Deutschlands habe. Es ist natürlich unmöglich, hier solchen Problemen nachzugehen, es soll nur einmal darauf hingewiesen werden, wie außerordentlich kompliziert die Verhältnisse sind, die hier in Betracht zu ziehen wären, und wie bedenklich es ist, ohne genügende Klärung Konsequenzen für die Gegenwart zu ziehen.

Darin aber müssen wir Dr. Adelmann wieder recht geben: die Glaubensspaltung ist eine Tatsache, der man Rechnung tragen muß. Es ist nur die Frage, was dies „Rechnung tragen" heißt.

Seit vier Jahrhunderten ist der größere Teil des deutschen Volkes von der Kirche getrennt. Seit vier Jahrhunderten hat dieser abgetrennte Teil die Führung des deutschen Geisteslebens übernommen. Seit vier Jahrhunderten stehen die deutschen Katholiken vor der Frage: Sollen wir uns aus der Kirche herausziehen oder aus der deutschen Volksgemeinschaft hinausdrängen lassen, oder gibt es für uns eine Möglichkeit, beiden zugleich anzugehören, und wie können wir es? Wäre die Frage nur einfach: Katholizismus *oder* Deutschtum, Kirche oder deutsches Volk, so könnte über die Antwort kein Zweifel sein. Die Kirche ist der lebendige Leib Christi, und kein irdisches Gut – und etwas anderes als irdische Güter sind ja auch Volk und Staat nicht – könnte den Christen für den Verlust der Gliedschaft im Leibe Christi entschädigen. Der Herr, der Abraham befahl, Heimat und Sippe zu verlassen, der Herr, der es unzweideutig aussprach: Wer Vater und Mutter mehr liebt als mich, der ist meiner nicht wert, er könnte von uns auch dieses Opfer verlangen.

Aber die Stimme in unserm Innern und das Muster großer Heiliger, die Gott *und* ihrem Volke dienten, weil sie von Gott eine Sendung an ihr Volk hatten und Gott dienen konnten, *indem* sie ihrem Volke dienten, weist uns einen andern Weg: ich erinnere nur an den einen deutschen Heiligen, der das, was heute von Deutschland katholisch ist, für die Kirche erhielt oder zurückeroberte, den hl. Petrus Canisius. Sein Beispiel zeigt uns klar, was wir zu tun haben. Wenn wir Glieder der Kirche und zugleich Glieder des deutschen Volkskörpers sind, so ist durch uns das deutsche Volk der Kirche eingekörpert, wir sind die Adern, durch die unserm Volke das Lebensblut der Kirche zuströmen kann. Dadurch ist ein doppeltes von uns gefordert: einmal das, was Dr. Adelmann so stark betont, daß wir wirklich als

II Lehrberuf

Glieder des deutschen Volkes leben müssen, uns nicht von ihm absondern dürfen. – Auf der anderen Seite aber – und diese Seite kommt bei ihm nach meinem Urteil sehr zu kurz –, daß wir als lebendige Glieder der Kirche leben müssen. Das sagt Herr Dr. Adelmann freilich auch und fast mit denselben Worten. Aber ich vermisse eine nähere Erläuterung dessen, was er darunter versteht. Wenn er definiert: Katholizismus ist „Wertbejahung auf der ganzen Linie, Weltoffenheit und Weltweite im umfassendsten und edelsten Sinne" (a.a.O. S. 186), so klingt das recht schön und gut, aber es ist mir nicht klar und bestimmt genug. Es ist mir zweifelhaft, ob sich alle, die es lesen, etwas darunter denken können, und noch zweifelhafter, ob sie daraus entnehmen können, wie sie sich praktisch verhalten sollen. Es ist doch aber nichts Dunkles und Problematisches, es ist etwas ganz Einfaches, Klares und Bestimmtes, was es heißt: katholisch zu sein, und was man als Katholik zu tun hat. Jedes Kind kann es uns sagen, wenn es seinen Katechismus gelernt und verstanden hat. Katholik im vollen Sinne des Wortes sein (und nur solche *ganze* Katholiken können als Bindeglieder zwischen dem deutschen Volke und der Kirche in Betracht kommen) heißt zunächst sich zum Glauben der Kirche bekennen, das katholische Credo abstrichlos annehmen und so umfassen, daß man bereit wäre, für jeden Artikel sein Leben hinzugeben; es heißt die Lehrautorität der Kirche anerkennen und sich ihren Entscheidungen in kindlichem Gehorsam unterwerfen; es heißt den Weg der Nachfolge Christi gehen, wie er uns durch Wort und Beispiel des Herrn im Evangelium und durch Wort und Beispiel seiner treuesten Diener, der Heiligen aller Zeiten, in leuchtender Klarheit gezeigt ist; es heißt sich die Kraft für diesen Weg, der ein Kreuzweg ist, aus den Quellen holen, die der Heiland uns erschlossen und seiner Kirche zur Verwahrung und Ausspendung übergeben hat: aus seinen Sakramenten.

Es ist nicht zu leugnen, daß die Mehrzahl der deutschen Katholiken – und besonders der Intellektuellen – dieser doppelten Aufgabe nicht gerecht geworden ist. Wir sehen sie im deutschen Geistesleben der letzten vier Jahrhunderte vielfach eine traurige Rolle spielen, den Strömungen, die als Folge der Glaubensneuerung oder doch unter ihrem Einfluß aufkamen, kritiklos nachlaufen und damit ihren Katholizismus weitgehend preisgeben oder sie ungeprüft bzw. auf Grund mangelhafter Kenntnis und darum unzulänglicher Kritik ablehnen. Beide Haltungen entsprechen wenig dem paulinischen und echt katholischen Grundsatz: Prüfet alles und das Gute behaltet. Dessen sind sich viele führende Geister im katholischen Deutsch-

2 Zum Kampf um den katholischen Lehrer

land auch immer wieder bewußt geworden. Wiederholt finden wir im 19. und 20. Jahrhundert kraftvolle Ansätze zu selbständigem Schaffen und positiver Kritik: in den Tagen der Romantik, in der Zeit des Kulturkampfes, schließlich in den Bewegungen und Kämpfen, die durch Krieg und Nachkriegszeit ausgelöst wurden und in die der „Kampf um den katholischen Lehrer" mit hineingehört[1].

In jenem Pauluswort kommt die „Wertoffenheit und Weltweite" zu ihrem Recht; wir sollen uns nicht gegen das Gute verschließen, woher immer es kommen mag. Aber wir sollen *prüfen* und nur das *Gute* behalten. Und zum Prüfen gehört ein Maßstab. Es ist Herrn Dr. Adelmann zuzugeben, daß die Prinzipien der Kirche nicht als *einziger* Maßstab in Betracht kommen. Wenn wir Ergebnisse der wissenschaftlichen Forschung auf ihre Annehmbarkeit prüfen wollen, müssen wir mit den Prinzipien und Erkenntnismethoden der betreffenden Wissenschaft vertraut sein und sie als Maßstab benützen; wenn wir moderne Kunstwerke daraufhin untersuchen, ob es wünschenswert sei, sie unserem Volke zugänglich zu machen, so müssen wir von Kunst etwas verstehen und sie nach ihrem künstlerischen Wert auswählen. Aber diese dem jeweiligen Sachgebiet speziell eigenen Maßstäbe können ihrerseits nicht die einzigen sein. Kein Ergebnis wissenschaftlicher Forschung ist unfehlbar, auch die scharfsinnigsten Forscher können irren. Wo darum wissenschaftliche Theorie und Glaubenswahrheit miteinander in Widerspruch stehen, da kann es für uns keine Frage sein, welches von beiden wir abzulehnen haben; und wir dürfen es uns auch nicht ersparen, diese Prüfung vorzunehmen, wenn wir nicht schuldhaft auf die Bahn des Irrtums geraten wollen. Auch die größten Autoritäten auf dem Gebiete weltlicher Wissenschaft können uns nicht Führer sein, denen wir ohne weiteres vertrauen dürfen, wenn sie nicht zugleich feststehen im Glauben und gründlich in der Dogmatik zu Hause sind.

Ebenso bedürfen die Kunstwerke außer der rein ästhetischen Bewertung einer Prüfung daraufhin, ob eine seelische Gefährdung durch sie zu befürchten sei; und wo das der Fall ist, da dürfen auch die höchsten ästhetischen Werte uns nicht dazu verführen, unser Volk mit Gift zu füttern. Wer diese doppelte Kritik an unsern deutschen Kulturgütern vornehmen

---

[1] Wer ein umfassendes und lebendiges Bild all dieser Strömungen gewinnen will, der greife zu den gesammelten Aufsätzen von P. Erich Przywara S. J., die in diesem Jahre unter dem Titel *Ringen der Gegenwart* bei B. Filser in Augsburg erschienen sind.

und ebenso, wer schöpferisch am deutschen Kulturleben mitarbeiten will, der muß also eine doppelte Eignung besitzen: Fähigkeit und gründliche Schulung für das betreffende Sachgebiet einerseits, Glaubenstreue und ausreichende dogmatische Durchbildung andererseits. Können die katholischen Lehrer ohne weiteres diese doppelte Eignung für sich in Anspruch nehmen? Das Verlangen nach einer Reform der Lehrerbildung zeigt uns, daß sie ihre durchschnittliche wissenschaftliche Ausbildung nicht für ausreichend halten. Und wie steht es mit der religiösen Durchbildung? Herr Dr. Adelmann erklärt: „Als Katholiken besitzen wir immer die richtig verstandene Distanz für die Dinge der Kulturbereiche und das Gefühl für Maß und Norm" (a.a.O. S. 202). Aber einen Beleg für seine Behauptung habe ich in seinem Aufsatz nicht entdecken können. So führt die Besinnung, welche Aufgaben dem Lehrer gestellt sind, sofern er Deutscher und Katholik ist, zu einer doppelten Forderung: 1. gründliche Durchbildung in einem Sachgebiet (niemand wird auf *allen* Gebieten Sachverständiger sein können); 2. gründliche religiöse Durchbildung. Wie dies beides zu erreichen sei, das ist nicht in wenigen Worten zu sagen. Eines dürfte wohl klar sein: daß die Zugehörigkeit zum Bayerischen Lehrerverein weder das eine noch das andere gewährleisten kann.

2. Katholische Pädagogik, katholische Schule, katholischer Lehrerverein

Ich übergehe die Fragen des Verhältnisses von Katholizismus und Gemeinschaft, Katholizismus und Staat, die Herr Dr. Adelmann mit hereingezogen hat, weil ich die Klarheit des Gedankenganges nicht durch Problemhäufung gefährden möchte[2], und wende mich sogleich zu der Frage, auf die es hier vor allem ankommt: was von dem katholischen Lehrer *als Lehrer* zu verlangen ist. Man könnte sagen: das Dilemma zwischen Deutschtum und Katholizismus in uns zum Austrag zu bringen, dazu bedarf es freilich anderer Mittel als einer allgemeinen Standesorganisation. Aber unser Lehrerberuf macht den Anschluß für uns nötig. Wir wollen diese Frage in aller

---

[2] Wer sich davon überzeugen will, daß mir die Fragen des Staats- und Gemeinschaftslebens nicht gleichgültig sind, daß es mir nur unfruchtbar scheint, sie in einer flüchtigen Seitenbetrachtung abzutun, der möge in meine Untersuchungen über diese Fragen im V. und VII. Band von Husserls *Jahrbuch für Philosophie und phänomenologische Forschung* Einblick nehmen.

2 Zum Kampf um den katholischen Lehrer

Ruhe durchdenken. Die Volksschule will (gemäß der neuen Lehrordnung) die Erziehungsschule des deutschen Volkes sein. Wer in den Volksschuldienst eintritt, übernimmt somit die Verpflichtung, an diesem Erziehungswerk mitzuarbeiten. Die einfachste Voraussetzung dafür ist, daß er Klarheit darüber hat, was „erziehen" überhaupt heißt. Herr Dr. Adelmann sagt: „Ein echter und wahrer pädagogischer Gedanke muß aus dem Pädagogischen entspringen und in der Erziehungswissenschaft begründet liegen." „Das Kriterium für die Erziehung liegt im Erzieherischen" (a.a.O. S. 202). Ich muß offen gestehen, daß ich mit Ausdrücken wie „das Pädagogische" oder „das Erzieherische" nichts anfangen kann; ich finde nichts Greifbares dahinter. Ich halte mich also an die Erziehungswissenschaft, die Pädagogik. Aber auch in ihr kann ich keine Göttin sehen, vor deren Autorität ich in Ehrfurcht verstummen müßte. Ich sehe mich vielmehr genötigt, ganz respektlos näherzutreten und ihren Schleier zu lüften. Unbildlich gesprochen: wir haben es hier mit einem der meist umstrittenen Gebiete des modernen Kulturlebens zu tun. Es wird immer noch in Frage gestellt, ob sie überhaupt als *Wissenschaft* anzusprechen sei und nicht vielmehr als „Kunst" oder „Technik", d. h. als praktische Fertigkeit mit einem gewissen theoretischen Fundament. Gesteht man diesem theoretischen Fundament den Namen Wissenschaft zu, so ist es doch keine „autonome" Wissenschaft, d.h. keine in sich ruhende. Und das ist allgemein anerkannt, daß sie nicht ohne eine Reihe von Grund- und Hilfswissenschaften existieren kann. So mannigfaltig auch die Definitionen der Erziehung sein mögen, die wir in den Handbüchern der Pädagogik finden, darüber werden sich wohl alle einig sein, daß zum Erziehen ein Erzieher, ein Zögling, ein Erziehungsprozeß, ein Erziehungsverfahren und ein Erziehungsziel gehören. Über all diese Faktoren muß der Erzieher Klarheit haben. Ich will hier nicht für alle Faktoren die Frage aufwerfen, welche Wissenschaften darüber unterrichten können. Nur für den einen stelle ich sie: für das *Erziehungsziel*. Ich darf es wohl als zugestanden annehmen, daß Ziele zu stellen Aufgabe der *Ethik* ist, die Ethik somit Grundwissenschaft für die Pädagogik. Ebenso ist es niemandem, der sich auch nur flüchtig mit Ethik beschäftigt hat, verborgen, daß es sehr verschiedene ethische Theorien gibt, und dem entspricht die Mannigfaltigkeit der pädagogischen Theorien. Nach der Auffassung, die jemand von der Bestimmung des Menschen hat, richtet sich seine Festlegung des Erziehungsziels. Der Eudämonist, der im Höchstmaß irdischen Glücks das richtunggebende Ziel des Menschen sieht, der Idealist, für den die freie

II Lehrberuf

Selbstbestimmung das Höchste ist, der Katholik, nach dessen Überzeugung es der Daseinszweck des Menschen ist, Gott zu erkennen, ihn zu lieben und ihm zu dienen – sie müssen grundverschiedene Auffassungen von den Aufgaben der Erziehung haben. Als Erzieher können sie nicht arbeiten ohne ein Erziehungsziel. Als Katholiken können wir kein anderes Erziehungsziel haben als das Lebensziel, das dem Menschen nach unserer Glaubenslehre gesteckt ist: Gotteskinder wollen wir erziehen, die ihre von Gott gegebenen Kräfte in diesem Leben nach Gottes Willen betätigen und dadurch für das ewige Leben reif werden.

Wenn wir imstande sind, durch unsere Schultätigkeit auf dieses Ziel hinzuwirken, dann dürfen wir uns *katholische Lehrer* nennen. Wir werden *nicht* dazu imstande sein, wenn wir bei unserer Erziehungsarbeit nicht nach den Lehren und Weisungen der Kirche fragen; erst recht nicht, wenn wir uns durch pädagogische Theorien bestimmen lassen, die auf der Grundlage anderer Auffassungen vom Ziele des Menschen erwachsen sind. Keine pädagogische Theorie darf kritiklos übernommen werden. So erhebt sich hier von neuem und dringlicher die Forderung nach jener doppelten Durchbildung, die sich am Ende des ersten Teils ergab. – Ich werde aber auch meiner Aufgabe als katholischer Lehrer und Erzieher sehr schwer gerecht werden können, wenn ich selbst zwar in meinem Unterricht katholische Grundsätze walten lasse, wenn aber von denen, die sich mit mir in die Erziehungsarbeit teilen, nach entgegengesetzten Grundsätzen verfahren wird. Zwingen mich die Verhältnisse dazu, in einer interkonfessionellen Schule zu arbeiten, wo ich mit anders- oder ungläubigen Mitarbeitern und Elternhäusern rechnen muß, so werde ich das Beste tun, was in dieser Notlage möglich ist; aber immer werde ich es als eine Notlage betrachten, niemals können Verhältnisse, die das oberste Ziel seiner Arbeit äußerst gefährden, für den *katholischen* Lehrer erstrebenswertes Ziel sein. Wenn er also nicht nur dem Namen, sondern der Gesinnung nach katholisch ist und wenn er konsequent durchdenkt, welche Folgerungen das für seine pädagogische Theorie und Praxis ergibt, so wird er nicht einer Organisation angehören können, die im Hinblick auf ihre paritätische Grundlage den katholischen Erziehungsprinzipien nicht gerecht werden kann.

Wir wollen aber die Gründe nicht ungeprüft lassen, die für die Einheitsschule und für die einheitliche Standes-Organisation zu sprechen scheinen. – Man sagt, die konfessionelle Schule zerreiße die Einheit des Volkes. Ist sie nicht vielmehr der unvermeidliche Ausdruck der Zerrissenheit, die tatsächlich besteht? Und könnte die Einheitsschule diese Zerrissenheit beseitigen, ohne zugleich unser katholisches Glaubensleben zu vernichten? Das ist die *eine* Wirkung, die durch die Mischung der Bekenntnisse erreicht werden kann: die Kinder, die im Religionsunterricht *ein* Weltbild gezeichnet bekommen und im Deutsch- oder Geschichts- oder Naturkundeunterricht ein anderes, können zu keiner klaren Anschauung und festen Überzeugung gelangen, sie werden skeptisch und unsicher, und so mancher bekommt sein Leben lang keinen festen Boden unter die Füße. Ob wohl dem deutschen Volk damit gedient ist, wenn man ihm eine solche Jugend heranzieht? „Wer in schwankender Zeit auch schwankend gesinnt ist, der vermehrt das Übel und breitet es weiter und weiter." Das hat kein „klerikaler Schnüffler" und „Gesinnungsschwätzer" gesagt, sondern ein Mann, dessen Wort in außerkatholischen Kreisen sehr hoch im Kurs steht. Es sind mir aus der Erfahrung noch andere Gestaltungen und Auswirkungen des interkonfessionellen Schullebens bekannt: die relativ günstigste – aber seltene –, daß die Erörterung religiöser Fragen tatsächlich auf den konfessionellen Religionsunterricht beschränkt bleibt und daß die übrigen Stunden mit Takt und Zurückhaltung gegeben werden. Die Kinder verschiedener Konfessionen sitzen friedlich nebeneinander auf denselben Bänken, sie verkehren vielleicht sogar freundschaftlich miteinander außerhalb der Schule, aber sie sprechen nicht miteinander über ihr religiöses Leben. Und wenn dieses religiöse Leben auf der einen oder anderen Seite oder auf beiden Seiten stark ist, dann spüren sie, daß etwas Trennendes zwischen ihnen steht, sie spüren es vielleicht stärker, als wenn sie getrennt voneinander aufwüchsen. Ich betrachte es als kein Unglück, daß sie es spüren. Dieser Schmerz kann ein heilsamer Schmerz sein, ein Stachel, der zum Suchen nach der Wahrheit führt. Aber dieser Anreiz ergibt sich auch, wenn sich Menschen nahekommen, die in getrennten Konfessionsschulen erzogen sind; und dann ist der eine Teil durchschnittlich besser dafür gerüstet, dem andern Führer zur Wahrheit zu sein, als bei nicht-konfessioneller Schulbildung. Schlimmer ist es, wenn gerade das enge Zusammenleben der verschiedenen Elemente (wie es besonders in konfessionell stark gemischten Gegenden mit einer gespannten Atmosphäre vorkommt) zu einem Aufeinanderprallen der Gegensätze führt.

Wie die Lage in Deutschland ist, wird man der Einheit nicht besser dienen können, als wenn man die Kinder in konfessionellen Schulen gründlich religiös und in Liebe zum Deutschtum erzieht und wenn man sie anlei-

II Lehrberuf

tet, Andersgläubigen, die ohne persönliche Schuld im Irrtum aufgewachsen sind, mit Achtung und Liebe zu begegnen und durch die eigene Lebensführung die Kraft der Wahrheit zu beweisen.

Wie steht es nun mit dem „Gemeinsamen und Verbindenden", das „ohne Rücksicht auf Bekenntnisse" die Lehrer eint? Herr Dr. Adelmann spricht von einem „gemeinsamen pädagogischen Weltbild", von „gemeinsamen kulturellen Aufgaben in Staat, Volk und Schule", von „gemeinsamer erzieherischer und kulturpolitischer Verantwortung". Er hat es unterlassen, das „pädagogische Weltbild" zu zeichnen, und ich denke, es geht aus meinen Ausführungen über das Erziehungsziel zur Genüge hervor, daß es so etwas gar nicht geben kann. Eine gemeinsame Aufgabe für Staat und Volk ist freilich vorhanden: gesunde, tüchtige, brave Menschen und gute Staatsbürger zu erziehen. Aber sofern diese Menschen nach dem Willen ihrer Eltern und Religionsgemeinschaften zugleich gute Katholiken, Protestanten, Juden oder auch ohne konfessionelle Bindung sein sollen, differenziert sich die Aufgabe von vornherein. Allerdings kann ich mir denken, daß gewisse Aufgaben gemeinsam gelöst werden können. Von den Faktoren, die für die Erziehung in Betracht kommen, habe ich vorhin nur das Ziel herangezogen, das für alle verschieden ist. Denken wir aber etwa an die Notwendigkeit, sich mit der Natur des Zöglings vertraut zu machen durch physiologische, psychologische Studien u. dgl., so ist, da die natürlichen Prozesse bei Katholiken nicht anders verlaufen als bei Protestanten, tatsächlich eine gemeinsame Aufgabe vorhanden, und es ist nicht einzusehen, warum nicht Lehrer aller Konfessionen einen gemeinsamen Kursus über experimentelle Psychologie oder über die Hygiene des Schulhauses durchmachen sollten. Aber bedarf es dazu einer gemeinsamen Organisation? Es können sehr wohl die konfessionell getrennten Organisationen sich zu gemeinsamen Veranstaltungen zusammentun, so wie sich z. B. in der Pfalz die getrennten Organisationen der katholischen Lehrer und Lehrerinnen in einer Arbeitsgemeinschaft zusammengefunden haben.

Nicht anders steht es mit einem anderen Interesse, das gewiß keinen konfessionellen Charakter hat: den wirtschaftlichen Angelegenheiten. Auch sie ließen sich durch ein Kartell getrennter Organisationen ebensogut verfechten wie durch eine gemeinsame Organisation.

Es bleibt nun noch die Daseinsberechtigung einer besonderen katholischen Standesorganisation zu prüfen. Kann sie das leisten, wovon wir zeigten, daß eine allgemeine Organisation dazu nicht imstande sei: jene

2 Zum Kampf um den katholischen Lehrer

doppelte Durchbildung zu vermitteln, die für den katholischen Lehrer erforderlich ist? Um mit der zweiten, der religiösen Durchbildung, anzufangen: ein katholischer Lehrerverein wird sich zunächst dafür einsetzen, daß eine katholische Erziehung durch konfessionelle Schulen und konfessionelle Lehrerbildung gesichert werde. Er wird ferner in den eigenen Reihen arbeiten durch gemeinsame Veranstaltungen (Exerzitien, theologische, philosophische, pädagogische Fortbildungskurse), durch persönlichen Gedankenaustausch, durch die Stärkung, die im Zusammenschluß mit Gleichgesinnten liegt. Die Fachbildung wird er natürlich ebensowenig wie eine allgemeine Standesorganisation selbst gewähren können. Sie ist Sache der Berufsbildung. Die Standesorganisationen können nur darauf hinwirken, daß entsprechende Bildungsanstalten geschaffen werden. Sie können ferner durch besondere Veranstaltungen der Fortbildung ihrer Mitglieder dienen. Soweit die konfessionellen Fragen nicht eine verschiedene Auffassung über die Gestaltung der Berufsbildung bedingen und gemeinsame Fortbildung ausschließen, wäre ein gemeinsames Vorgehen der getrennten Organisationen möglich und wünschenswert.

Ich habe darauf verzichtet, die Ausführungen Herrn Dr. Adelmanns Satz für Satz unter die kritische Lupe zu nehmen, weil ich glaube, daß die Darlegung der Wahrheit immer fruchtbarer ist als die Widerlegung des Irrtums. So bin ich von dem ausgegangen, was ich Positives in jenen Ausführungen fand, und habe die Konsequenzen daraus gezogen. Sie haben gezeigt, daß eine allgemeine Standesorganisation den Aufgaben nicht gerecht werden kann, die dem katholischen Lehrer gestellt sind, und sie haben die Dringlichkeit einer katholischen Organisation erwiesen. Für uns, die wir eine solche Organisation besitzen, erwächst daraus die Pflicht, uns ihren Zweck lebendig vor Augen zu halten und unsere Kräfte dafür einzusetzen. An Arbeitsmöglichkeiten und Richtlinien für unsere Arbeit fehlt es nicht. Dr. Adelmann sagt: „Wir erwarten von der Kirche, daß sie uns Impulse gibt, die uns mit dem Zeitwillen lebensnahe Aufgaben stellt (?), wir erwarten ein Echo auf die von der Gegenwart gestellten Fragen" (a.a.O. S. 193). Wer „Ohren hat zu hören", der braucht nicht mehr auf solche Impulse zu warten. Die Kirche *hat* gesprochen durch den Mund unseres Heiligen Vaters, der wie nur irgendein Mensch unserer Zeit sich der Gegenwartsaufgaben bewußt ist. Er hat uns aufgerufen zur „Katholischen Aktion": uns mit katholischem Geiste zu erfüllen und ihn hinauszutragen als Heilmittel gegen die Krankheiten unserer Zeit. Und er hat die Intellektuellen unter uns

II Lehrberuf

angewiesen, wo sie sich das Rüstzeug zur katholischen Aktion holen können: bei den großen Doktoren des Mittelalters, deren Werke noch ungeahnte lebendige Keime für unsere Zeit enthalten, die es zu entfalten gilt. Nur wer sie nicht kennt, kann mit Geringschätzung von ihnen sprechen. (Tatsächlich ist bei den Philosophen der Gegenwart – auch den nichtkatholischen – diese Geringschätzung längst nicht mehr „modern"). Wenn wir diesen Weisungen in den Formen, die unser Beruf fordert, Folge leisten, dann dürfen wir hoffen, unseren Pflichten als katholische Lehrer und Lehrerinnen gerecht zu werden.

Buchbesprechung zu:

Katholische Kirche und Schule. Eine Untersuchung über die historische und rechtliche Stellung der katholischen Kirche zu Erziehung und Unterricht mit besonderer Berücksichtigung der Verhältnisse in Preußen von Dr. jur. Edgar Werner *Dackweiler* (Veröffentlichung der Sektion für Rechts- und Staatswissenschaft der Görres-Gesellschaft. Verlag Schöningh, Paderborn 1933, 264 S., 12,80 RM).

Der Verfasser spricht im Vorwort, das im Herbst 1932 geschrieben wurde, den Wunsch aus, daß seine Arbeit mit beitragen möchte „zu dauernder Sicherstellung der Rechtsansprüche von Kirche und Staat auf die Schule und damit zu deren einträchtiger Zusammenarbeit für die religiös-sittliche und staatsbürgerliche Ertüchtigung von Jugend und Volk". Wenn er damals schon von einer „Schulpolitisch so bewegten Zeit" schreiben konnte, so sind heute diese Fragen noch viel brennender geworden, und man muß ihm dankbar sein für seine gründlichen geschichtlichen, rechts- und verfassungskundlichen Untersuchungen, deren nüchterne Daten ein eindringliches Bild vor uns erstehen lassen von dem, was die katholische Kirche allezeit als heilige Pflicht und unveräußerliches Recht in Sachen der Erziehung angesehen hat, von ihren Leistungen auf diesem Gebiet und von den Kämpfen, die sie darum führen mußte.

Ein einführender Überblick über die Entwicklung des Schulwesens in Deutschland von den Tagen des hl. Bonifatius bis zum Beginn des 19. Jahrhunderts zeigt, wie das gesamte Erziehungswesen der Kirche seine Schöpfung verdankt und ursprünglich auf das übernatürliche Ziel des Menschen hingeordnet ist; wie auch das staatliche Eingreifen seit Karl d. Gr. und die

2 Zum Kampf um den katholischen Lehrer

Bemühungen der Städte im späteren Mittelalter nur im Dienst der kirchlichen Erziehungsziele stehen. Auch die Reformation hat darin noch keine grundsätzliche Wandlung gebracht. Erst durch die Ausbildung des absolutistischen Staates verliert die Kirche „ihre absolut leitende und beaufsichtigende Stellung in Schulangelegenheiten. Diese ihre Position nimmt der Staat ein, wenigstens bemüht er sich darum. Er bedient sich zu diesem Zweck einstweilen der kirchlichen Organe, ist aber gleichwohl schon bestrebt, eigene, von der Kirche unabhängige Aufsichtsbehörden zu schaffen … Die Schule dient nicht mehr in erster Linie der Förderung des Gottesdienstes und der Erlangung des Seelenheils, sondern dem Staatswohl" (S. 51). Im Allgemeinen Landrecht von 1794 hat der Staat die Schulhoheit in Anspruch genommen; seitdem sind die Geistlichen die ausführenden Organe der staatlichen Schulaufsicht. Die preußische Verfassung von 1850 erkannte der Kirche kein *unmittelbares* Aufsichtsrecht mehr zu; der Staat bediente sich aber noch der Geistlichen als der vielfach einzig Sachverständigen wenigstens noch für die lokale Schulinspektion, und es herrschte zunächst noch eine positive Bewertung des geistlichen Einflusses und die Überzeugung von dem Anrecht der Kirche auf Mitwirkung an der Gestaltung von Unterricht und Erziehung. Eine grundsätzlich andere Einstellung zeigte erst das Gesetz vom *11. März 1872*, das die Trennung von Staat und Kirche durchführte und dem Staat das alleinige Aufsichtsrecht zusprach, sowie die ausgesprochen kirchenfeindliche Kulturpolitik des Ministeriums *Falk*. Gegenüber den rechtswidrigen Übergriffen der folgenden Kampfjahre – Verpflichtung der Lehrer, auch ohne missio canonica Religionsunterricht zu erteilen; Verletzung des verfassungsmäßigen Rechts der Kirche, Privatschulen zu gründen, durch die Ausschließung der Orden – haben die deutschen Bischöfe, die Pfarrgeistlichen und das katholische Volk einmütigen Widerstand geleistet, bis die Regierung allmählich den Rückzug antrat.

Gegenüber der wechselnden positiv-rechtlichen Lage hat die Kirche unentwegt ihr göttliches und geschichtliches Recht geltend gemacht. Sie hat ihre Ansprüche niedergelegt in den Canones 1372–1382 des neuen *Codex Iuris Canonici* von 1918. Ihre grundsätzliche Auffassung hat vorher und nachher klaren Ausdruck gefunden in den Enzykliken Leos XIII. und Pius' XI. Niemals wird sie von der Forderung konfessioneller Erziehung ablassen. Was kirchlicherseits unter einer *konfessionellen Schule* zu verstehen ist, das hat Leo XIII. in der Enzyklika „Affari vos" von 1897 ausge-

II Lehrberuf

sprochen: eine Schule, in der ausschließlich katholische Lehrer angestellt sind, deren Lehr- und Lesebücher die bischöfliche Approbation haben, in der die Kirche das gesamte Unterrichtswesen mitbestimmt. Von diesem Standpunkt aus sind die Verhandlungen in der Weimarer Nationalversammlung sowie zwischen dem Heiligen Stuhl und den Regierungen der deutschen Länder geführt worden, deren Ergebnis die Konkordate mit Bayern, Preußen und Baden waren.

Die Reichsverfassung von 1919, die erste reichsgesetzliche Regelung des Schulwesens, stellt einen Kompromiß zwischen den verschiedensten weltanschaulichen und darum auch schulpolitischen Auffassungen dar. So konnte sie dem katholischen Ideal keineswegs entsprechen, aber sie hat doch vieles Wesentliche aufgenommen: „Zunächst die Erklärung des Religionsunterrichts, abgesehen von der weltlichen Schule, zum ordentlichen Lehrfach, weiter die Sicherung, daß der Religionsunterricht nach den Grundsätzen der katholischen Kirche erteilt wird, worin gleichzeitig die Anerkennung des Erfordernisses der missio canonica wie der kirchlichen Genehmigung der Religionsbücher liegt, ferner die Garantie für die Anstellung nur glaubenstreuer und sittlich gefestigter Lehrpersonen, sodann die Möglichkeit einer Übertragung der Aufsicht und Leitung des Religionsunterrichts auf die katholische Kirche, ja sogar der Erteilung durch sie ..." (253). Bedeutsame Ergänzungen der Verfassungsbestimmungen sind das Gesetz über die religiöse Kindererziehung vom 15. 7. 1921 und die genannten Konkordate.

Das verdienstliche Werk wird jedem nützen, dem es in diesen Tagen um eine ernste grundsätzliche Besinnung zu tun ist und der die schulpolitische Entwicklung bis zum heutigen Reichskonkordat verfolgen will.

Köln *E. Stein*

3 Die Mitwirkung der klösterlichen Bildungsanstalten an der religiösen Bildung der Jugend

Man hat mich gebeten, über die Mitwirkung an der religiösen Bildung der Jugend zu sprechen. Ich fand das Thema ergänzungsbedürftig. Es ist zu fragen: Mitwirkung *mit wem* und *wessen?*
Mit wem? Zur religiösen Bildung der Jugend ist (sachlich) in erster Linie berufen die heilige Kirche durch ihr Lehramt; sie erfüllt ihre Aufgabe durch den Gottesdienst, die Ausspendung der Sakramente, durch das Wort des Priesters auf der Kanzel und im Religionsunterricht, durch seine gesamte seelsorgliche Tätigkeit.

Die *zeitlich* erste Bildungsarbeit fällt normalerweise dem Elternhaus zu, und wir alle wissen, daß im allgemeinen die nachhaltigsten Wirkungen von hier ausgehen. Als dritter Faktor kommt zu Kirche und Elternhaus die Bildungsanstalt hinzu, in der die heranwachsenden jungen Menschen einen großen Teil der für ihr ganzes Leben entscheidenden Entwicklungszeit zubringen. Wenn auch bei einem Versagen des ersten und zweiten Faktors für den dritten die Aussichten auf Erfolg äußerst gering sind, so entfällt doch in jedem Fall ein großer Teil der Verantwortung auf ihn.

Schon wenn das Kind nur vom Elternhaus aus für die Unterrichtszeit die Schule besucht, kann es von daher richtunggebende Einflüsse für sein ganzes Leben empfangen. Noch größer ist die Wirkungsmöglichkeit und damit zugleich die Verantwortung, wenn die gesamte Erziehung in die Hände einer Anstalt gelegt wird. Dabei sind die Möglichkeiten verschiedene, je nachdem die Erziehungsgemeinschaft interkonfessionellen oder konfessionellen Charakter hat und ob es eine weltliche (wenn auch konfessionell eingestellte) oder eine klösterliche ist. Ich betrachte es heute als meine Aufgabe, über die besonderen Möglichkeiten zu sprechen, die gerade einer klösterlichen Bildungsanstalt für die Mitwirkung an der religiösen Bildung der Jugend gegeben ist.

1. Religiöse Bildung

Als unerläßliche Vorbereitung dafür ist die Frage zu behandeln, was wir unter *religiöser Bildung* zu verstehen haben. Bilden ist Formen eines Mate-

II Lehrberuf

rials. Als *Bildung* bezeichnet man sprachüblich sowohl diesen Prozeß des Formens als das Ergebnis, die Form, die dem Material eingeprägt ist, die es angenommen hat.

Zur Bildungsarbeit gehört viererlei:
- die Form, die erreicht werden *soll*, d. h. das *Bildungsziel;*
- das *Material*, das zu formen ist, das sind die Menschenkinder, die uns anvertraut werden;
- die Hände, die am Werk sind, und die *Werkzeuge*, deren sie sich bedienen;
- der Formungs- und *Bildungsvorgang*.

1.1 Das Bildungsziel

Wir betrachten zunächst das *Bildungsziel.* Welche Form sollen wir dem Material geben? Wir sollen die Menschenkinder zu *Gotteskinder* bilden helfen. *Gott-förmig, Christus-förmig* sollen sie werden. Das heißt: sie sollen ihren Lebensweg an Gottes Hand gehen, von Gottes Willen widerstandslos geleitet. Dazu gehört ohne weiteres, daß dieser Weg der Weg der Nachfolge Christi sein wird. Sie sollen sich selbst ausziehen und Christus anziehen, lebendige Glieder am Leibe Christi sein, durch die das übernatürliche Leben dieses mystischen Leibes hindurchströmt.

Alter Christus – ein anderer Christus, das ist die Form, das ist das Bildungsziel, das erreicht werden soll. Erschreckend in seiner Größe! Aber wir dürfen nicht niedriger greifen. Wenn man von einem Stand der Vollkommenheit innerhalb der heiligen Kirche spricht, so besagt das nicht, daß er allein zur Vollkommenheit berufen sei. Die Auszeichnung der Ordensleute ist es, daß sie sich des Berufs bewußt geworden sind und sich dazu verpflichtet haben, und zwar in den besonderen Formen, mit den besonderen Mitteln, die der Ordensstand vorsieht. Berufen zur Vollkommenheit aber ist jeder Christ.

1.2 Das Material

Welcher Art ist das *Material*, das diese Form annehmen soll? Bringt es eine Eignung dafür schon mit? Trägt es sie vielleicht schon keimhaft – als *inne-*

3 Die Mitwirkung der klösterlichen Bildungsanstalten an der religiösen Bildung der Jugend

re Form – in sich wie das Samenkorn die Form des Rosenstrauchs oder des Apfelbaumes; oder muß sie von außen herangebracht werden wie an den Ton des Bildhauers? Menschenkinder sollen zu Gotteskindern geformt werden. Die Arbeit, die wir dabei zu leisten haben, ist die des Gärtners und des Bildners zugleich. In der Tat, es liegt eine innere Form in der Menschenseele, die triebkräftig gemacht werden muß, um das ganze Menschenwesen von innen her nach außen hin durchzuformen. Und das in doppeltem Sinn. Es liegt einmal in jedem Geschöpf Gottes ein *natürliches Streben zu Gott* hin, seinem Ursprung und Ziel. Es regt sich in *jedem* Menschenherzen als Sehnen nach Glück, als Verlangen nach Reinheit und Güte, auch wo keinerlei Gotteserkenntnis vorliegt. Und es ist überdies in die Seele jedes Christenkindes mit der *Taufgnade* ein Samenkorn gelegt, das aufsprießen kann in übernatürlichem Leben und seine Krone bis in den Himmel erheben.

Aber beides, das natürliche Streben nach dem Guten und die übernatürliche Ausrüstung zum ewigen Leben, sind Samenkörner, die der Pflege bedürfen und ohne Pflege verkümmern können. Sie sind eingebettet in eine Materie, die der Formung mehr oder minder große Widerstände entgegensetzt; sie müssen, um zu wachsen und die Materie gefügig zu machen, triebkräftig gemacht und erhalten werden. Es müssen Nährstoffe zugeführt und es muß auch eine vorgebildete äußere Form herangetragen werden. Das Streben nach dem Guten wächst und wird widerstandsfähig, wenn z.B. das natürlich gute Verhalten gerechte Anerkennung findet. Die Freude daran ist ein Nährstoff, den die Seele sich assimiliert hat. Bestimmte Ziele und Aufgaben, sittliche Vorbilder sind äußere Formen, die dem zunächst noch unbestimmten Trieb Richtung geben und damit formbildend wirken. Das Gnadenleben erwacht und sprießt auf, wenn vor dem erwachenden Geist das Gottesbild in seiner Liebenswürdigkeit und Majestät hintritt und Liebe und Ehrfurcht in der Seele entzündet. Es wird von außen geformt durch feste Gebets- und Kultformen, die dem unbestimmten Ausdrucksbedürfnis entgegenkommen.

Das ist die *positive* äußere Pflege und Formung, nach der die inneren Formen für ihre Entfaltung verlangen. Dazu muß als *negative* Ergänzung die Bekämpfung der hemmenden Einflüsse, der wilden Schößlinge und Schädlinge, der Trägheit und Widerspenstigkeit der Materie treten.

So ist mit der Schilderung des Bildungsmaterials schon der Bildungsprozeß in großen Linien gezeichnet: als ein Wachstums- und Gestaltungsprozeß von innen her, der nur bestimmt gearteter äußerer Hilfen bedarf.

II Lehrberuf

1.3 Bildungsmittel

Wer berufen ist, die Hilfe zu leisten, davon haben wir einleitend gesprochen. Die Mittel, die für die Formungsarbeit in Betracht kommen, haben wir in unseren Beispielen nur flüchtig gestreift. Wir müssen sie jetzt genauer betrachten, um zu sehen, welche davon der klösterlichen Bildungsanstalt zur Verfügung stehen.

Das Menschenkind soll Gotteskind werden, die Menschenseele soll Christusgestalt annehmen. So muß als äußere Form *Christus selbst* an das Material herangebracht werden: zunächst das *Bild* Christi als des *Menschensohnes*, wie er über diese Erde gewandelt ist, das Bild, das die Evangelien zeichnen. Es ist das Vor-Bild, dem die Menschenseele sich nachbilden kann.

Sodann der *fortlebende Christus*, der als gegenwärtige Wirklichkeit unter uns weilt: der *eucharistische* Christus, der im Sakrament der Liebe in die Seele selbst eingeht und sie nun wiederum von innen heraus formt; und damit im engsten Zusammenhang der *mystische Leib Christi*, die heilige Kirche mit ihrem *geschichtlichen Werdegang* und ihrem *liturgischen Leben,* ihrem Gebet und Opfer, die ihre Kinder sich eingliedert und den lebendigen Gliedern die Christusgestalt einprägt.

2. Die Bildungsarbeit der klösterlichen Anstalten

Was vermag die klösterliche Bildungsanstalt zu tun, um die Berührung der Kindesseele mit Christus als der bildenden Form zu vermitteln?

2.1 Formung durch das Bild des Menschensohnes

Das Bild des Menschensohnes nach den Evangelien zu zeichnen ist natürlich zunächst Sache des Religionsunterrichts, und das kann in jeder Schule geschehen. Aber *wie* es geschieht, davon hängt die formende Kraft des Bildes ab. Es ist etwas anderes, ob jemand die Tatsachen der Heiligen Schrift einfach berichtet wie einen anderen Lehrstoff, den er sich inhaltlich zu eigen gemacht hat, oder ob jemand vom Heiland erzählt, der durch langen, vertrauten Verkehr sein Bild ganz in sich aufgenommen hat, gewissermaßen von ihm durchdrungen ist. Wer die Evangelien wieder und wieder

3 Die Mitwirkung der klösterlichen Bildungsanstalten an der religiösen Bildung der Jugend

durchbetrachtet, sich in die Taten und Worte Christi mit liebender Seele versenkt, dem werden sie zu einem Stück seiner selbst, zu einer lebendigen Kraft, die dauernd in ihm wirkt. Und was er so in sich trägt, das wird sich ihm ganz unwillkürlich bei dieser und jener Gelegenheit auf die Lippen drängen.

Die Lehrerin, die so mit dem Heiland lebt, wird nicht nur im Religionsunterricht von ihm sprechen. Wo es eine praktische Entscheidung gilt, wird sein Verhalten in dieser oder jener Situation vor ihr auftauchen und Richtschnur für die Entscheidung sein. Bei schwierigen gedanklichen Fragen, wie sie bei Aufsatzbesprechungen etwa auftauchen, wird sich manchmal ein Lehrwort des Heilands ganz ungesucht einstellen, das Licht gibt. Es kommt für die pädagogische Wirkung gerade darauf an, daß all das ganz ungesucht geschieht. Wenn ein Wort der Heiligen Schrift etwas erhellt, was vorher dunkel war, so geht den Kindern gerade daran auf, welche lebendige Kraft im Wort Gottes steckt. Es wird nicht als ein „frommer Spruch" empfunden werden, wenn es so mitten in einem lebendigen Gedankenprozeß erleuchtend und befruchtend auftaucht. Wer als gelehriger Schüler ständig die Schule der Heiligen Schrift besucht, der wird den Heiland in *seine* Schule mit hineinnehmen, und die Kinder werden es spüren, daß er mit zugegen ist und mit bei der Arbeit hilft; so wird er von ihren Seelen mit Besitz ergreifen.

Damit wird ein gutes Stück religiöse Bildungsarbeit geleistet, ohne daß planmäßig darauf hingearbeitet wird: die vom Gotteswort geformte Seele wirkt unwillkürlich im selben Sinne formend weiter. Und wo könnte besserer Boden sein für eine solche formende Wirkung als in einer klösterlichen Gemeinschaft, deren Glieder die tägliche Betrachtung pflichtmäßig üben? Sie brauchen nur diese tägliche Übung in fruchtbarer Weise zu gestalten und in ihrer unterrichtlichen Tätigkeit zwanglos sich auswirken zu lassen – natürlich am rechten Ort und zu rechter Zeit –, dann wird die Wirkung auf empfängliche Kinderseelen nicht ausbleiben. Das aber muß festgehalten werden: Nie darf etwas in einer künstlichen und äußerlichen Weise herangezogen werden und in einem Zusammenhang, wo es sachlich kein Recht hat, sonst empfinden die Kinder eine „Absicht, die verstimmt", und die Wirkung ist in der Regel abstoßend statt religiös formend.

II Lehrberuf

2.2 Eucharistische Formung

Die beste Hilfe, um zu einem lebendigen Heilandsbilde zu gelangen, das im Erzieher wie im Zögling die Seele formt, ist es, wenn zu der Betrachtung des geschichtlichen Christus der Verkehr mit dem gegenwärtigen tritt: zunächst *der Verkehr mit dem eucharistischen Heiland.* Wer es ausprobiert hat, weiß, daß die Betrachtung nirgends fruchtbarer gemacht wird als vor dem Tabernakel. Es ist ja jedem bekannt, daß dieselbe Sache zu verschiedenen Zeiten und unter verschiedenen Umständen ganz verschieden wirkt. Man hat ein Schriftwort hundertmal gelesen, gehört und gesagt, auch in gewissem Sinn verstanden, aber es ist nicht ins Innere eingedrungen – es liegt an der Oberfläche wie das Samenkorn auf steinigem Grund und kann nicht zum Keimen kommen. Aber plötzlich einmal dringt es durch und wird zum blitzartig aufstrahlenden Licht, das hineinleuchtet in die Geheimnisse des Glaubens und den eigenen dunkeln Lebenspfad erhellt. Und das ereignet sich am häufigsten in der Nähe des eucharistischen Heilandes. Wer ihn aufsucht und ihm die Seele öffnet, sie ihm gleichsam als bildsames Material in die Hände legt, dem formt er sie selbst. Er öffnet die Augen des Geistes, so daß sie hellsichtig werden für das, was geschrieben steht, und die Ohren, daß sie es vernehmen, und die Lippen, daß sie es künden können, wann und wo und wie es fruchtbar geschehen kann.

Das ist nur eine der Wirkungen, die vom eucharistischen Heiland ausgehen: er legt die Hand auf uns, wenn wir zu ihm kommen, am stärksten natürlich, wenn wir an dem heiligen Opfer teilnehmen in der Weise, wie es der Sinn dieses Opfers verlangt, d.h., wenn wir nicht nur beiwohnen und sehen und hören, sondern mit*opfern,* uns selbst ganz hingeben, um mit umgewandelt und mit dargebracht zu werden. Den Menschen, der in dieser Gesinnung zum Altar tritt, kann der Heiland in der eigentlichsten Weise sich einverleiben, zum Glied seines Leibes machen, zum Rebzweig am göttlichen Weinstock. Es bedarf kaum eines Wortes, daß zu solcher Teilnahme am heiligen Meßopfer die heilige Kommunion als Vollzug der Vereinigung mit gehört. Eine stärkere formende Wirkung gibt es nicht. Der Heiland selbst ist hier der Bildner, und Aufgabe des Erziehers ist es nur, die Kinder diesem Bildner zuzuführen.

Da hat nun die klösterliche Anstalt einen unermeßlichen Vorzug vor jeder anderen rein dadurch, daß sie den Heiland im Hause hat. Von der stillen Wirkung, die von diesem Hausherrn ausgeht, spürt wohl jeder etwas

3 Die Mitwirkung der klösterlichen Bildungsanstalten an der religiösen Bildung der Jugend

(auch ohne von dem Ursprung etwas zu wissen), der in die Umfriedung eines Klosters eintritt. Daß die Kinder für diese Wirkung empfänglich sind, sieht man, wenn man Gelegenheit hat zu beobachten, wie viele im Laufe eines Tages für ein paar Minuten in die Kirche hineinschlüpfen zu stiller Zwiesprache. Gewiß muß bei den meisten etwas nachgeholfen werden, damit ihnen das Verständnis dafür aufgeht, was sie am eucharistischen Heiland haben. Das geschieht zunächst dadurch, daß ihnen lebendig und eindringlich zu Gemüte geführt wird: Christus ist wahrhaft und wirklich zugegen im Allerheiligsten Sakrament und wartet nur darauf, daß wir zu ihm kommen, um uns von seiner Liebe überschütten zu lassen; Christus opfert sich wahrhaft und wirklich im heiligen Opfer; Christus vereinigt sich mit uns aufs innigste in der heiligen Kommunion.

Wer einen lebendigen Glauben an diese Wahrheiten hat, den muß es ja mit aller Gewalt hinziehen zum Besuch des Allerheiligsten, zum Meßopfer, zur Kommunion. Sie den Kindern zu erschließen ist Sache des dogmatischen Unterrichts, aber die Möglichkeit ist nicht darauf beschränkt. Man stößt auch in anderen Unterrichtsstunden – in der Geschichte, in der Lektüre – oder im Gespräch mit den Kindern außerhalb des Unterrichts auf solche Fragen, und dann kommt es darauf an, daß man in der rechten Weise Bescheid geben kann. Man entdeckt Unklarheiten, Zweifel, Schwierigkeiten, von denen der Religionslehrer vielleicht gar nichts ahnt und über die sich die Kinder mit ihm aus diesen oder jenen Gründen nicht aussprechen möchten. Das rechte Wort kann hier ein Schutz gegen schwere Verirrungen sein.

Dieses rechte Wort zu finden, dazu wird man auf Grund des eigenen unerschütterten Glaubens allein nicht immer imstande sein; eine unbefriedigende Antwort kann mehr Schaden anstiften als helfen. So ist gründliche dogmatische Durchbildung notwendig, d. h., man muß die Glaubenswahrheiten nicht nur gedächtnismäßig parat haben, sondern sie müssen in ihrem organischen Zusammenhang und in ihrer Bedeutung innerlich erfaßt und wiederum innere Form des Geistes sein, d.h. ihm so zu eigen, daß er sich jederzeit auf die besonderen Anforderungen des Augenblicks einstellen kann. Eine solche dogmatische Durchbildung gewinnt man natürlich nur durch dauernde Beschäftigung mit der Glaubenslehre: mit den Definitionen der Dogmen selbst, mit den Schriften der großen Kirchenväter und Kirchenlehrer, mit klassischen theologischen Werken der neueren Zeit.

II Lehrberuf

Woher die Zeit dazu nehmen? Diese Frage wird sich wohl vielen aufdrängen, und ich weiß, daß es nicht leicht ist. Aber es steht ja das ganze Leben zur Verfügung. Es kann und braucht nicht alles auf einmal zu geschehen, auch nicht viel auf einmal. Die Hauptsache ist die Kontinuität. Die inneren Formen des Geistes wachsen langsam und unmerklich, aber unaufhaltsam und sicher, wenn man ihnen nur das tägliche Brot gönnt. Wo gar keine andere Zeit zur Verfügung steht, wird es vielleicht – ähnlich wie bei der Heiligen Schrift – möglich sein, die vorgeschriebenen täglichen Übungen mit dazu zu verwenden: statt der üblichen Betrachtungs- und Erbauungsbücher zeitweise Schriften der genannten Art zu benützen. (Natürlich darf die Beschäftigung damit keine rein intellektuelle sein, es muß die rechte Einstellung gewahrt werden, wie sie für eine gute Lesung oder Betrachtung erforderlich ist; aber das ist gerade auch die rechte Einstellung, um die Glaubenswahrheiten innerlich aufzunehmen und sich organisch zu eigen zu machen.)
Zu dieser gründlichen Beschlagenheit in der Dogmatik der Eucharistie, die uns instand setzt, im gegebenen Augenblick Rede und Antwort zu stehen, muß aber noch etwas anderes treten, um wirklich die Kinder dem eucharistischen Heiland zuzuführen: das ist das eigene eucharistische Leben. Tägliche heilige Messe und Kommunion sind ja für Klosterfrauen eine Selbstverständlichkeit und für die meisten Klosterzöglinge durchschnittlicher Brauch. Aber die Kinder müßten es spüren, daß das nicht nur einer eingeführten Regel entspricht, sondern innerstem Zug des Herzens. Zum Glauben an die eucharistischen Wahrheiten muß die lebendige Konsequenz daraus treten: daß die Eucharistie wahrhaft der Mittelpunkt des gesamten Lebens ist und daß im Vergleich dazu alle irdischen Angelegenheiten zu etwas Bedeutungslosem zusammenschrumpfen.
Um nur ein ganz kleines praktisches Beispiel zu sagen: Wenn ich Schulleiterin wäre, würde ich nie einen Ausflug so einrichten, daß die heilige Messe und Kommunion dadurch ausfallen. Die Freude und Erholung der Kinder braucht darum nicht zu kurz zu kommen. Steht nur ein Tag zur Verfügung, so läßt man gar keinen Gedanken an weit entfernte Ziele aufkommen, sondern wählt etwas Schönes in der Nähe. Trifft man aber einmal auf den lebhaften Wunsch nach einer weiteren Fahrt, so finde ich es angemessen, sie auf zwei oder mehrere Tage auszudehnen, statt das Höchste dafür aufzugeben. Natürlich auch das nicht als eine starre Regel, sondern weil man es als selbstverständlich empfindet und die Kinder es auch

spüren, daß man sich Kraft, Frieden und Freude beim eucharistischen Heiland holt und ohne seinen Segen nichts unternehmen möchte.

Wenn es gelungen ist, so durch Lehrwort und Beispiel die junge Seele der Schule des Heilandes zuzuführen, so ist die Arbeit des Erziehers getan, und er kann als Mittelsperson verschwinden. Ich glaube, wenn diese positiven Wege genügend ausgenützt würden, so könnte man etwas anderes entbehren, was mir immer als ein sehr bedenkliches Mittel erschienen ist: die Kontrolle und Überwachung des Kirchenbesuches und Sakramentenempfanges. Ich weiß wohl, welche Gründe sich für diese übliche Praxis anführen lassen und daß man sie nicht unbedenklich ohne weiteres beseitigen kann. Aber ich kann es verstehen, wenn die Kinder die Aufsicht als einen Polizeidienst empfinden, der dem Heiligsten und Zartesten gegenüber peinlich und aufreizend wirkt und die Aufsichtführenden selbst in ihren Augen herabsetzt. Ich bin überzeugt, daß gerade in fein empfindenden Kinderseelen manche Keime inneren Lebens durch solche Reglementierung getötet werden, und weiß nicht, ob dafür ein ausreichendes Äquivalent vorhanden ist.

2.3 *Formung durch den mystischen Leib Christi*

Die Eucharistie ist die Seele, das innere Lebensprinzip der Kirche; die Menschen, die sich Christus durch die Eucharistie zu eigen macht, sind die Glieder seines mystischen Leibes. Dieser Leib selbst, die heilige Kirche, kann nun ebenfalls Formprinzip in der religiösen Bildung sein. Es ist dabei an ein Dreifaches zu denken: an die äußeren Geschicke der organisierten Christengemeinschaft, an das Dogma, in dem sich die Lehre Christi fortschreitend entfaltet, schließlich an das Gebet der Kirche.

2.3.1 *Kirchengeschichte*

Wie die Kirchengeschichte formend wirken kann, ist leicht zu sehen. Welch lebhaften Ansporn könnte es für junge, empfängliche Gemüter geben als das Bild der Heiligen, die uns den Weg der Nachfolge Christi vorangegangen sind, als den heroischen Glaubens- und Opfermut der frühen Christengemeinden und der großen Kampfzeiten der Kirche des 15., des 16. und des 17. Jahrhunderts.

II Lehrberuf

Es kommt nur wieder darauf an, daß dies alles ihnen lebendig vor Augen tritt; und dazu ist nötig, daß wir selbst den Werdegang der Kirche beständig mit- und nachleben. Dazu wird man ja im Ordensleben schon durch das Mitleben des Kirchenjahres im Brevier angeleitet. Zur Bereicherung des Bildes stehen uns heute schon eine ganze Reihe von guten, aus den Quellen gearbeiteten Darstellungen großer Begebenheiten und Persönlichkeiten der Kirchengeschichte zur Verfügung, die wir für uns benützen und, wo wir es angebracht finden, auch den Kindern selbst in die Hand geben können.

2.3.2 *Dogmatik*

Wie das Senfkörnlein der kleinen Jüngerschar aufgeschossen ist zum weltüberschattenden Baum der Kirche, so die knappen Lehrworte Christi zum reichentfalteten Organismus der kirchlichen *Glaubenslehre*. Am Beispiel der eucharistischen Wahrheiten wurde schon gezeigt, welche Bedeutung einer gründlichen dogmatischen Durchbildung zukommt.

Wir müssen heute immer daran denken, daß unsere Kinder auf Schritt und Tritt mit Anschauungen in Berührung kommen können, die sie in Zweifel und Schwierigkeiten bringen, Unklarheit und Verwirrung hervorrufen. Selbst wenn sie aus gut katholischen Familien stammen und im Kloster aufwachsen, sind sie nicht davor sicher: Externe Mitschülerinnen, Menschen, mit denen sie in den Ferien in Berührung kommen, Zeitungen und Bücher, selbst die Lehrbücher, die sie in unseren Schulen in die Hände bekommen, tragen die Zeitatmosphäre an sie heran. Und sollten sie während ihrer Institutszeit unberührt davon geblieben sein, so stoßen sie doch sofort darauf, sobald sie die Tore des Klosters verlassen haben. Und es ist gut, wenn wir sie nicht unvorbereitet, sondern wohl gerüstet in diesen Kampf der Geister hinausgehen lassen. Darum heißt es zunächst wieder für uns, wohl gerüstet zu sein; einmal um den Stoff, den wir selbst nach den lehrplanmäßigen Anforderungen mit den Kindern durchgehen müssen, kritisch durchzudenken und zu behandeln, sodann um Fragen, die unvermutet an uns herantreten, sachlich einwandfrei und überzeugend erörtern zu können. So sollen den Kindern allmählich die geistigen Organe erwachsen, damit sie selbst mit dem fertig werden können, was an sie herantritt, wenn sie auf sich gestellt sind.

3 Die Mitwirkung der klösterlichen Bildungsanstalten an der religiösen Bildung der Jugend

2.3.3 *Liturgie*

Die Kirche kämpft und lehrt und formt ihre neu heranwachsenden Glieder zu Kämpfern und Lehrern, wenn sie auf die Bilder der Vorzeit schaut und auf das Lehrwort hören. Und sie hat noch ein mächtiges Mittel, die Seelen zu formen: das ist ihr *Gebet*. Wie der äußere Bau und das Dogma hat sich auch das Gebet der Kirche reich und herrlich entfaltet in ihrer *Liturgie*. Ja, in ihr ist alles zusammengefaßt, was überhaupt an formenden Kräften zum Ziel der religiösen Bildung zur Verfügung steht.

Wir haben von der Bedeutung des heiligen Opfers und der angemessenen Teilnahme an diesem Opfer gesprochen. Es gibt keine bessere Anleitung zum rechten Mitvollzug als die Worte der Meßliturgie, in der die heilige Handlung ihren vollkommenen sprachlichen Ausdruck gefunden hat. Wer mit geöffnetem Geist und Herzen diese Worte mitbetet, in dem muß ihr Sinn lebendig werden und muß ihn zum Mitvollzug treiben. Wort und Sinn gehören zusammen wie Leib und Geist, sie sind zusammen ein lebendiges Gebilde. Darum können die Worte nicht durch beliebige andere ersetzt werden. Es ist etwas anderes, ob ich in der Kirche bin und frei bete (was natürlich seinen Wert und sein Recht hat und keiner Seele genommen werden soll, die danach verlangt), ob ich der Opferhandlung mit den Gebeten und Liedern einer deutschen Singmesse folge oder im engsten Anschluß an den Wortlaut des Meßtextes selbst (und zwar des lateinischen, denn auch die Übersetzung ist immer noch „Ersatz", wenn auch unter allen möglichen Ersatzmitteln die größte Annäherung an das Original).

So wird man wohl sagen dürfen: Wenn auch für einzelne Seelen ihrer individuellen Veranlagung oder zeitweiliger Verfassung nach eine andere Gebetsweise fruchtbarer sein mag – objektiv ist es die vollkommenste Opferfeier, wenn die Gläubigen die liturgischen Gebete des Priesters mitbeten. Damit dies innerlich völlig fruchtbar geschehen könne, wäre natürlich das Verständnis des Lateinischen nötig; und als liturgisches Ideal muß ich es schon bezeichnen, daß alle Gläubigen soviel Latein könnten, wie zum Verständnis der Liturgie gehört. Das Idealbild einer liturgischen Opferfeier bedarf nun noch einer Ergänzung in anderer Richtung. Das Wort ist ja seiner vollen Natur nach nicht geschriebenes, auch nicht still gedachtes, sondern tönendes und klingendes Wort. Und wiederum gibt es Töne und Klänge, die ihm seinem Sinn entsprechend ganz eigentlich zugehören. Auch das liturgische Wort hat seine ihm zugehörigen Töne, und das sind die Töne des

II Lehrberuf

Gregorianischen Chorals. Alles andere, was in der Kirche gesungen und gespielt wird, mag Ausdruck persönlicher Andacht und stärkster religiöser Ergriffenheit sein und auch die Seele der Sänger und Hörer entsprechend stimmen – liturgische Musik, d. h. objektiv der heiligen Handlung zugehörig, ist es nicht.

Und so möchte ich sagen: Die ideale Form der Meßfeier, die zugleich am stärksten wirken kann, um die Teilnehmer zu Gliedern der Kirche zu formen, ist das liturgische Amt, das die Gläubigen mitbeten, womöglich mitsingen. Es wirkt eucharistisch formend durch die Gebete, die auf das Opfer Bezug haben, dogmatisch formend durch die Teile, die ein feierliches Bekenntnis enthalten (Gloria, Credo, Präfation), geschichtlich formend durch Epistel, Evangelium und die wechselnden Gebete.

Mit der Meßliturgie hängt aufs innigste zusammen das Breviergebet. Was dort angeregt wird, aber durch die Konzentration auf das Opfer im Raum beschränkt ist, kann sich hier breiter entfalten: die geschichtlichen Erzählungen, die Gedanken darüber, dogmatische Erwägungen in den Lektionen, die Aussprache mit Gott, Lob- und Dankgesänge in Psalmen und Hymnen. Andererseits verlangt das feierliche Gotteslob in sich, „quia major omni laude nec laudare sufficis", nach dem Übergang vom Wort zur Tat, zum Opfer, das allein der göttlichen Majestät entsprechend ist.

Welche Bedeutung für die Seelenformung nicht nur des Priesters und Ordensmannes, sondern auch des gesamten gläubigen Volkes dem feierlichen Chorgebet zukommt, weiß jeder, der mit dem Leben unserer Benediktinerabteien vertraut ist. Wohl an jedem Tag des Jahres sieht man stille Beter im Kirchenschiff, wenn die Mönche in den Chorstühlen Platz nehmen. Und an den hohen Festen strömen große Scharen von nah und fern herbei, so daß die Räume kaum ausreichen. Was zieht sie hierher? Ist es nicht das instinktive Gefühl, daß man hier dem Himmel am nächsten ist, daß dies dem Gotteslob geweihte Leben die Grenze darstellt, an der die streitende Kirche sich mit der triumphierenden berührt, und daß man von diesen geweihten Stätten Kräfte mit hinausnimmt für die täglichen Kämpfe unserer Erdenpilgerschaft?

So glaube ich, daß es kein umfassenderes und wirksameres Mittel für die religiöse Bildung gibt als die Liturgie in ihrer doppelten Gestalt: Meßliturgie und Chorgebet. Die klösterlichen Anstalten, denen die Bildung der Jugend anvertraut ist, haben wohl in ihrer Mehrzahl beides im eigenen Haus. Aber machen sie davon einen ausreichenden Gebrauch? Zweierlei

3 Die Mitwirkung der klösterlichen Bildungsanstalten an der religiösen Bildung der Jugend

wäre dazu nötig: einmal die gebührende Pflege der Liturgie innerhalb des Klosterlebens, sodann die Teilnahme der Kinder daran.

Für die heilige Messe ist ja schon manches in dieser Richtung geschehen: liturgischer Unterricht für die Kinder, Schulung im Chorgesang, Einübung von Choralämtern wenigstens für einige Sonntage und Festtage im Jahr. Anders steht es mit dem Chorgebet. Es scheint mir, daß man dessen Bedeutung für die religiöse Bildung noch nicht genügend erfaßt hat. Man findet es vielfach schwer oder gar nicht möglich, Chorgebet und Lehrtätigkeit miteinander zu vereinen, und bedenkt nicht, welche Kräfte man sich aus dem Gebet für die tägliche Arbeit in der Schule holen kann: wie man hier immer wieder herausgehoben wird aus den Kleinlichkeiten des irdischen Lebens und erfüllt mit dem Leben der Kirche, das man den Kindern zutragen soll.

Diese Wirkung wird um so stärker sein, je vollkommener in liturgischem Sinn das Chorgebet gestaltet ist. Und nun glaube ich an die Möglichkeit, diese Wirkung den Kindern auch unmittelbar zugänglich zu machen. Natürlich kann man sie nicht mit in den Chor stellen. Auch in Beuron hat kein Fremder dort seinen Platz. Aber jeder kann sehen und hören, was darin vorgeht, und die Türen nach draußen stehen weit offen: Wer mitbeten will, ist herzlich willkommen.

In vielen Frauenklöstern spielt sich für mein Gefühl alles zu stark unter dem Ausschluß der Öffentlichkeit ab. Vielfach hängt es ja mit dem Bau der Klosterkirchen zusammen, die keinen Einblick ins Chor gestatten, und daran wird nicht leicht etwas zu ändern sein. Aber es ist doch auch eine gewisse innere Einstellung mit wirksam, die das innere klösterliche Leben als eine Klausurangelegenheit betrachtet, in die man sich nicht hineingucken lassen will. Im Interesse der religiösen Bildung bedauere ich das. Wenn die Kinder in den Geist des Chorgebetes eingeführt würden und, soweit ihre Zeit es erlaubt und das Verlangen danach vorhanden ist, wenigstens *zuhören* könnten und wenn sie es in einer Ausgestaltung zu hören bekämen, die heilige Freude und Begeisterung wecken kann, dann würden sie für ihr ganzes Leben etwas mitnehmen.

Was hier für das Chorgebet angeführt wurde, gilt auch für das übrige klösterliche Leben. Es sollte nicht als etwas Geheimnisvolles dastehen, was die Neugier reizt. Das entspricht nicht seiner Würde und Heiligkeit. Kinder, die im Kloster aufwachsen, sollten wissen, was wahres Ordensleben ist. Ich glaube fast, die Klagen über fehlenden Nachwuchs würden dann

II Lehrberuf

aufhören, weil die werbende Kraft eines recht vorgelebten Ordenslebens so stark wäre. Und die Zöglinge, die nicht berufen sind, im Kloster zu leben, würden nach einer solchen klösterlichen Erziehung als wahre Apostel hinausgehen, denn echte religiöse Bildung schließt Apostelgeist ein. Wer nach dem Bilde Christi geformt ist, in dem muß auch die Liebe Christi, die Liebe zu den Seelen lebendig sein. Es gibt im Grunde keine Scheidung zwischen Selbstheiligung und Apostolat. Wer nach Vollkommenheit strebt um Gottes willen, der sucht sie nicht nur für sich, sondern für alle.

Und so komme ich zum Schluß: Religiöse Bildung ist Formung durch Christus zu Christus. Christus, wie er gelebt hat und uns gezeichnet ist in den Evangelien; Christus, der fortlebt in der Eucharistie und in den Kämpfen, den Lehren und den Gebeten der Kirche, er selbst muß die Seele formen. Niemand ist so berufen, die Verbindung zwischen ihm und den Menschenkindern herzustellen, wie die klösterlichen Gemeinschaften, deren ganzes Leben ihm gewidmet ist. Religiöse Bildung zu vermitteln ist der spezifische Beruf der klösterlichen Bildungsanstalten; wenn sie das nicht vermöchten, hätten sie keine Daseinsberechtigung. Sie werden es aber um so vollkommener vermögen, je vollkommener sie ihrem Ordensberuf gerecht werden und ihre apostolische Arbeit von daher in Angriff nehmen.

4 Akademische und Elementarlehrerin

Die Mädchenschulreform, die für die Oberklassen der Lyzeen ausschließlich akademische Lehrkräfte vorsah, hat uns vor manche schwierigen Fragen gestellt. Zunächst etwas rein Persönliches: wenn auch zur Milderung von Härten eine längere Übergangszeit und ein ganz allmählicher Ersatz der seminaristisch gebildeten durch akademisch gebildete Lehrerinnen vorgesehen war – es konnte doch leicht in den „alten" Lehrerinnen das Gefühl aufkommen, daß sie nicht mehr auf der Höhe seien, daß ihr Platz ihnen eigentlich nicht mehr zukomme. Und wo akademisch und seminaristisch gebildete Lehrerinnen in einem Kollegium zusammenarbeiten, besteht die Gefahr einer Trennung in zwei Gruppen. (Ich erinnere mich aus meiner Lehrtätigkeit in Preußen, wo die Reform ja schon 1910 durchgeführt wurde, daß die älteren Lehrerinnen, die nur noch in den Unterklassen verwendet wurden, sich scherzend als „das niedere Tierreich" zu bezeichnen pflegten.) Der Zusammenschluß der Akademikerinnen *innerhalb* des Katholischen Bayerischen Lehrerinnenvereins zeigt, daß man von einer solchen Trennung nichts wissen will, daß man sich der Gemeinsamkeit der Aufgaben bewußt ist. Und in der Tat wäre es nicht nur menschlich unschön, sondern auch sachlich außerordentlich bedauerlich, wenn es anders wäre. Für Unterricht und Erziehung besteht die Möglichkeit und Notwendigkeit gegenseitiger Ergänzung.

I

In den Beratungen über die Lehrerbildungsreform ist mir das Problem der Lehrerbildung immer als ein unlösliches erschienen. Der Volksschullehrer – und dasselbe galt früher für die höheren Mädchenschulen – soll auf allen Unterrichtsgebieten fachlich geschult sein: wer es auf *einem* Gebiet ist, weiß, daß solche Universalität etwas Unmögliches ist. Die Weite kann nur auf Kosten der Tiefe und Gründlichkeit erkauft werden. Die eigene Unzufriedenheit, ein nur angelerntes Wissen zu besitzen und zu überliefern, hat die Lehrerschaft selbst zur Forderung akademischer Bildung geführt. Die Erfahrungen anderer Bundesstaaten mit pädagogischen Akademien oder Universitätsbildung der Lehrer sind noch zu jung, um ein abschließendes Urteil darüber zu gewinnen. Bleibt der Akademiebesuch auf zwei Jahre beschränkt, so wird er vielleicht für die Pädagogik, nicht aber für die Unterrichtsgegenstände der Schulen eine wirkliche Fachbildung geben können. Würde die Entwicklung zu einer wissenschaftlichen Durchbildung in einzelnen Unterrichtsfächern weitergeführt, so käme man voraussichtlich in den Volksschulen ebenso wie in den Mittelschulen zum Fachlehrersystem. Das hat aber (ganz abgesehen von den wirtschaftlichen Schwierigkeiten seiner Durchführung) auch vom rein unterrichtlichen Standpunkt aus seine Licht- und Schattenseiten. Die Lichtseiten entsprechen den Schattenseiten der Seminarbildung. Wer eine kleine Anzahl innerlich verwandter Fächer so gründlich studiert hat, daß er zu wissenschaftlicher Arbeit auf diesem Gebiete befähigt ist, der hat die Möglichkeit, sein Wissen aus den Quellen zu schöpfen, mittelbare Darstellungen, wie sie in Lehrbüchern und populären Zeitschriften geboten werden, kritisch zu prüfen, die Schüler in selbständiges Arbeiten einzuführen. Sein Unterricht wird den Eindruck machen, daß er auf seinem Gebiete wirklich zu Hause ist, daß er über weit mehr verfügt, als er im Unterricht anbringen kann, daß man an ihm einen sicheren Führer hat. Das erweckt Achtung, Vertrauen, Nacheiferung. Ferner: wer ein Gebiet gründlich beherrscht, kennt den Unterschied zwischen fachlicher Durchbildung und einem bloß angelernten Wissen. Er wird sich über fremde Gebiete nicht leicht ein Urteil erlauben; sollte er genötigt werden, ein fremdes Fach zu unterrichten, so wird er nicht eher Ruhe finden, als bis er sich auch dort gründlich eingearbeitet hat. Dem steht die Gefahr einer Beschränkung des geistigen Blicks auf das enge Fachgebiet gegenüber, einer Fülle von Einzelwissen und einer technischen Methodenbeherrschung ohne „allgemeine Bildung" (in einem guten Sinn), d.h. ohne Verständnis für den Sinn und Zusammenhang der einzelnen Wissensgebiete, wie sie nur ein Einblick in alle Gebiete im Zusammenhang mit philosophischer Besinnung geben kann. Entseeltes Spezialistentum ist ja die Gefahr der modernen Wissenschaft und des modernen Universitätsbetriebs, gegen die in den letzten Jahren energisch angekämpft wird. In den Schulen wird die „Zusammenarbeit" eines Kollegiums von solchen Spezialisten leicht zu einem Konkurrenzkampf um Zeit und Interesse der Schüler, führt zu einer Überlastung und Zersplitterung der jungen Geister, statt ihnen eine organische Bildung zu geben. Im Vergleich dazu hat die seminaristische Lehrerbildung und die Vereinigung der meisten Unterrichtsfächer in einer Hand ihre Vorteile. Die pädagogische Durchbildung gibt für die Unterrichtspraxis von vornherein die Unterordnung aller Unterrichtsgegenstände unter

4 Akademische und Elementarlehrerin

ein weltanschaulich fundiertes Bildungsziel und ihre Einordnung in ein organisches Bildungsganzes. Das Klaßlehrersystem ermöglicht Konzentration, d.h. Einstellung verschiedener Fächer auf ein gemeinsames Ziel, Ausgleich der Ansprüche in den einzelnen Fächern und vor allem Rücksichtnahme auf die Kräfte der Schüler. – Das Ideal wäre eine Verbindung von beiden: eine philosophisch-pädagogische Bildung, die Klarheit über den Sinn der einzelnen Wissensgebiete und ihrer Bedeutung im Ganzen des Bildungssystems gäbe, und fachliche Durchbildung auf einem Spezialgebiet. Solange weder unsere Universitäten noch die mannigfachen Formen der Lehrerbildung, wie wir sie gegenwärtig in Deutschland haben, darauf eingestellt sind, den Studierenden dies beides zu vermitteln, kann eine geeignete Zusammenarbeit von Lehrkräften, die verschiedende Bildungswege gegangen sind, innerhalb eines Schulkörpers und innerhalb der Standesorganisation, zu einer fruchtbaren Ergänzung führen: Einführung in die pädagogische Grundeinstellung von der einen, Anregung und Anleitung zur Vertiefung der Fachbildung von der anderen Seite.

II

Noch wesentlicher ist diese Zusammenarbeit im Hinblick auf die *Erziehungsaufgabe.* Ehrlich gesprochen ist es beim Fachlehrersystem sehr schwer möglich, wirkliche Erziehungsarbeit zu leisten. Wenn man nur wenige Stunden in der Woche in eine Klasse kommt, gewinnt man nicht leicht die persönliche Fühlung, wie sie für tiefere Einwirkung auf Kinder und junge Menschen nötig ist. Dazu kommt die Durchkreuzung des eigenen Einflusses durch eine Reihe ganz anders gearteter, evtl. auch erzieherisch anders eingestellter Persönlichkeiten; schließlich bei denen, die durch die Universität gegangen sind und mit vollem Einsatz der Kraft ihr Fachstudium betrieben haben, häufig ein geringerer Erziehungswille und eine geringere Klarheit über das Erziehungsziel im Vergleich zu der seminaristisch gebildeten Lehrerschaft. Wer von jungen Jahren aufgewachsen ist mit dem Berufsideal, junge Seelen ihrem Ziel entgegenzuführen, und dann Tag für Tag mehrere Stunden lang mit den Kindern zusammen ist, der kann ganz anders mit ihnen zusammenwachsen, ähnlich wie es im guten Elternhaus ist. Und das ist nicht nur wichtig für die Erziehungsaufgabe, die in der Gegenwart nicht nur in den Volksschulen, sondern auch in den höheren Schulen viel dringlicher geworden ist als in früheren Zeiten; es ist zugleich besonders bedeutsam für die *Frau*, die im Schuldienst tätig ist und in echter Erziehungsarbeit ihre weibliche Natur ganz anders entfalten kann als im bloßen Unterrichtsbetrieb. – Andererseits darf nicht übersehen werden, daß in einer gediegenen akademischen Bildung auch sehr wertvolle moralische Kräfte beschlossen sind, die erzieherisch fruchtbar werden können: gründliche wissenschaftliche Arbeit ist eine Erziehung zur Gewissenhaftigkeit, zur Ehrlichkeit, zum Abscheu gegen Halbheit und Oberflächlichkeit, gegen alles Operieren mit Worten, hinter denen kein klarer und lebendig vollzogener Sinn steht. Wer so durchgebildet in die Schule kommt, der wird ganz unwillkürlich, rein durch die Art, wie er sachlich arbeitet, erzieherisch wirken. Die höchste Fruchtbarkeit kann diese Formung des Geistes durch echte Wissenschaft für das Erziehungswesen leisten, wenn solche Persönlichkeiten ihre Geistesschulung unmittelbar dem für die Erziehung Wesentlichen zugute kommen lassen; wenn sie mit aller Energie, Gründlichkeit und Ehrlichkeit darangehen, sich eine religiös und philosophisch sicher fundierte Weltanschauung zu erarbeiten, ein daraus sich ergebendes klares Erziehungsziel und ein dem Ziel entsprechendes Erziehungs- und Bildungssystem. Ich betrachte es als eine dringliche Aufgabe jedes Lehrerkollegiums, das wirkliche Erziehungsarbeit leisten will, die eben umschriebene Arbeit gemeinsam in Angriff zu nehmen. Und ich würde es als eine segensreiche Einrichtung begrüßen, wenn im katholischen Lehrerinnenverein Arbeitsgemeinschaften aus akademisch und seminaristisch gebildeten Lehrerinnen entstünden (in den regelmäßigen Versammlungen und Tagungen sehe ich einen Ansatz dazu), die auf eben dieses Ziel hinarbeiteten und damit zu einer von unten herauf erwachsenden katholischen Pädagogik beitrügen.

III
Frauenleben

1 Die Bestimmung der Frau

Keine Zeit des Jahres ist wohl so geeignet, zu stiller Besinnung auf Bedeutung und Ziel des eigenen Daseins aufzufordern, wie die Kar- und Ostertage. Wenn Gott leidet und stirbt um der Menschen willen – was muß es Großes sein um die Bestimmung des Menschen! Wenn er die Herrlichkeit des Himmels uns aufschließt – was müssen wir tun, um in diese Herrlichkeit einzugehen? Wenn man in der Stille des Heiligtums den Leidensweg mitgegangen ist und dann das jubelnde Alleluja mitsingen durfte, dann hat man wohl den Wunsch, nicht aufzuhören mit dem Allelujasingen, und entschließt sich schwer zur Rückkehr in den Alltag. Aber der Herr ließ seine Jünger nicht mit auffahren in den Himmel, er ließ sie zurück auf der Erde und sandte sie aus, denen das Licht zu bringen, die noch im Dunkel und Schatten des Todes sitzen. Und so ist auch heute noch die Sendung seiner Freunde, das neue Osterleben, das ihnen geschenkt wurde, hinauszutragen in die unerlöste Welt.

So ist es alter Brauch im Katholischen Lehrerinnenverein, die Osterwoche der Besinnung auf die großen Fragen des eigenen Berufslebens zu widmen, und die Jugend des Vereins hat sich diesen Brauch zu eigen gemacht. Es ist der Wunsch laut geworden, vor eigentliche Berufsfragen eine Erörterung über die Bestimmung der Frau zu stellen, offenbar in dem Verlangen, über das Verhältnis des Berufes der Frau als solchen zum Lehrerinnenberuf Klarheit zu gewinnen.

Wenn man nur über die Bestimmung der Frau als solche spricht, gerät man in den Verdacht, ihr das Menschenrecht und das Recht der individuellen Persönlichkeit abzustreiten. Darum möchte ich ausdrücklich betonen: Die Bestimmung der Frau ist eine dreifache: die allgemeine des Menschen, die ganz individuelle der einzelnen Person und die spezielle der Frau. Und ich will auch die erste und zweite kurz behandeln.

III Frauenleben

1. Die natürliche Bestimmung des Menschen

Die natürliche Bestimmung des Menschen wie jeden Geschöpfes ist es, das, was der Schöpfer keimhaft in uns hineingelegt hat, in Reinheit und in der gottgewollten Ordnung zur Entfaltung zu bringen. Sein besonderer Vorzug ist es, daß er das nicht bloß in unwillkürlicher, naturhafter Entwicklung kann, sondern daß er als Vernunftwesen auf Grund eigenen Erkennens und Wollens frei daran mitwirken kann. Es gilt, die mannigfaltigen Kräfte des menschlichen Organismus auszubilden, so daß Leib und Seele zu ihrem Recht kommen und nicht einseitig eins auf Kosten des anderen zur Entwicklung gebracht wird; dabei muß aber die Ordnung gewahrt werden, daß der Leib der Seele sich unterordnet, ihr als dienstbereites Werkzeug zur Verfügung steht. Ebenso sind die seelischen Kräfte alle zu berücksichtigen: die niederen sinnlichen, wie die höheren geistigen; aber wiederum die niedrigen in der Botmäßigkeit der höheren zu halten. Und wiederum darf von den höheren Kräften und Gaben keine verkümmern: Verstand, Gemüt und Wille müssen so entfaltet werden, daß der Verstand das Licht ist, das den andern den Weg weist. Das vollkommen seiner Natur gemäß entfaltete Geschöpf ist an sich schon eine Verherrlichung des Schöpfers.

Beim Menschen kommt aber zur natürlichen auch eine übernatürliche Bestimmung hinzu. Er soll sich selbst, alles, was er ist und hat, bewußt in den Dienst des Schöpfers stellen, als Gotteskind und an Gottes Hand leben und so der ewigen Anschauung Gottes entgegenreifen. Gotteskindschaft ist Gnadengeschenk. Aber nicht nur sie. Bei den gefallenen Menschen, dessen Natur nicht mehr unversehrt ist und nicht mehr in sich selbst die Gewähr des rechten Entwicklungsganges hat, bedarf es schon zur Erfüllung der natürlichen Bestimmung der Mitwirkung der Gnade. Und selbst unter ihrer Mitwirkung wird das Ideal der vollkommenen, allseitigen Entfaltung der menschlichen Natur nicht restlos zu verwirklichen sein. Persönliche Veranlagung und Lebensverhältnisse bedingen immer eine gewisse Einseitigkeit.

Der Beruf verlangt jeweils eine besondere gesteigerte Ausbildung dieser oder jener Kräfte; und da des Menschen Kraft und Zeit begrenzt sind, bedingt die Steigerung auf einer Seite eine Minderung auf der anderen. So stehen menschliche Bildung und Berufsbildung und -ausbildung in einem gewissen Gegensatz; und man wird sagen müssen, daß unter diesem Gegen-

1 Die Bestimmung der Frau

satz durchschnittlich die Frau mehr leidet als der Mann, weil sie ihrer Natur nach stärker auf allseitige Entfaltung angelegt ist, während beim Mann schon naturgemäß eher eine einseitige Entwicklungsrichtung vorgezeichnet ist.

Der Beruf der Lehrerin, speziell der Volksschullehrerin, hat vor vielen anderen den Vorzug, daß er eine sehr vielseitige Durchbildung verlangt und dadurch dem Verlangen nach möglichster Entfaltung aller menschlichen Kräfte entgegenkommt. (Die Vielseitigkeit ist auf der anderen Seite ein Kreuz, weil sie mit einer gewissen Oberflächlichkeit erkauft werden muß.) Damit kommt er nach dem Gesagten zugleich der weiblichen Natur entgegen.

2. Allgemeine Menschennatur und Individualität

Wie jede Frau an der allgemeinen Menschennatur teilhat, so ist jede eine individuelle Person mit ihrer Sonderart und ihren besonderen Gaben. Allgemeine Menschennatur und Individualität stehen nicht als gesonderte Bestandteile nebeneinander im einzelnen Menschen, sondern jeder zeigt die Menschennatur in einer individuellen Ausprägung. Die Individualität ist so gut gottgegeben wie die allgemeine Menschennatur und ihre reine Entfaltung ebensosehr Bestimmung des Menschen.

Die individuellen Gaben weisen dem Menschen seinen Platz in der menschlichen Gesellschaft zu, in ihnen ist der *Beruf* des Menschen vorgezeichnet, d.h., die Funktion, die er im sozialen Ganzen zu versehen geeignet ist. Wenn der tatsächliche Beruf dieser natürlichen Berufung entspricht, dann werden sich keine großen Konflikte zwischen der individuellen Natur und den Berufsanforderungen ergeben. Sie werden sich aber in den vielen Fällen ergeben, wo der Beruf ohne Berücksichtigung der natürlichen Anlagen und eventuell sogar im Gegensatz dazu gewählt wird.

Die Lehrerin hat beides – die allgemeine Menschennatur und ihre Individualität – in doppelter Weise zu berücksichtigen: bei sich selbst und bei ihren Zöglingen. Sie muß als Mensch gebildet sein, um Menschen bilden zu können. Sie muß auf die individuelle Anlage der Kinder Rücksicht nehmen, damit jedes in der ihm gemäßen Art gebildet werde. Sie muß aber auch bei sich selbst das ihr speziell verliehene Pfund pflegen. Sie soll nicht meinen, daß sie auf allen Gebieten das gleiche leisten müsse und am Ende

III Frauenleben

gerade auf das, was ihr am wenigsten liegt, die meiste Kraft verwenden, sondern soll sich darüber klar sein, daß sie andern am meisten zu geben vermag, wenn sie mit ihrem Talent wuchert. Die pflichtmäßige Arbeit darf natürlich nicht um persönlicher Liebhabereien willen vernachlässigt werden; aber niemand kann geben, was er nicht selbst hat, und wer das Beste, was er hat, verkümmern läßt, um sich gewaltsam etwas anzueignen, was ihm von Natur aus versagt ist, der bringt sich um jede fruchtbare Wirkung. Wer dagegen seine individuelle Natur zu ihrem Recht kommen läßt, der kann wenigstens auf *einem* Gebiet aus dem vollen schöpfen und freudig wirken, und dadurch wird er auch um sich herum freudiges Leben wecken. Wie die allgemeine Menschennatur, so hat auch die Individualität Bedeutung für Zeit und Ewigkeit. Sie weist dem Menschen nicht nur seinen sozialen Platz auf Erden an, sondern auch in der himmlischen Hierarchie. Sie ist nicht irdische Unvollkommenheit, die überwunden werden muß, sondern gottgewollte Eigenart, die – rein entfaltet – in der polyphonen Harmonie der Gemeinschaft der Heiligen ihre besondere Melodie mitklingen läßt.

3. Die spezifische Bestimmung der Frau

In der allgemeinen Bestimmung, die sie mit allen Menschen gemein hat, zu der individuellen, die jeder einzelnen Person eigen ist, kommt die spezifische Bestimmung der Frau als solcher. Gott schuf den Menschen als Mann und Weib und gab jedem seine besondere Art und Bestimmung. „Es ist nicht gut, daß der Mensch allein sei", sprach er nach Erschaffung des ersten Menschen und gab ihm das Weib als *Gefährtin*. Und dieser ersten Bestimmung ist ihre Eigenart angepaßt: an eines anderen Menschen Seite zu gehen in liebender Teilnahme an seinem Leben, in Treue und Dienstbereitschaft, das ist weibliche Art. Natürliche Einfühlungsgaben in fremdes Wesen und fremde Bedürfnisse, Anpassungsfähigkeit und Anpassungswilligkeit sind darin beschlossen.

Zu der ersten kommt die zweite Bestimmung: physisch sind Mann und Frau dazu vorgesehen, das menschliche Geschlecht miteinander fortzupflanzen. Physisch bedeutet die *Mutterschaft* eine weit engere Bindung an das werdende Geschöpf als die Vaterschaft, damit zugleich die Bindung ihres Lebens in engen Grenzen. Hut und Pflege des jungen Menschenlebens

1 Die Bestimmung der Frau

sind ihre besonderen Aufgaben, Schutz und Versorgung von Mutter und Kind in räumlich weiter ausgreifender Tätigkeit und größerer Freizügigkeit die des Mannes. Dem entspricht die körperliche Eigentümlichkeit, die dem Manne große Kraftentfaltung zu Angriff und Verteidigung gestattet, der Frau Fähigkeit zu Ausdauer und Widerstand im Ertragen von Leiden und Mühen.

Dem entspricht aber auch die seelische Eigenart. Hut und Pflege bedarf nicht nur der Leib, sondern auch die Seele des Kindes. Noch mehr als im Gattenverhältnis bedarf es hier der sorgenden, wärmenden Liebe, des zarten Verständnisses, der stillen, selbstverständlichen Opferbereitschaft, um das keimende Leben zum Aufblühen zu bringen, es nicht durch Mangel an Wärme und Nahrung verkümmern zu lassen oder durch gewaltsames Zugreifen zu zerstören, oder in seinem natürlichen Wachstum zu hindern. Die seelische Ausrüstung, die der Bestimmung zur Gattin und Mutter entspricht, ist nicht an die engen Grenzen der ehelichen Verbindung und leiblichen Mutterschaft gebunden, sondern kann in ihrer Auswirkung jedem zugute kommen, mit dem das Leben die Frau in Berührung bringt. Auf diese Weise wird es auch der Frau, der Ehe und Mutterschaft versagt sind oder die freiwillig darauf verzichtet, möglich gemacht, in einem vergeistigten Sinne ihre Bestimmung zu erfüllen. Überall, wo sie einem einsamen Menschen, insbesondere einem, der in leiblicher oder seelischer Not ist, liebevoll teilnehmend und verstehend, ratend und helfend zur Seite steht, ist sie Lebensgefährtin, die dazu hilft, „daß der Mensch nicht allein sei". Überall, wo sie einem Menschenkind, das in der Entwicklung begriffen ist, auf seinem Wege zum Ziel hilft, in seiner körperlichen, geistigen, seelischen Entfaltung, ist sie Mutter.

Das weist uns darauf hin, daß eine ganze Reihe von Berufen, vor allem alle erzieherischen und pflegerischen, der unverheirateten Frau in gewisser Weise die Möglichkeit zur Erfüllung ihrer Bestimmung als Frau bieten: „In gewisser Weise" – man darf es nämlich mit dem Übergang von der vollen leiblich-seelischen Ehe und Mutterschaft zur vergeistigten nicht zu leicht nehmen. Leib und Seele sind ein untrennbares Ganzes, und es ist nicht ohne weiteres gesagt, ja sogar sehr unwahrscheinlich, daß eine leiblich-seelische Funktion dieselbe bleibt, wenn die leibliche Seite ganz ausgeschaltet wird.

Ich möchte diese Frage hier in aller Offenheit behandeln, weil ich weiß, daß an diesem Punkte eine Quelle vieler Leiden und Schwierigkeiten ist. Die normale, gesunde Frau hat das natürliche Verlangen, Gattin und Mutter zu werden. Gottgeweihte Jungfräulichkeit ist ein außerordentlicher Beruf und bedarf zu ihrer Durchführung besonderer Gnade. Beim jungen Mädchen äußert sich das Verlangen als frohe Erwartung künftigen Familienglücks. Wenn die Erfüllung eintritt, so zeigt sie wohl in der Regel ein sehr viel anderes Gesicht als die Erwartung. Ich glaube, auch die meisten „glücklichen" Ehen sind meistens mindestens für *einen* Teil ein Martyrium. Doch selbst in unglücklicher Ehe entspricht die Frau durchschnittlich ihrer Bestimmung besser als außer der Ehe. Mögen auch manche in Sorge, Not und Leid verkümmern und verbittern – viele reifen unter all diesen Lasten heran zu wahrhafter Größe. Viel stilles Heldentum, ja echte Heiligkeit reifen auf solchem Boden – die Geschichte weiß nichts von ihnen, aber Gott kennt sie und vielleicht ein kleiner Kreis von Menschen, in dem sie gelebt haben.

Die unverheiratete Frau mag vielfach leichter und sorgloser leben, aber sie hat es zweifellos schwerer, der weiblichen Bestimmung zu genügen, und bei vielen wirkt sich das auch subjektiv in schweren Leiden aus. Manche kommen ihr Leben lang nicht von Träumen los, die niemals Wirklichkeit werden, und versäumen darüber das wirkliche Leben. Die modernen Lebensverhältnisse bieten Berufsarbeit als Ersatz für häusliches Glück, und viele Frauen stürzen sich mit Feuereifer hinein in ihre Tätigkeit. Aber man kann keineswegs behaupten, daß alle wahre Befriedigung darin finden, und noch wenigere sind es, die dabei echte Frauen bleiben und es fertigbringen, in ihrem Berufe der Bestimmung der Frau zu genügen. Die unleidlichste aller Krankheiten, die den Menschen sich selbst und anderen zur Last macht, die Hysterie, tritt bei vielen als Folge der unbefriedigten Triebe auf. Nerven- und Frauenärzte wissen etwas von den Leiden und Schwierigkeiten unverheirateter Frauen, die über das heiratsfähige Alter hinaus sind, zu erzählen, und erfahrene Seelsorger kennen sie aus den Beichtstühlen. Leider stellen die Lehrerinnen keinen geringen Prozentsatz unter diesen Patientinnen.

Und weil dies uns ja besonders nahe angeht, möchte ich speziell für die Lehrerin die Frage behandeln, wie sie das Problem der weiblichen Bestimmung in der rechten Weise praktisch lösen kann. Vielfach werden ja die angehenden Lehrerinnen in der Auffassung erzogen, als bedeute der Entschluß, den Lehrberuf zu ergreifen, schon den Verzicht auf die Ehe, und als sei es als eine Fahnenflucht anzusehen, wenn sie später ihren Beruf aufgeben und heiraten.

1 Die Bestimmung der Frau

Das halte ich für eine bedauerliche Verirrung. Es sind zweifellos in unseren Seminarien viele Mädchen, die das Zeug dazu haben, gute Frauen und Mütter zu werden. Wenn sie später einen braven Mann finden und eine christliche Ehe schließen, so sind sie am rechten Platz, und wir haben nur Grund, uns zu freuen, weil wir ja heute nichts nötiger brauchen als Frauen, die wieder ein echtes christliches Familienleben aufbauen. Das ist sicher die einfachste und glatteste Lösung des Problems, aber freilich keine allgemeine.

Schwieriger ist die Frage der Verbindung von Lehrberuf und Familie. Die gesetzliche Regelung ist die, daß Staat und Gemeinden und private Schulinhaber das Recht, wenn auch nicht die Pflicht haben, Lehrerinnen nach der Eheschließung im Dienst zu behalten, und die verheiratete Lehrerin ist keine ganz seltene Ausnahme. Man kann dagegen einwenden, daß das Familienleben darunter leiden müsse. Aber das gilt für jede berufstätige Frau, und was den anderen erlaubt ist, braucht der Lehrerin nicht versagt zu werden. Daß die Berufstätigkeit darunter leide, wenn nicht die ungeteilte Kraft dem Beruf zugeführt werde, mag in manchen Fällen zutreffen. Man wird aber auch nicht behaupten können, daß *jede* unverheiratete Lehrerin ihre ungeteilte Kraft dem Beruf widme, und auf der anderen Seite ist es meine Überzeugung, daß die Lehrerin, die wirklich Mutter ist, ein großes Plus für den Lehrberuf mitbringt. Sie hat durchschnittlich den mütterlichen Instinkt, das warme Herz und gefühlsmäßige Verständnis nicht nur für die eigenen, sondern auch für fremde Kinder, das der unverheirateten Frau so vielfach abgeht. Darum sehe ich auch in der Verbindung von Lehrberuf und Ehe eine mögliche Lösung unserer Frage, allerdings nur in besonderen Fällen, d. h. bei besonders starken und pädagogisch hochbegabten Persönlichkeiten. (Ich erkenne aber an, daß gewichtige *soziale* Gründe dagegen sprechen: daß man nicht Stellen an Frauen geben soll, die durch das Einkommen des Mannes versorgt sind. Die wirtschaftlichen Verhältnisse müßten hier von Fall zu Fall berücksichtigt werden.)

Ich möchte ausdrücklich betonen, daß ich nur meine persönliche Stellungnahme zu der schwierigen Frage zum Ausdruck gebracht habe, keineswegs aber den Standpunkt des Katholischen Lehrerinnenvereins.

Die schwierigste Aufgabe hat sicherlich die Frau, die dauernd unverheiratet bleiben muß, obgleich ihre natürliche Neigung in andere Richtung geht. Es besteht die große Gefahr, daß sie freudlos und verbittert wird oder in unfruchtbaren Träumen und Hoffnungen einen Ersatz für das sucht, was ihr die Wirklichkeit versagt. Der erste Schritt, um diesen Gefahren oder der noch schlimmeren, der seelischen Erkrankung, zu entgehen, ist der, daß man den Tatsachen furchtlos und nüchtern ins Gesicht sieht. Wenn man einmal die Jahre erreicht hat, in denen normalerweise auf eine Eheschließung nicht mehr zu rechnen ist, dann heißt es einen energischen Schlußstrich unter die Jugendhoffnungen ziehen; dann aber nicht den entschwundenen Hoffnungen nachzutrauern, sondern sich die Konsequenzen klarzumachen.

Ich sagte vorhin: Gottgeweihte Jungfräulichkeit ist ein besonderer Beruf. Er macht sich bei denen, die zum Ordensstand bestimmt sind, meist schon frühzeitig als Zug des Herzens bemerkbar. Heute gibt es daneben genug Frauen, die außerhalb des Klosters und außerhalb der Ehe in selbständigem Beruf ihre Kraft Gottes Dienst weihen. Es kann aber auch geschehen, daß nicht die innere Stimme, sondern die äußeren Lebensumstände den deutlichen Fingerzeig für den Lebensweg geben. Dann soll man auch in ihnen Gottes Willen ehren und sich darunter beugen. Dann kann man aus dem, was eine Not war, eine Tugend mit Gotteskraft machen. Wer das tut, darf mit festem Vertrauen auch auf Gottes Beistand rechnen, um das durchzuführen, was an sich schwer erreichbar ist.

Die Lehrerin hat vor vielen anderen berufstätigen Frauen das voraus, daß ihr Beruf ein mütterlicher ist. Sie muß nur entschlossen darangehen, die Kinder, die ihr anvertraut werden, als *ihre* Kinder anzusehen, mit treuer mütterlicher Liebe und Fürsorge daran zu arbeiten, daß sie lebenstüchtige Menschen und echte Gotteskinder werden. Eine Lehrerin, die ihre Aufgabe als eine rein intellektuelle ansähe, sich auf den Unterricht beschränkte oder ihre Erziehungstätigkeit in Moralpredigten erschöpfte, ohne warme, herzliche Beziehungen zu pflegen, müßte als Frau und Mensch verkümmern.

Erschwert wird die volle Entfaltung mütterlicher Kräfte in der Schule dadurch, daß die meisten Kinder ihr Heim und ihre Mutter haben und darum der Lehrerin nicht dieselben Gefühle entgegenbringen, überhaupt nicht zu ihr in dasselbe Verhältnis treten können, wie zur eigenen Mutter. Das legt der Lehrerin nicht nur die Entsagung auf, daß sie Mutterliebe geben muß, ohne Kindesliebe zu empfangen; es verlangt auch von ihrer Seite eine gewisse Zurückhaltung. Sie soll nur so viel geben, wie angebracht ist, nicht etwas aufdrängen wollen, wofür kein Bedarf ist, nur weil sie es zu vergeben hat.

1 Die Bestimmung der Frau

Was sie an unverbrauchten Schätzen in sich trägt, dafür wird sie aber immer Auswirkungsmöglichkeiten finden: entweder bei Kindern, denen Heim und Elternliebe fehlen, oder bei Armen und Hilfsbedürftigen in der Gemeinde, in vielen Fällen schon in der eigenen Familie oder bei anderen Menschen, mit denen sie in täglichem Verkehr steht. Es kommt nur darauf an, daß sie für ihre Umgebung einen offenen Blick hat, die räumlich Nächsten auch als Nächste betrachtet, sich nicht abschließt, sondern offen, warmherzig und einfach menschlich allen begegnet, die in ihren Gesichtskreis treten. Dann wird sie vor dem Verkümmern ihres Menschentums und ihrer weiblichen Kräfte bewahrt bleiben. Alle diese Betätigungen mütterlicher Kräfte müssen aber ein Zentrum und ein Ziel haben, wenn sie die weibliche Seele in der Tiefe erfassen, ganz erfüllen und zur ungehemmten Entfaltung bringen sollen.

Echte Mutterschaft ist zugleich ein natürlicher und ein übernatürlicher Beruf: der natürliche, Kinder für dieses Leben zu erziehen, ihre leiblichen und seelischen Kräfte zur besten naturgemäßen Entfaltung zu bringen; der übernatürliche, sie zu Gotteskindern zu bilden, ihnen zu helfen, daß sie des ewigen Lebens teilhaftig werden. Diese zweite Aufgabe obliegt in erster Linie wohl der Kirche und dem Elternhaus, nächst ihnen aber den Erziehern in der Schule, und oft genug müssen sie ersetzen, was von den andern Faktoren nicht geleistet werden kann. Kinder für den Himmel zu erwerben, das ist echte Mutterschaft – eine geistliche Mutterschaft, die von der leiblichen unabhängig ist –, die schönste, erhabenste und freudenreichste, wenn auch mit nicht geringeren Sorgen, Opfern und Mühen zu erkaufen als die leibliche Mutterschaft. Den göttlichen Funken in einem Kinderherzen erwachen, göttliches Leben in ihm wachsen und sich entfalten zu sehen oder auch in der erstorbenen, entarteten oder verwilderten Seele eines gottfremden Erwachsenen das Gnadenleben neu entzünden zu helfen und dann dem wunderbaren Umbildungsprozeß zusehen zu dürfen, der in einer solchen Seele vor sich geht, und daran als Werkzeug mitzuarbeiten, das ist ein Zeugen und Erziehen für den Himmel und eine Freude, die nicht von dieser Welt ist.

Solche geistliche Mutterschaft vermag wohl ein Menschenleben zu erfüllen, aber sie ist nur bei Menschen möglich, deren eigene Seele von Christus erfüllt und befruchtet ist. Das wird dann geschehen, wenn man mit dem Ernst macht, was ich vorhin von gottgeweihter Jungfräulichkeit sagte. Wer zu einem ehelosen Beruf bestimmt ist, der darf und soll das als Ruf Christi betrachten. Die Frau, die den Ruf hört, soll die ausgestreckte Gotteshand ergreifen und von ihr sich leiten lassen. Sie darf dann – auch außerhalb des Ordensstandes – auf den Ehrentitel der „sponsa Christi" Anspruch erheben und der besonderen Fürsorge gewiß sein, die der Herr den seinem Dienst Geweihten zuteil werden läßt. Schaffen sie in ihrem täglichen Leben Raum für das Wirken des Herrn – indem sie am Tisch des Herrn sich für ihr Tageswerk Kraft holen, in ständigem Gebetsleben vertraute Freundschaft mit Gott pflegen und bei ihm Rat, Trost und Hilfe suchen, im engen Anschluß an die Liturgie im Kirchenjahr das göttliche Leben mitleben –, dann wird ihre Seele mehr und mehr vom Leben Christi erfüllt und trägt unwillkürlich dieses göttliche Leben zu allen Menschen hin, mit denen sie in Berührung kommt.

Ein solches Leben aus der Fülle der göttlichen Liebe heraus, das göttliches Leben erweckt, nährt, hütet und entfaltet, ist höchste und heiligste Mutterschaft, höchste und heiligste Erfüllung der Bestimmung der Frau. Ein solches Leben ist auch nicht arm an Menschenliebe. Wer von Gottesliebe erfüllt ist, dessen Herz strömt auch über von Liebe zu den Menschen, es findet aber auch Liebe im reichsten Maße. In jedem Menschenherzen, auch in dem ganz gottentfremdeten, ja gerade in ihm, lebt die Sehnsucht nach verstehender, uneigennütziger Liebe. Und wo ihm etwas davon entgegengebracht wird, da schließt es sich in Dankbarkeit und Gegenliebe auf. Andererseits: In wessen Herz die Liebe Christi wohnt, der spürt auch bei anderen Menschen schnell heraus, wenn sie desselben Geistes voll sind; und wo solche Seelen zusammentreffen, da finden sie sich alsbald vereint in der Liebe der echten Gotteskinder.

So kann ein Leben in Gemeinschaft mit Gott unmöglich einsam und liebeleer sein. Das göttliche Herz ist die unerschöpfliche Quelle, aus der jedes Menschenleben reich und fruchtbar zu gestalten ist, die jedes Frauenleben zu schönster Erfüllung der weiblichen Bestimmung führen kann.

2 Eucharistische Erziehung

Die großartige Ehrung des eucharistischen Heilands in den Kundgebungen dieser Tage und in den vorausgehenden Festwochen – Fronleichnams- und Herz-Jesu-Fest mit ihren Oktaven – soll nicht etwas Einmaliges und Vorübergehendes sein, sondern eine dauernde Wirkung in uns hervorbringen. Darum fragen wir uns in stiller Besinnung: Wie können wir die Liebe zum eucharistischen Heiland in den Herzen anderer entzünden? – das heißt ja *eucharistisch erziehen*. Man nimmt an, daß wir als Frauen in besonderer Weise an diesem Werk mitarbeiten können und daß wir alle – ungeachtet der Unterschiede unserer Lebensstellung: als Gattin und Mutter, als Ordensfrau, als alleinstehende, beruflich oder freitätige Frau – etwas Gemeinsames dafür mitbringen. Und was könnte das anders sein als das weibliche Herz mit seinem Verlangen nach schrankenloser, opferfreudiger Hingabe, das gewissermaßen eine natürliche Verwandtschaft mit dem göttlichen Herzen hat, das im Tabernakel für alle schlägt, und darum für die Anregungen dieses göttlichen Herzens besonders empfänglich sein müßte? So wollen wir überlegen, was uns tauglich machen kann zum Werk der eucharistischen Erziehung und wie wir sie leisten können. *Ein* Grundsatz gilt für uns alle, die wir eucharistisch erziehen wollen: Wir können es nur, wenn wir *eucharistisch leben*. Zu einem eucharistischen Leben wollen wir andere führen, und das können wir nur, indem wir es ihnen vorleben. So wird unsere erste Frage sein:

I. Was gehört zu einem eucharistischen Leben?

Eucharistisch leben heißt *die eucharistischen Wahrheiten praktisch wirksam werden lassen*. Es sind im wesentlichen drei einfache Glaubenssätze, um die es sich dabei handelt: 1. Der Heiland ist gegenwärtig im Allerheiligsten Sakrament. 2. Er erneuert täglich sein Kreuzesopfer auf dem Altar. 3. Er will jede einzelne Seele sich aufs innigste verbinden in der heiligen Kommunion. Wir fragen zunächst.

1. Was verlangen die eucharistischen Wahrheiten von uns?

Des Heilands Wonne ist es, unter den Menschenkindern zu sein, und er hat versprochen, bei uns zu sein bis ans Ende der Welt. Er hat dies Versprechen wahr gemacht durch seine sakramentale Gegenwart auf den Altären. Hier wartet er auf uns, und man sollte meinen, daß die Menschen sich drängen müßten zu den geweihten Stätten. Der schlichte Sinn dieser Glaubenswahrheit verlangt es, daß wir hier unsere Heimat haben müßten, uns von hier nur entfernten, soweit unsere Aufgaben es verlangten, und diese Aufgaben sollten wir täglich aus den Händen des eucharistischen Heilands entgegennehmen und das vollbrachte Tagewerk in seine Hände zurücklegen.

Der Heiland ist auf Kalvaria für uns gestorben. Aber es genügte ihm nicht, mit diesem Opfertod ein für allemal für uns das Erlösungswerk zu vollbringen. Er wollte jedem einzelnen die Früchte seiner Tat persönlich zuführen. Darum erneuert er täglich das Opfer auf dem Altar, und jeder, der gläubigen Herzens beiwohnt, der wird im Blut des Lammes rein gewaschen und seelisch erneuert. Jedes heilige Meßopfer ist bestimmt, diese Gnadenfülle den Menschen zuzuführen, die es erreichen kann, d. h. denen, die es ermöglichen können, zugegen zu sein und es für sich und andere fruchtbar zu machen. Wer aber zugegen sein könnte und es nicht ist, der geht kalten Herzens am Kreuz des Herrn vorbei und tritt seine Gnade mit Füßen. – Der Heiland legt die Gnadenfrüchte des Opfers nicht nur auf dem Altar für uns nieder. Er will zu jedem einzelnen kommen: wie eine Mutter ihr Kind mit seinem Fleisch und Blut uns nähren, in uns selbst eingehen, damit wir ganz in ihn eingehen, als Glieder seines Leibes in ihn hineinwachsen. Je öfter die Vereinigung erfolgt, desto stärker und inniger wird sie. Ist es begreiflich, daß jemand sich diesem stärksten göttlichen Liebesbeweis entzieht, auch nur *einmal* weniger zum Tisch des Herrn tritt, als es ihm praktisch möglich ist? – Das also ist es, was der recht verstandene Sinn der eucharistischen Wahrheiten von uns verlangt: den Heiland im Tabernakel aufsuchen, sooft wir können, dem heiligen Opfer beiwohnen, sooft wir können, die heilige Kommunion empfangen, sooft wir können. – Wir fragen nun weiter.

2. Was gibt uns der Heiland im eucharistischen Leben?

Er erwartet uns, um all unsere Lasten auf sich zu nehmen, uns zu trösten, zu raten, zu helfen als treuester, immer gleichbleibender Freund.

Zugleich läßt er uns *sein Leben mitleben,* besonders wenn wir uns anschließen an die *Liturgie* und darin sein Leben, Leiden und Sterben, seine

Auferstehung und Himmelfahrt, das Werden und Wachsen seiner Kirche mit erfahren. Dann werden wir aus der Enge unseres Daseins hinausgehoben in die Weite des Gottesreiches; seine Angelegenheiten werden die unseren, immer tiefer werden wir mit dem Herrn verbunden und in ihm mit all den Seinen. Alle Einsamkeit hört auf, und wir sind unanfechtbar geborgen im Zelt des Königs, wandeln in seinem Licht.

II. Eucharistische Erziehung

Das Leben, das wir selbst führen, können und sollen wir andern vermitteln. Das geschieht durch *Beispiel, Belehrung* und *Gewöhnung*.

Durch Beispiel: Wenn das eucharistische Leben in uns wirksam und spürbar ist als Kraft, Frieden, Freude, Liebe und Hilfsbereitschaft – wenn andererseits deutlich die Eucharistie der Mittelpunkt unseres Lebens und Quell all dieser Ausstrahlungen ist –, dann muß es werbende Kraft entfalten. *Durch Belehrung:* Eine Einführung in die eucharistischen Wahrheiten ist nötig; die schulmäßige Unterweisung wird durch das ergänzende Wort und die entsprechende Praxis der Mutter und der übrigen Umgebung des Kindes wirksam unterstützt. Das junge Kind zeigt sich besonders empfänglich für diese Wahrheiten und ihre Umsetzung in die Tat. Bei größeren Kindern und bei Erwachsenen muß man mit Worten sparsam sein und das Verlangen nach Belehrung abwarten, dazu aber immer bereit und gerüstet sein.

Gewöhnung: Leib und Seele müssen zum eucharistischen Leben geformt werden; je früher, desto empfänglicher ist das Material und leichter die Formung: darum *frühe Kommunion*. Je öfter, desto stärker die formende Wirkung: Darum möglichst *tägliche Kommunion*. Das stellt bestimmte Anforderungen an den *Körper* und bedingt starke Einflüsse auf die *tägliche Lebensordnung,* zugleich sorgsame Hut der Seele: *Entwöhnung von der Sünde,* d. h. erhebliche Opfer für den natürlichen Menschen. Das ist auch nicht anders möglich, da der eucharistische Heiland ja der *gekreuzigte* Heiland ist und das Leben mit ihm eine *Teilnahme an seinem Leiden*. Er hat der hl. Margarete Maria Alacoque offenbart, wie lieb ihm die *Sühne* seiner Getreuen ist. Aber die vollkommene Weihe an das göttliche Herz ist doch erst dann erreicht, wenn wir in ihm unsere Heimat, unsern täglichen Aufenthalt und den Mittelpunkt unseres Lebens haben, wenn sein Leben unser Leben geworden ist.

III Frauenleben

3 Elisabeth von Thüringen

Natur und Übernatur in der Formung einer Heiligengestalt

Mitten im Herzen der deutschen Lande, in echt deutsche Landschaft hineingebettet, liegen die Stätten, an die sich für das deutsche Volk bis heute die Erinnerung an die hl. Elisabeth knüpft: die Wartburg, Eisenach, Marburg. Wenn man auf dem schmalen Rennsteig zwischen hochragenden Tannen über die Höhen des Thüringerwaldes geht oder von einer der freien Bergkuppen über die lieblichen Hügel und weiten grünen Wälder hinschaut, dann wacht die ganze deutsche Märchenromantik in einem auf: Man meint, die lieben, vertrauten Gestalten aus den Märchen unserer Kindertage müßten nun zwischen den Bäumen hervortreten und zu uns reden oder ein Hochzeitszug, wie ihn Ludwig Richter gemalt hat, am Waldrand auftauchen und über die Lichtung dahinschreiten. Und steht man gar oben auf den Mauern und Türmen der Wartburg, so glaubt man die Heilige selbst zum Tor hinaus und ins Tal hinabsteigen zu sehen, etwa so, wie Moritz von Schwind sie auf den Wänden der Wartburg dargestellt hat oder wie man sich eine deutsche Edelfrau des Mittelalters denkt: sanft und blond und blauäugig, zart und sittsam. Sie schlägt den Mantel zurück und enthüllt vor dem „hartherzigen" Gemahl das Rosenwunder. Viel mehr wußte man bis vor kurzem ja durchschnittlich nicht von ihr: dies und daß der unheimliche *Konrad von Marburg* sie in unbegreiflicher Weise gepeinigt habe. Die hl. Elisabeth ist eine der wenigen Heiligen, deren Erinnerung sich auch außerhalb der Kirche erhalten hat. Aber was weiß das arme deutsche Volk von seiner wirklichen Geschichte und was weiß es von Heiligkeit?

Der Reisende wendet sich ins Innere der Burg. Er schaut in die Halle, in der der Sängerkrieg stattfand, und denkt an Richard Wagner. Und dann sucht er als größte Sehenswürdigkeit die Lutherstube auf und bestaunt den Tintenfleck an der Wand, der an den Kampf des Reformators mit dem bösen Feind erinnert. Mitten durch die Wartburg hindurch geht der Riß, der seit vier Jahrhunderten das deutsche Volk spaltet. Was weiß er von der wirklichen hl. Elisabeth, und was weiß er von dem geheimen Wirken Gottes in einer Menschenseele?

3 Elisabeth von Thüringen

I

Die nüchterne Geschichtsforschung unserer Tage hat die Ritter- und Märchenromantik zerstört. Sie schob die deklamierende Jungfrau von Orléans Schillers beiseite und zeigte uns das bezaubernde Naturkind Jeanne d'Arc mit seinem gallischen Mutterwitz, natürlich und urwüchsig und dabei bezwungen von der Kraft seiner himmlischen Sendung. Sie enthüllte uns auch ein neues Bild der hl. Elisabeth. Schwarzhaarig und dunkeläugig und bräunlich von Angesicht war das Kind, das in silberner Wiege und königlichem Prunkwagen von der ungarischen Königsburg in das ferne Thüringerland geleitet wurde. Fremdartig stand es unter den deutschen Gespielinnen, fremdartig durch seine äußere Erscheinung, noch fremdartiger durch die ungezähmte Glut seines Herzens, die alle Dämme durchbrach. Stolz und heißblütig müssen wir uns den Vater denken, König Andreas, der in mehreren Aufständen seinen Bruder vom Thron zu stoßen suchte und nach dessen Tode die Herrschaft an sich riß. Stolz und heißblütig war auch das Geschlecht der Herzöge von Meranien und Königin Gertrud, die ihm entstammte. Solche Sinnesart war das natürliche Erbteil des Königskindes, und frei und ungehindert konnte es wohl den Regungen seines Herzens folgen – hier im Osten, wo man freie und ungehemmte Bewegung liebte und sich noch nicht einschnüren ließ in den beengenden Idealtypus von höfischer Zucht und „mâze" wie in den westlichen Ländern Europas. Stürmisch durfte es seine Liebe zeigen zu Vater und Mutter und Gespielinnen, zu Pferden und Hunden; jubelnd sich freuen an Spiel und wildem Tanz; mit vollen Händen austeilen an die Armen, für die schon das Kinderherz in heißem Mitleid schlug. Wie wird sich dieses Kinderherz empört haben in wildem Schmerz, als es auf einmal losgerissen wurde von allem, womit es verwachsen war und woran es mit allen Fasern hing! Wir wissen nichts von den Tränen und Qualen dieser weiten Reise. Gewiß hat die kleine Prinzessin sich damals innig angeschlossen an die Gefährtin Guda, die ihr aus der Heimat mitgegeben wurde und sie durchs Leben begleitete. Dankbar und vertrauensvoll wird sie auch die treue Hand des Ritters Walter von Varila umklammert haben, der ihr Schützer sein wollte auf dieser Fahrt und für alle Zukunft. Zärtliche Kindesliebe erfüllte sie bald zu dem Landgrafen Hermann, der ihr als ein zweiter Vater entgegenkam. Aller Reichtum ihres Herzens aber floß dem zu, um dessentwillen sie alles hatte verlassen müssen, was ihr lieb war: dem blonden Knaben, in dessen Hand der Bischof die

III Frauenleben

ihre zu feierlichem Verlöbnis legte. Es war ja nicht anders möglich: entweder sie bäumte sich auf gegen das Geschick, das in ihr Leben eingriff – dann hätte wohl ein wilder Haß sie erfüllen können gegen alles Neue und vor allem gegen den, an den sie gefesselt werden sollte. Aber das lag dem reinen, liebevollen Kinderherzen fern. Dann blieb nur das andere übrig: Ludwig, der „liebe Bruder", der ihr im fremden Land entgegentrat, mußte ihr alles werden, was sie verlassen hatte, Vater und Mutter und liebe Heimat. Und so wurde es. Fest konnte sie sich an ihn anschließen und ihm alles sagen, was sie bewegte und was die anderen nicht verstanden. Enger wurde das Band, als der zweite große Schmerz sie traf, die Kunde von dem gewaltsamen Tod ihrer Mutter. Der große Bruder gab ihr Halt und Trost. Er war älter und wohl unterrichtet und konnte ihr sagen, wo sie die tote Mutter zu suchen hatte und was sie für sie tun mußte. Bald brauchte sie auch Schutz und Trost gegenüber ihrer Umgebung. Immer zahlreicher und lauter wurden die Stimmen, die sich gegen die Fremde erklärten und sie zur Landgräfin nicht tauglich fanden. Sie entsprach nicht dem Schönheitsideal, das die deutschen Sänger priesen. Sie nahm keine höfische Zucht an, wollte Wort und Blick und Schritt nicht zügeln lassen durch die Regeln der Sitte. Sie liebte noch die wilden Kinderspiele, und ungezwungene Gespielinnen aus dem Volke waren ihr lieber als die kleinen Ritterfräulein, die von der Hofmeisterin abgerichtet waren. Sie zeigte eine ganz unfürstliche Hinneigung zu zerlumptem Bettlervolk. Und, was schlimmer war als alles, sie war eine Betschwester, und wenn sie die Herrin im Lande wurde, dann mußte man fürchten, daß es aus war mit den glänzenden Hoffesten auf der Wartburg. Solange Landgraf Hermann lebte, hielt er seine schützende Hand über sie. Der ehrgeizige Machtpolitiker, dessen Gewissen von mancher Gewalttat befleckt war, der schließlich im Kirchenbann einen dunklen Tod starb, mochte auf die Fürbitte des heiligen Kindes vertrauen.

Als er starb, mehrte sich der Widerstand, und die Landgräfin gehörte zu denen, die die unwürdige Verbindung zu lösen, die Fremde ins Ungarland heimzuschicken oder in ein Kloster zu stecken wünschten. Das war wohl die bitterste Prüfung für Elisabeth, als ihre Schwägerin Agnes es ihr als eine feste und ganz bekannte Tatsache sagte, daß Ludwig nicht mehr daran dächte, sie zur Frau zu nehmen. Eine Weile mußte sie harren in der Qual der Ungewißheit. Dann brach der junge Landgraf sein Schweigen. Er hatte die Menschen reden lassen, aber er war unbeirrt geblieben. Was wußten sie von den geheimen Schätzen dieses reinen und glühenden Herzens, die er

3 Elisabeth von Thüringen

allein kannte? Was wog gegen diesen inneren Reichtum landläufige Schönheit und Sitte, Freude an Putz und Glanz und äußerer Prachtentfaltung? Mit einem raschen Entschluß machte Ludwig allen Intrigen ein Ende. Er vollzog die Vermählung. Das volle Glück eines Lebens in ehelicher Liebe und Treue, bald auch in jungen Mutterfreuden erfüllte Elisabeth und entschädigte sie im Übermaß für Jahre der Entbehrungen, der Einsamkeit und Demütigung.

Noch einmal konnte sie, im Vertrauen auf das Vertrauen ihres Gatten, gestärkt durch seine Liebe, frei dem Zug ihres Herzens folgen: gegen den Landesbrauch an seiner Seite an der Tafel sitzen, hoch zu Roß auf seinen Fahrten ihn begleiten, seine Schätze austeilen und ihre Lieblinge, die Armen, in sein Haus führen, sie zu speisen, zu kleiden und zu pflegen. Zu reichster Blüte entfaltete sich in diesen Jahren des Glücks ihre Natur; die helle Fröhlichkeit, die herzbezwingende Güte und Liebenswürdigkeit ihres Wesens beglückte alles um sie her und brachte allen Widerspruch zum Verstummen, machte sie mehr noch als ihre fürstliche Stellung zur Herrscherin. Freilich entsprach sie jetzt auch mehr dem, was ihre Umgebung von der Landesfürstin erwartete: Sie liebte es, sich für ihren Gatten und nach seinen Wünschen zu schmücken und bei glänzenden Festen wie in den Tagen des Landgrafen Hermann durch Pracht und Schönheit die Gäste zu überraschen und zu entzücken. Doch vermochte der Wirbelsturm des Hoflebens Güte und Barmherzigkeit nicht zu ersticken. Noch immer erquickte sie die Armen am Burgtor mit Speise und Trank und liebreichen Worten; ihre Gebefreudigkeit kannte keine Grenzen, und in Zeiten der Not und des Hungers verteilte sie ohne Rücksicht auf den Widerspruch aller Hofbeamten und Hausgenossen kraft ihres Herrscherrechts in Abwesenheit ihres Gemahls alle Vorräte aus den landgräflichen Kammern. Sie brauchte Murren und Widerstand der andern nicht zu fürchten. Einmal mußte ja Ludwig von seinen Kriegszügen heimkehren, und seiner Zustimmung war sie sicher. Aber schwere Schatten auf ihren sonnenhellen Weg warfen diese Zerwürfnisse mit den Menschen in ihrer Nähe, denen sie doch allen mit Liebe entgegenkam; mit tiefem Schmerz empfand sie Not und Elend der Armen und nicht minder die Hartherzigkeit und Selbstsucht der Besitzenden; Leid brachten auch die immer länger werdenden Zeiten der Trennung von dem geliebten Gemahl, den Krieg und Politik in die Ferne zogen. Um ihn bewegte sich ja ihr Sinnen und Trachten, mit ihm stand und fiel ihr ganzes irdisches Glück. Das leidenschaftliche Übermaß

III Frauenleben

ihrer Gattenliebe zeigt sich, als sie die Entdeckung machte, daß Ludwig die Kreuzfahrt gelobt hat; ohnmächtig vor Schmerz sinkt sie nieder.

Sie fügt sich wohl dann in das Unvermeidliche, aber so weit es irgend statthaft ist, geleitet sie den Scheidenden, sogar über die Landesgrenzen hinaus, obwohl sie der Geburt ihres dritten Kindes entgegensieht. Wie sinnlos von Schmerz stürmt sie laut klagend durch Hallen und Gemächer der Burg, als die Todesnachricht zu ihr gelangt ist. Und nun? Fällt nun der schwarze Witwenschleier für immer über ihr junges Lebensglück? Ist ihr Leben fortan öder Trauer geweiht? Keineswegs! Die junge Witwe mit ihren drei Kindern – das jüngste eben erst geboren – verläßt die Wartburg, von den Brüdern des Toten in unbegreiflicher Hartherzigkeit vertrieben, oder, wie man heute annimmt, so behandelt, daß sie es vorzog, freiwillig zu gehen. Vergeblich pocht sie in Eisenach an die Türen derer, denen sie so oft Gutes erwiesen hat. Aber keine Trauernde ist es, die durch die Straßen irrt und schließlich erschöpft in der Scheune eines Gastwirts niedersinkt. Mit strahlendem Antlitz singt sie in der Franziskanerkirche das Tedeum. Elisabeth, die Landgräfin, ist tot. Elisabeth, die Tertiarin vom Orden des hl. Franziskus, die Schwester des Armen von Assisi, beginnt das fröhliche Leben der heiligen Armut.

II

Es ist keine plötzliche Verwandlung, was sich hier vollzogen hat. Still und stetig ist es gewachsen, was jetzt rasch der Vollendung entgegengeht. Wundersam war der sichtbare Lebensweg dieses Menschenkindes, der in einem ungarischen Königsschloß begann und in einer Lehmhütte in Marburg endete; wundersamer Gottes Walten, das sie geleitete und ihre Seele formte, bis sie der Himmelskrone würdig war. Ein Wagnis ist es, von den Geheimnissen Gottes den Schleier lüften zu wollen. Doch der Finger des Allerhöchsten schreibt das Leben seiner Heiligen, damit wir es lesen und seine Wunderwerke preisen.

Wunderbares berichten die alten Legenden von den Tagen, da in Ungarn die Königstochter Elisabeth geboren wurde. Kriege und Fehden hörten auf, die Ernten gediehen wie noch nie. Der Magier Klingsor las im fernen Thüringerland ihre Geburt und ihr künftiges Geschick in den Sternen. Die Hände des dreijährigen Kindes, die im Übermaß barmherziger Liebe einem blinden Pilgermönch die eigenen Augen schenken wollten, sollen

3 Elisabeth von Thüringen

seinen blinden Augen die Sehkraft gegeben haben. Es steht uns frei, den alten Berichten zu glauben oder nicht. Aber andere Tatsachen werden berichtet, einfache, nüchterne, mit denen man nicht so leicht fertig werden kann. Das vierjährige Kind begehrte gewiß heftig auf, als es hörte, daß es Heimat und Eltern verlassen und in ein fernes Land ziehen sollte. Wenn man dann sieht, wie leicht und gutwillig es sich in die neuen Verhältnisse fügt, so muß man schließen, daß eine Kraft in ihm lebt, die den stolzen Willen bezwingt und heißer brennt als die glühende Liebe zu Eltern und Heimat. – Das Kind hat gehört, daß der Heiland in Brotgestalt im Tabernakel der Burgkapelle wohnt. Nun ist ihm die Kapelle der liebste Ort. Mitten aus den wilden Kinderspielen, die es so liebt, wird es dorthin gezogen. Es ordnet ein Wetthüpfen zur Kirchentür an. So kann es unbemerkt wenigstens die Mauern streicheln, hinter denen der Herr sich verbirgt. Eine treue und sehnsüchtige, eine zarte und schamhafte Liebe ist in dem Kinderherzen aufgeblüht, die niemals wieder verschwinden wird.

Königin Gertrud ist ermordet worden. Die Nachricht von ihrem Tode kommt auf die Wartburg. Wo ist nun die Mutter? Man belehrt die Kleine. Die Seelen der Verstorbenen kommen zu Gott in den Himmel. Aber fleckenlos rein müssen sie sein, damit sie eingelassen werden. Wenn wir für sie beten, helfen wir ihnen, daß sie rein werden und Einlaß finden. Seitdem kann das Kind die Toten nicht mehr vergessen. Es kniet in der Kapelle, wenn man es ihm nicht verwehrt. Es führt die Gespielinnen auf den Friedhof. „Hier sind die Gebeine der Toten. Diese Menschen waren lebend wie wir und sind nun tot, wie auch wir einst sein werden. Lasset uns Gott lieben!" Sie kniet mit ihnen nieder und betet: „Herr, durch deinen grausamen Tod und durch deine geliebte Mutter Maria erlöse diese arme Seele von ihrer Pein. Herr, durch deine heiligen fünf Wunden mache uns selig." – Landgräfin Sophie steigt mit ihrer Tochter Agnes und Elisabeth am Feste Maria Himmelfahrt nach Eisenach hinab, um in der Kirche der Deutschherren dem Hochamt beizuwohnen. Alle drei sind in festlichem Staat, in prächtigen Gewändern und wallenden Mänteln, die Kronen auf dem Haupt. Vor allem Volk knien sie am Altar. Da blickt Elisabeth auf zum Bild des Gekreuzigten. Sein Haupt ist geneigt unter der Dornenkrone, die Wunden strömen über vom Blut. Zum erstenmal durchdringt es sie mit ganzer Gewalt, daß er um ihretwillen nackt und bloß am Kreuz hängt, um ihretwillen Marter und Tod ertragen hat. Wie kann sie vor diesem Bilde fürstlichen Schmuck tragen? Sie nimmt die Krone vom Kopf und legt sie auf den Boden. Sie verbirgt die stürzenden Tränen, indem sie die Augen mit dem Zipfel des Mantels bedeckt. Mit heftigen Worten verweist ihr die Landgräfin das unfürstliche Benehmen. Aber das kann an dem Geschehenen nichts ändern. Das Geheimnis des Leidens hat sich Elisabeth enthüllt. Von nun an wird sie den Herrn vornehmlich als den Mann der Schmerzen, den Kreuztragenden und Gekreuzigten sehen. Sie ist nicht die erste, der es so ergeht, aber es ist in ihrer Zeit noch etwas Ungewöhnliches. In der Geschichte des christlichen Glaubenslebens wie in dem des einzelnen Menschen treten die Glaubensgeheimnisse eins nach dem andern in den Mittelpunkt. In der Frühzeit und noch im romanischen Zeitalter sah man in Christus vornehmlich den Auferstandenen, den Sieger über Tod und Hölle, den König der Herrlichkeit. Erst die gotische Zeit, die Blütezeit der deutschen Mystik, bringt den engen Anschluß an den Menschensohn, zugleich die Erkenntnis, daß nur durch Leiden und Kreuz der Weg zur Herrlichkeit der Auferstehung führt. Elisabeth sieht den Heiland leiden nicht nur in rückgewandter Betrachtung seines Erdenlebens, sie sieht den mystischen Christus leiden in seinen Gliedern. Wenn von früher Kindheit an ein natürliches Verlangen in ihr war, den Armen und Bedrängten zu helfen, so hat es nun diesen übernatürlichen Charakter angenommen.

„Was ihr dem Geringsten unter den Meinen getan habt, das habt ihr mir getan." In jedem Hungernden, jedem Notleidenden und Kranken sieht Elisabeth den leidenden Heiland. Sie kann nicht anders, als zu ihnen hingehen, ihnen Brot und Kleider reichen, ihre Schmerzen lindern – mögen auch alle sie schelten und verspotten. „Da Jesus die Seinen liebte, liebte er sie bis ans Ende." Es war ihm nicht genug, ihnen Brot zu geben: er gab ihnen sein Herz, er nahm von ihrem Herzen die Last der Sünde, die Qual der Einsamkeit und Verlassenheit. Auch Elisabeth will mehr schenken als äußere Gaben. Sie küßt die eiternden Wunden, sie schließt die Kinder in die Arme und spielt fröhlich mit ihnen, bis sie alle Not vergessen, in den Seelen der Trostlosen weiß sie Himmelshoffnung zu entzünden.

Das alles sind einfache Tatsachen. Elisabeth tut eigentlich nichts anderes, als daß sie Ernst macht mit dem Glauben. Es sind die schlichten Worte des Evangeliums, die in ihr so wunderbare Wirkungen hervorrufen. Die Menschen in ihrer Umgebung kennen all diese Worte auch. Aber sie haben Augen und sehen nicht. Es fällt ihnen nicht ein, die göttliche Wahrheit in Lebenswirklichkeit umzusetzen. Und die eine, die tut, was die praktische Folgerung aus den Lehren und dem Leben des Heilands, aus den Glaubens-

3 Elisabeth von Thüringen

wahrheiten der Kirche ist, wird ihnen zum Stein des Anstoßes und Ärgernisses. Was gibt dem jungen Kind die Kraft, bitteren Tadel und Spott, Einsamkeit und Verlassenheit zu tragen ohne Widerspruch und Klage, fest zu beharren gegenüber allen Widerständen und bei allem Weh, das ihrem weichen, liebevollen und liebebedürftigen Herzen geschieht, frei von Bitterkeit zu bleiben, heiter und überströmend von Liebe, so daß sie wie aus unerschöpflichem Born Liebe und Freude spenden kann? Sie weiß, daß sie in Schmach und Demütigung und Einsamkeit mit dem Dornengekrönten und Kreuzbeladenen vereint ist. Und sie weiß das nicht nur mit einem toten Wissen. Wir können nicht daran zweifeln: der Herr hat das Kind, das er hinwegnahm aus seinem Volk und aus seiner Verwandtschaft, an sein Herz genommen. Aus den nie versiegenden Quellen des göttlichen Herzens füllt sich das Herz seiner Getreuen immer aufs neue mit Trost und Freude und himmlischem Frieden.

Eine starke menschliche Stütze hat Elisabeth auf dem Weg zum Himmel gegenüber allen Anfeindungen. Das ist *Ludwig*, ihr Gemahl, den der Volksmund nach seinem Tode den *Heiligen* nennt. Er will ihr kein Hindernis in den Weg legen, er will ihr helfen, den Weg bergan zu gehen, er will mit ihr gehen. In den Kinderjahren ist seine Belehrung und sein Rat ausreichend. Aber allmählich wird der Weg steiler und ist nicht immer deutlich zu erkennen. Elisabeth läßt sich nachts wecken zum Gebet und kniet auf dem kalten Steinboden nieder. Sie verläßt das Gemach, und eine ihrer treuen Gefährtinnen muß sie geißeln. Entspricht das noch Gottes Willen, oder ist es schädliches Übermaß? Die ersten Minderbrüder sind nach Deutschland gekommen und haben die Lehren des Armen von Assisi ins Land getragen. Nirgends konnte die Botschaft von der heiligen Armut fruchtbareren Boden finden als im Herzen der jungen Landgräfin. Aber wie war mit ihrer fürstlichen Stellung die Armut zu vereinen? War es recht, wenn sie den Bettler mit ihrem kostbaren neuen Mantel bedeckte? Und konnte man so ohne weiteres die allgemeine Klage abweisen, daß sie das fürstliche Gut sinnlos verschleudere? Die Stimme des Herzens gab nicht immer untrügliche, nicht immer unzweideutige Antwort auf alle Zweifel und Fragen. Man mußte sich nach einem wegekundigen Führer umsehen. Landgraf Ludwig schrieb an den Heiligen Vater und bat um einen Seelenleiter für seine Gemahlin. Papst Honorius sandte ihr den Meister *Konrad von Marburg*. Es war keine Franziskusseele, der Elisabeths Leitung anvertraut wurde, kein fröhlicher Liebhaber Gottes. Streng und finster war er anzusehen.

III Frauenleben

Aber heilig ernst nahm er es mit seiner Aufgabe, diese Seele ans Ziel der Vollkommenheit zu führen. Und als einen Gottgesandten nahm ihn Elisabeth auf, demütig bat sie um seine Führung, deren sie sich gar nicht würdig fühle. Eine feste Hand führte sie nun auf einem gebahnten Weg. Oft wurde dem Ungestüm des liebenden Herzens gewehrt und die Maßlosigkeit eingedämmt. Auf der andern Seite wurde sie auf vieles hingewiesen, was ihr selbst entgangen war. Ihr Streben bekam feste Form und Richtung, der Bund der liebenden Seele mit dem Herrn wurde feierlich geschlossen und versiegelt, als Elisabeth und ihre Gespielinnen aus den Kindertagen, Guda und Isentrud, die Gelübde als Tertiarinnen des Franziskanerordens ablegten: *Gehorsam* gegenüber Meister Konrad, *Armut,* wie Meister Konrad sie lehrte, gelobten sie; als Drittes die beiden Mädchen *Ehelosigkeit,* Elisabeth Verzicht auf Wiederverheiratung, wenn der Gemahl stürbe. Armut, wie Meister Konrad sie lehrte: er hat Elisabeth niemals gestattet, sich alles Gutes zu entäußern. Er wollte sie lehren, es als anvertrautes Gut für die Armen getreu zu verwalten; als ersten Schritt aber: von keinem *unrechten* Gut Gebrauch zu machen. Und das war schon viel schwerer durchzuführen, als es sich aussprach und anhörte. Woher stammten Speisen und Getränke auf den landgräflichen Tafeln? Waren sie nicht darbenden Bauern gewaltsam entrissen? Kamen sie nicht von widerrechtlich erworbenem Besitz? Elisabeth sollte nichts mehr zu sich nehmen, wenn nicht geprüft und erwiesen war, daß es ihr rechtmäßig gehörte. Und das war manchmal schwer, ja unmöglich nachzuweisen. Oft genug mußte sie mit ihren Gefährtinnen hungrig von der reich besetzten Tafel aufstehen. (Gerade dieser stumme Protest gegen die soziale Ungerechtigkeit soll der Anlaß zum Verlassen der Wartburg gewesen sein: Ludwig hat sie auch darin unterstützt. Sein Bruder Heinrich Raspe sperrte der Witwe alle eigenen Einkünfte und suchte sie dadurch zu zwingen, an der landgräflichen Tafel zu essen.)

Sie sollte nicht mit vollen Händen ausstreuen, um die Gebefreudigkeit ihres Herzens zu befriedigen, sondern so, wie es sachgemäß und zweckentsprechend war, wie der abwägende Verstand des Meisters es vorschrieb. Das gab harte Kämpfe. Immer wieder riß sie ihr Ungestüm hin – wo blieb da der Gehorsam, den sie gelobt hatte? Sie mußte es lernen, daß es galt, den Willen des Herrn zu erfüllen und nicht der Neigung des Herzens zu folgen. In ernster Sorge um die anvertraute Seele schreckte Meister Konrad vor dem Mittel der körperlichen Züchtigung nicht zurück. Körperlichen Schmerz hatte Elisabeth längst freiwillig gesucht, um den Leib in Zucht zu

3 Elisabeth von Thüringen

nehmen. Ihren Stolz zu beugen, war sie von den Kindertagen her gewöhnt. Wir wissen, daß es zu ihren dringlichsten Anliegen gehörte, Demütigungen freudig ertragen zu können. Aber hart und schwer war es ihr zweifellos, auf die Eingebungen ihres liebenden Herzens zu verzichten. Doch Meister Konrad war der von Gott gegebene Führer. Es ist der Heiligen wohl nie in den Sinn gekommen, einen andern zu wählen. Ein weichlicheres Zeitalter mag sich über seine Methoden entsetzen; die Auffassung von Aszese mag auch bei erfahrenen Seelenführern heute eine andere sein, als er sie hatte. Wenn wir von der göttlichen Führung fest überzeugt sind, können wir nicht daran zweifeln, daß dieser strenge und finstere Mann das erwählte Werkzeug des Himmels war, um Elisabeth zur Vollkommenheit zu führen; daß sie seiner, so wie er war, bedurfte, um von den Hemmnissen, die in ihrer eigenen Natur lagen, frei zu werden.

Der *Gegensatz zu ihrer Umgebung* bedeutete sicher lebenslangen Kampf und lebenslanges Leid für das liebevolle Herz der jungen Landgräfin. Härter werden die Kämpfe gewesen sein, die durch das schroffe Eingreifen Meister Konrads hervorgerufen waren. Aber wir können uns denken, daß es einen Konflikt in ihrer Seele gab, der alle andern übertraf. Seit ihrem vierten Lebensjahr stand Landgraf Ludwig an ihrer Seite, als ihr „lieber Bruder" zuerst, dann als ihr Gatte. Wir haben gesehen, wie sie sich von ganzem Herzen an ihn anschloß, und bei der tiefen Leidenschaftlichkeit ihrer Natur ist es selbstverständlich, daß die Liebe zu ihrem Gatten ihr Herz und ihr Leben ganz ausfüllen wollte. Auf der andern Seite hatte von den frühesten Kindertagen an Gott seine Hand auf sie gelegt, und ständig wuchs in ihr das Verlangen, ihm ganz anzugehören. So fern es Ludwig lag, sie auf ihrem Weg aufzuhalten, so sehr er vielmehr bemüht war, ihr in jeder Weise zu helfen und mit ihr voranzugehen – der *Zwiespalt zwischen irdischer und himmlischer Liebe* konnte nicht ausbleiben und mußte ein ständiger Pfahl im Fleisch sein.

Das eheliche Band war ein heiliges, und wenn sie auch zeitweise bitter über diese Bindung klagte, die sie hinderte, ganz dem Drange ihres Herzens zu folgen, so dachte doch ihr Führer nicht daran, das Band zu lockern, als sie die Gelübde des Dritten Ordens ablegte. Darum können wir verstehen, daß ihr trotz aller Kämpfe auf dem Grunde der Seele der Friede erhalten blieb. Trotzdem hat sie die Bindung als eine Fessel empfunden, und der härteste Schlag ihres Lebens, der Tod ihres Gemahls, der noch einmal in einem leidenschaftlichen Ausbruch ihre ganze Gattenliebe enthüllt, er-

III Frauenleben

weist sich in der Tat sehr bald als innere Befreiung. Wenn sie nach der Vertreibung von der Wartburg und der unfaßlichen Härte und Undankbarkeit der Eisenacher Bürger in die Franziskanerkirche zur Mette eilt und in strahlender Freude das Tedeum singt, so ist das gewiß keine heroische Geste, sondern der natürliche und ungezwungene Ausdruck der *„vollkommenen Freude"*, wie sie der hl. Franz dem Bruder Leo erklärt hat: der Seligkeit der christusliebenden Seele, die sich in Not und Elend und vollkommener Verlassenheit von allen Menschen ihrem Herrn so restlos verbunden fühlt wie noch nie in ihrem Leben. Diese innigste Vereinigung ist es zweifellos gewesen, die ihr die Kraft gab, in der Folge jede neue natürliche Bindung abzuwehren. Die äußere Not und Verlassenheit dauerte nicht lange. Sie fand mit ihren Kindern gastliche Aufnahme bei ihrer Tante in der Abtei zu Kitzingen, später bei ihrem Oheim, dem Bischof von Bamberg.

Und in diesem Asyl erreichte sie (nach unverbürgter Überlieferung) das Angebot der höchsten irdischen Ehre: *Kaiser Friedrich II.* warb um ihre Hand. Es ist nicht anzunehmen, daß es sie einen Kampf gekostet hat, diese Werbung auszuschlagen. Die Frage war durch ihr Gelübde längst entschieden, und auch ohne dies Gelübde hätte wohl die Liebe zu dem Toten genügt, ihr eine zweite Ehe unmöglich zu machen. Schwerer war es, nach der Aussöhnung mit den Verwandten, nach der Rückkehr auf die Wartburg, diese Heimat und ihre Kinder zu verlassen und dem Ruf Gottes zu folgen. Sicherlich war es nicht Mangel an Mutterliebe, was sie zur Trennung veranlaßte, sondern die klare Erkenntnis, daß auch die Mutterliebe in ihr übermäßig stark und darum ein Hemmnis war. Sie wählte Marburg als Witwensitz, weil Meister Konrad dahin zurückberufen war. Die letzten Jahre sind ein Leben dienender Liebe, zugleich aber fortschreitender Selbstentäußerung, denn der strenge Führer macht unnachsichtig Jagd auf alles, was ihm noch als Trübung der heiligen Seele erscheint. Das braune Ordenskleid darf sie nun tragen; aber ihr Witwengut zu verschenken wird ihr nicht gestattet. Konrad baut davon ein Spital, in dem sie Pförtnerinnendienste tun darf. Ein Häuschen daneben, aus Holz und Lehm erbaut, ist ihre Wohnung und die ihrer beiden treuen Gefährtinnen Guda und Isentrud.

Zwei Dinge sind für Elisabeth tief beglückend: *die Kranken selbst zu pflegen und den Armen Almosen zu reichen.* Beides schränkt Konrad mehr und mehr ein und untersagt es schließlich ganz; streng bestraft er jede Übertretung. Es scheint nun, daß in ihrem Leben nichts mehr ist, woran eine

3 Elisabeth von Thüringen

natürliche Neigung Befriedigung finden könnte. Der scharfe Blick des Meisters findet noch etwas: die Gespielinnen ihrer Kindheit, die den ganzen Lebensweg mit ihr gegangen sind, trennt er von ihr und gibt ihr statt dessen eine sehr häßliche Magd und eine schwerhörige, zänkische Witwe als Hausgenossinnen. So ist ihr jede irdische Freude genommen, als die kurze letzte Krankheit kommt. Bei diesen letzten Anstrengungen des Seelenführers hat man doch ein wenig den Eindruck, daß sie offene Türen einrennen. Nicht übermäßig hart, aber überflüssig dünken sie uns. Die unzerstörbare himmlische Heiterkeit ihres Wesens während der letzten Tage weist darauf hin, daß es solches Eingreifens nicht mehr bedurfte. Der göttliche Meister hatte sein Kunstwerk vollendet, diese Seele völlig vom Irdischen losgelöst und zum Überfließen mit seiner Liebe erfüllt, als er sie durch himmlische Botschaft zu sich rief. Viele Menschen, Hohe und Niedrige, drängten sich an das Lager der Sterbenden, um noch ein Wort von ihr, einen Blick, ein Lächeln und damit einen Abglanz himmlischen Lichtes zu erhaschen.

Eine Kostbarkeit besaß sie noch zum Verschenken: den Mantel des Armen von Assisi, den er der geistesverwandten Landgräfin von Thüringen einst auf Verlangen des Kardinals Hugolino von Ostia geschickt hatte. *Gregor IX.,* dem ehemaligen Kardinal Hugolino, der mit scharfem Blick die innere Zusammengehörigkeit dieser heiligen Seelen erkannte, war es vergönnt, beide auf die Altäre zu erheben. Die ihr im Leben nahegestanden hatten, die Zeugen ihres Wandels waren, durften sie noch als Heilige verehren. 24 Lebensjahre hatten genügt, diese Seele auf den Gipfel der Vollkommenheit zu führen, dreieinhalb Jahre nach ihrem Tode, dem Rufe ihrer Heiligkeit die kirchliche Bestätigung zu sichern. Sieben Jahrhunderte haben die Kraft ihrer Fürbitte und ihres Beispiels erfahren, und gerade in unserer Zeit bitterster äußerer und innerer Not ist sie berufen, als ein lichter Engel der Barmherzigkeit Trost und Hilfe zu spenden, trösten und helfen zu lehren.

Ihr Leben aber zeigt den Schwankenden und Irrenden eindringlich, wo die festen und ewigen Leitsterne sind. Sie, die ihr Leben lang in fremdem Lande fremd und unverstanden lebte, mahnt uns daran, daß wir alle in dieser Welt als Fremdlinge leben und daß es keine andere wahre Heimat gibt als das Reich des himmlischen Vaters; daß es keinen anderen Führer ins Vaterland gibt als den, der herabgestiegen ist in unser Elend, um es zu überwinden und uns mit sich hinaufzuführen über alle Sterne; daß wir in der

Zeit unserer Pilgerschaft keinen anderen wahren Trost und Beistand haben als den Tröstergeist, den Paraklet. Der Weg, den sie unbeirrt und unaufhaltsam gegangen ist, ruft uns auf zur Nachfolge: von der Unnatur zurück zur Natur – über die Natur hinauf zur Übernatur, in den Schoß der Allerheiligsten Dreifaltigkeit.

Unter den neueren Werken über die hl. Elisabeth gaben mir besondere Anregung die von Elisabeth von *Schmid-Paul* und *Maria Maresch*.

4 Eine deutsche Frau und große Karmelitin

*Mutter Franziska von den unendlichen Verdiensten Jesu Christi
OCD (Katharina Esser) 1804–1866*

„Mit Eifer habe ich geeifert für den Herrn, den Gott der Heerscharen": dies Wort des Propheten Elias, den Wappenspruch der Karmeliten, darf man mit gutem Recht über das Leben Katharina Essers schreiben. Es drückt den Inhalt dieses Lebens aus. Sie war ein schlichtes Kölner Bürgerkind, ihren kölnischen Humor und ihr „Kölsch Platt" hat sie auch als Ordensfrau und Priorin beibehalten. Aber diesem Kind aus dem Volke hatte Gott eine hohe Aufgabe schon in die Wiege gelegt, sie wuchs mit ihm heran und erfüllte schließlich sein ganzes Sinnen und Trachten.

Als Katharina am 1. September 1804 geboren wurde, hatte der Kölner Karmel seit zwei Jahren aufgehört zu existieren[1]. – Durch einen Erlaß Napoleons gezwungen, hatten die letzten Karmelitinnen ihr liebes Kloster „Maria vom Frieden" in der Schnurgasse verlassen. In diesem Hause war Elisabeth Heidkamp, Katharinas Mutter, als Kind und junges Mädchen ein und aus gegangen. Es war ihr Herzenswunsch, darin Aufnahme zu finden, aber seit 1798 war es den Klöstern verboten, Novizen aufzunehmen. Als im Jahre 1802 die Aufhebung der Klöster erfolgte, als im selben Jahr ihr Vater starb und sie allein als Vollwaise und Erbin der väterlichen Fischhandlung zurückblieb, da entschloß sie sich zur Ehe. Doch schon 1806 starb ihr Gatte, Peter Esser. Ihre einzige Sorge galt nun dem Töchterchen Katharina. In das Herz dieses Kindes pflanzte sie ihre ganze Liebe zum Karmel. So war es kein Wunder, daß in Katharina früh der Wunsch erwachte, Karmelitin zu werden. Aber wie sollte sie dazu gelangen, da es in Deutschland keine beschaulichen Klöster mehr gab und an eine Neugründung nicht zu denken war? Von den letzten Kölner Karmelitinnen, die nach ihrer Vertreibung aus der Schnurgasse in aller Verborgenheit noch jahrzehntelang ein gemeinsames Leben führten, bis die letzten gestorben

---

[1] Zur Geschichte des Kölner Karmels, und auch für das Leben Katharina Essers vgl. „Unter dem Zepter der Friedenskönigin. 300 Jahre Kölner Karmel", herausgegeben von Sr. Teresia Renata de Spiritu Sancto OCD, Karmel Köln-Lindenthal, Köln 1937. Dies enthält auch das Verzeichnis aller hier verwendeten Quellen.

III Frauenleben

waren, scheinen Frau Esser und ihre Tochter nichts mehr gewußt zu haben. Die erste Klosterpforte, an der Katharina anklopfte, war die des Düsseldorfer Karmels. Auch hier war die klösterliche Familie zum Aussterben verurteilt. Die junge Bewerberin wünschte als „Kostjungfer" aufgenommen zu werden. Das wurde ihr nicht gewährt, aber als Gast durfte sie beliebig oft kommen, und so konnte sie mit eigenen Augen anschauen, was ihr bereits aus den Schriften der hl. Mutter Theresia bekannt war. Im Verkehr mit der heiligmäßigen greisen Priorin, Mutter Franziska vom heiligen Antonius, drang sie immer tiefer in den Geist des Karmels ein. In Düsseldorf wurde sie auf den Lütticher Karmel aufmerksam gemacht. Doch ihre wiederholten Versuche, dort Aufnahme zu finden, führten zu immer neuen Enttäuschungen. Man wies sie schließlich nach Köln zurück und vertröstete sie mit der Hoffnung, daß dort der Karmel neu erstehen werde. Das war die Anregung, durch die sie ihrer eigentlichen Lebensaufgabe zugeführt wurde: den Karmel aufs neue in Deutschland einzuführen. Die Aussichten dazu waren denkbar ungünstig, zeitweise erschien es ihr selbst als ein leeres Hirngespinst; aber eine geheime Macht lenkte sie immer wieder darauf hin, und sobald sich der geringste Hoffnungsschimmer zeigte, flammte der glimmende Funke wieder hell auf. Nicht leicht entschloß sich das bescheidene Mädchen zu den kühnen Schritten, die ihren Plan der Ausführung näherbringen sollten. Sie selbst spricht es aus, daß ihr Inneres ihr gesagt habe: „Es würde mich einstens auf dem Todesbette gereuen, wenn ich dem Antriebe widerstanden hätte, obgleich ich nicht sicher weiß, welcher Geist mich treibt ..." (Brief an Erzbischof von Geissel, 18. März 1842).

Es war ihr klar, daß sie allein nichts ausrichten könne. Sie mußte sich nach mächtigen Bundesgenossen umsehen. So verfolgte sie in ihrem stillen, zurückgezogenen Leben mit wachsamem Auge die Ereignisse in Staat und Kirche. Als der berufenste Sachwalter ihrer Angelegenheit mußte ihr der Oberhirt ihrer Diözese erscheinen. Der erste, dem sie in einem Gesuch ihre Bitte vortrug, war Erzbischof Klemens August von Droste-Vischering. Aber ihr Schreiben blieb unbeantwortet. Ein Hirtenbrief des Bischofs von Passau erweckte in ihr die Hoffnung, daß sie bei ihm Verständnis finden werde. Sie ließ ihm durch einen Priester einen Brief überreichen mit der Bitte, beim König von Bayern die Errichtung wenigstens eines Karmelitinnenklösterleins zu erwirken. Die Antwort lautete, es sei gegenwärtig unmöglich. Sie „hoffte von da nicht mehr gedrungen zu werden, gegen eine

4 Eine deutsche Frau und große Karmelitin

Unmöglichkeit zu kämpfen, sondern die Tage des noch übrigen Lebens sich zum Tode vorzubereiten".

Doch bald versetzte ein neuer Hoffnungsstrahl sie wiederum in Bewegung: Friedrich Wilhelm IV. bestieg den preußischen Königsthron am 15. Oktober 1840, dem Fest der hl. Theresia. An ebendiesem Tage war er auch geboren. Sollte das nicht ein Zeichen sein, daß er berufen war, den Orden der großen Heiligen in seinen Landen wieder einzuführen? Katharina schob den Gedanken, noch einmal einen Versuch zu wagen, weit zurück und konnte ihr Zögern damit rechtfertigen, daß der Erzbischöfliche Stuhl von Köln durch die Gefangensetzung des Oberhirten verwaist und so niemand zur Stelle war, der ihre Sache vertreten konnte. Sobald aber der bisherige Bischof von Speyer, Johannes von Geissel, als Koadjutor nach Köln berufen war, um die hirtenlose Herde zu hüten, ließ der innere Drang ihr keine Ruhe mehr. In einem langen Schreiben eröffnete sie ihm ihre ganze Seele. Sie fügte einen Brief an den König bei. In aller Einfalt und Natürlichkeit, erfrischend urwüchsig, tritt sie den hohen Herren gegenüber. Sie spricht es selbst aus, daß ihr das Schreiben sauer wird und daß sie die vorgeschriebenen Formen nicht kennt. Aber ihr Ideal reißt sie fort, sie zeichnet es mit begeisterter Beredsamkeit und in kindlichem Vertrauen, daß es auch andere hinreißen muß. Aber vom König kam nie eine Antwort, von Erzbischof Johannes erst auf den dritten Brief (vom 12. Nov. 1842), in dem sie – nach dem Tode ihrer Mutter – ihr ganzes Vermögen zur Verfügung stellte, um ein Karmelitinnenkloster zu gründen. Diesmal war der Erfolg ein ganz unverhoffter. Der Erzbischof bestellte sie zu einer Audienz, und in dieser ersten Unterredung gewann sie sein volles Vertrauen. Von diesem Tage an war er ihr treuer Berater in allen Kämpfen, die sie noch ausfechten mußte, bis ihre große Aufgabe gelöst war. Noch waren ja die äußeren Verhältnisse so, daß an eine Durchführung ihres Planes gar nicht zu denken war. Es mußte erst eine Revolution kommen und die ordensfeindlichen Gesetze beseitigen, um ihr freie Bahn zu schaffen. Das Sturmjahr 1848 leistete ihr diesen Dienst. Nun gab ihr Erzbischof von Geissel die Erlaubnis, mit den Gefährtinnen, die sie indessen gefunden hatte, im eigenen Haus das klösterliche Leben zu beginnen und nach Lüttich zu reisen, um aus dem Kloster, das sie einst abgewiesen hatte, Schwestern für ihre Gründung zu erbitten. Er selbst unterstützte sie durch schriftliche Fürsprache beim Lütticher Bischof, nachdem die preußische Verfassung von 1850 die gesetzlichen Grundlagen für eine Klosterstiftung geschaffen hatte. Die Priorin des Lütticher Karmels, Mutter Bernardine (Helene von Vacano aus Koblenz), war sofort bereit, nach dem bevorstehenden Ablauf ihrer Amtszeit selbst die Stiftung zu übernehmen. Zwei andere deutsche Schwestern wollten sie begleiten. Der belgische Provinzial, P. Amandus von der Hl. Familie, gab seine Zustimmung und kam selbst nach Köln, um sich von dem Stand der Dinge zu überzeugen. Er empfahl, an Stelle von Katharinas Wohnhaus ein größeres Haus zu wählen, daraufhin wurde die Dechantei St. Kunibert für drei Jahre gemietet. Man hoffte nämlich, später das alte Karmelitinnenkloster „Maria vom Frieden" in der Schnurgasse zurückzuerhalten. Mit allem Eifer wurde daran gearbeitet, das gemietete Haus in ein Kloster zu verwandeln. Bald konnte die Kapelle eingeweiht und das Allerheiligste eingesetzt werden. Im Mai durfte Katharina mit ihrer Gefährtin Lilli Mittweg nach Lüttich reisen und die drei Gründungsschwestern abholen. Am 3. Juni 1850 kamen die Reisenden in Köln an. Am 5. Juni errichtete der Pater Provinzial die päpstliche Klausur. Das Kloster wurde dem hl. Joseph gewidmet, dem hochverehrten Patron des Karmels seit den Tagen der hl. Mutter Theresia. Am 7. Juni, dem Fest des heiligsten Herzens Jesu, feierte Kardinal von Geissel das heilige Meßopfer in der provisorischen Kapelle. Aus seiner Hand empfingen vier Postulantinnen das braune Ordenskleid der Karmelitinnen. Unter ihnen war auch Katharina Esser. Von diesem Tag an hieß sie Schwester Franziska von den unendlichen Verdiensten Jesu Christi.

Katharina hatte erreicht, worum sie fast 30 Jahre gekämpft und gelitten hatte. Es stand wieder ein Karmel auf deutschem Boden. Aber war sie damit am Ziel? O nein! Es war nur der äußere Rahmen geschaffen. Die eigentliche Arbeit konnte jetzt erst beginnen. Das Ideal, das ihr von früher Jugend an vor der Seele stand, sollte jetzt Wirklichkeit werden: ein Lustgarten Gottes nach dem Herzen der heiligen Mutter Theresia. In beweglichen Worten hatte sie in den Briefen an Erzbischof von Geissel und den König davon gesprochen. Den Oberhirten der Kirche stellen sich überall Hindernisse in den Weg, weil „die Welt die Perle, das beschauliche Leben verwirft und sich nur mit der äußeren Schale eines aktiven Lebens begnügen will, indem es gewiß an der Zeit ist einzusehen, daß der rasch um sich greifende Zeitgeist in der Kirche Gottes so vielen Unfug anrichtet, daß es Noth thut, daß ein anderer Geist ihm entgegen wirken muß, ein Geist, der sich in klösterlicher Abgeschiedenheit vereinigt, um den allmächtigen Gott unablässig zu bitten, jenen Gnaden zu erteilen, deren Beruf es fordert, stets thätig zu sein. Das beschauliche Leben als der Stein, den die Bauleute verworfen haben, muß zum Eckstein werden, soll Segen und Gnade des Himmels über das aktive Leben herabströmen (Brief an Erzbischof von Geissel vom 18. März 1842). Die „große hl. Teresia war eine so eifrige Tochter der heiligen Kirche, daß von ihr gesagt wird: sie wäre mit apostolischem Geiste erfüllt gewesen". Sie hatte „die hl. Kirche so innig lieb und empfahl den ihrigen das Wohl derselben so nachdrücklich ... Und wie sie die Kirche geliebt, so liebte sie daher auch den Staat, wohlwissend, daß Kirche und Staat wie Seele und Leib vereinigt sein müssen, daß die heilige Kirche die Seele des Staates sein müsse, ohne welche der Staat in Staub zerfällt, während sie so unsterblich bleibt ...

Die Welt kann doch wahrlich nicht den hl. Geist besitzen, sonst hätte sie längst eingesehen, daß das einzig Nöthige mangelt, jene Klöster, die durch Gebet und Buße die wohlverdiente Strafe abhielten, und alle Segnungen des Himmels erflehten. Wir haben in unserer hl. Kirche den unermeßlichen Schatz der Verdienste Jesu und ihn selbst mitten unter uns wohnen, ist es nun nicht schade, daß unser lieber Herr, der sich würdigt, so verborgen unter uns zu wohnen, so wenig wahre Anbeter hat, die ihm ihr Herz leer hielten, worin Jesus einen Schatz hineinlegen könnte, von dessen Fülle andere empfangen könnten? Dies ist, was die Karmelitinnen suchen und erstreben, sich der Gnaden empfänglich zu machen, die sie für Andere erflehen, dazu ihnen vornämlich nebst dem strengen Chor und Bußleben vorzüglich als Mittel angewiesen: ‚Tag und Nacht das Gesetz des Herrn zu betrachten und im Gebete zu wachen' (Worte aus der ursprünglichen Regel der Karmelitinnen). Dies betrachtende Leben zeichnet besonders den Karmeliten-Orden aus; und aus diesem inneren Leben fließen die größten Gnaden für Kirche und Staat."

Wenn man in den tätigen Orden meint, dort werde viel Schwereres geleistet, so hält Katharina dem das Zeugnis heiliger Männer entgegen, daß das Bestreben nach steter Gemüthsversammlung die schwerste Buße sei. „Die hl. Theresia wird gern diesen aktiven Nönnchen zugestehen, daß ihr Leben mühsamer und gefährlicher sei: St. Theresia hatte aber auch erfahren, daß die zu große Aktivität und der Umgang mit der Welt den Untergang des Geistes herbeiführe. Sie wollte, daß der *Geist* den Buchstaben der Regel beleben müßte, weil sie wußte, daß die Befolgung der Regel ohne Geist ein totes mechanisches Werk sei. Und hierin liegt das große Geheimnis des Klostergeistes, welches die spanische Heldin Theresia so tief geschaut hat

III Frauenleben

... Ach, wie leicht verdrängt bei uns Weibern die zu große Klugheit und der weltliche Umgang den Heiligen Geist. Da das viel Wissen aufblasen macht und wir Weiber von Natur aus arme Geschöpfe sind, so können wir nicht viel zusammenfassen, ohne daß das Eine oder Andere leidet. Wenn wir auf unserer Hut nicht sind, so ist sehr leicht die hl. Einfalt, das lautere klare Auge getrübt, der Glanz von allen Tugenden, und Gott hat dann an uns hochmütigen Weibern kein Wohlgefallen ... St. Theresia hatte darum so strenge Absonderung von den Ihrigen gefordert und war, wie sie schreibt, anfangs nicht willens, außer der strengen Klausur und Geistesabtötung körperliche Strenge in der Weise, wie sie es wirklich getan, einzuführen, indem die Geistesabtötungen des Stolzes, der eigenen Gesinnung, des Eigendünkels, der Vielwisserei, Verstandesvorwitz, Eigenliebe, Selbsthochschätzung und Selbstrechtfertigung, des Eigensinnes und dergl. Kinder des Stolzes, die Verleugnung seiner Selbst im ganzen Sinne des Wortes, diese Geistesstrenge unvergleichlich geübt werden im Karmeliten-Orden ... Diese Geistesstrenge hatte die hl. Theresia bei der Reformation ihres Ordens nebst der steten Gemüthsversammlung im Auge, wohl wissend, daß ein gedemütigter Geist von Gott alle Gnaden erlangt, indessen er den Stolzen widersteht" (Brief an Erzbischof v. Geissel v. 18. 3. 1842).

In dieser Überzeugung konnte Katharina an den König schreiben: „wie könnte ... dem Staat ein Institut nöthiger sein, als jenes, das sich zur Aufgabe gestellt, vermittelst eines streng einsamen und bußfertigen Lebens der Kirche und dem Staate die Segnungen des Himmels zu erflehen ... Es sind wohl manche Institute in unserer hl. Kirche dem Staate, was das aktive Leben betrifft, *nützlich,* wie z.B. diejenigen, die sich der Krankenpflege widmen, aber *nothwendig* sind am ersten diejenigen, die Tag und Nacht ihre Gebete in Vereinigung mit den unendlichen Verdiensten des Gottmenschen darbringen, für das Wohl der Kirche, des Vaterlandes und seines Landesherrn ... Diese Institute werden die Throne sichern und sie vor den Fluthen der Überschwemmung beschützen, welche die wahren Fanatiker, die Freidenker, im Stillen beabsichtigen."

Sie schildert, welcher Strom des Segens von diesen Klöstern ausgehen würde, „die ehedem die Zufluchtsstätten aller Bedrängten und Betrübten waren, wo sie Fürbitte erflehten, Rath und Trost und Beistand sich holten, Almosen empfingen, kurz, wo die Liebe suchte, jeden zu befriedigen, der sie in Anspruch nahm! ... Die Töchter der hl. Theresia, genannt Karmelitinnen, zeichneten sich besonders in ihrer Art und Weise aus, die Liebe in

4 Eine deutsche Frau und große Karmelitin

die Herzen aller, die mit ihnen umgingen, hinüberfließen zu lassen, denn ungeachtet ihrer großen, strengen Zurückgezogenheit durften sie keinen abweisen, der sich Rath und Beistand holen oder wie es nun immer war, ihre Liebe in Anspruch nehmen wollte, wie St. Theresia befahl: ‚Ihr sollt Sorge tragen, daß *Alle*, die zu Euch kommen, mit Nutzen von Euch scheiden!' welches geistvolle Männer sogar bezeugt haben, die erstaunt waren über den Geist, der diese einfachen Klosterjungfrauen beseelte und über ihre geistliche Fröhlichkeit, die aus dem Frieden, den die Welt nicht geben kann und der alle Vernunft übersteigt, hervorquillt" (Brief an König Wilhelm IV. aus dem März 1842).

Katharina wußte von Grund auf Bescheid über den Geist, der in einem Karmelitinnenkloster herrschen sollte. Sie kannte auch von Düsseldorf her die äußeren Einrichtungen. Ein Priester, mit dem sie sich in der Zeit des Planens und Überlegens besprach, gab ihr deshalb den Rat, keine ausländischen Schwestern herbeizuholen, sondern selbst den Aufbau vorzunehmen. Sie lehnte das entschieden ab, sie hatte sich immer nur als ein ganz unwürdiges Werkzeug betrachtet, dessen Gott sich bedienen wollte. Demütig wartete sie ab, ob sie in dem Kloster, um dessen Gründung sie sich bemühte, Aufnahme finden werde. Ihr Beichtvater stellte sie immer wieder auf die Probe, indem er vorgab, an ihrem Beruf zu zweifeln, und gab ihr erst sehr spät die Erlaubnis zum Eintritt. Sie hätte nicht daran gedacht, gegen seine Entscheidung zu handeln. Wenn nur der Karmel gegründet würde! Was dann mit ihr selbst geschah, war von untergeordneter Bedeutung. Selbst die Leitung in die Hand zu nehmen, das konnte ihr nicht in den Sinn kommen. Darin sprach sich nicht nur ihre Demut aus, es entsprach wohl auch der richtigen Einsicht, daß nichts die lebendige Überlieferung ersetzen kann. Die Karmelklöster müssen entstehen als immer neue Ableger lebendiger Mutterpflanzen. Ein Geschlecht muß von dem anderen im alten Geiste und in den alten Bräuchen erzogen werden. Es war sicher im Geist der hl. Mutter Theresia, wenn Katharina als Postulantin im St.-Josephs-Kloster eintrat und sich von Mutter Bernardine, der vom P. Provinzial bestimmten Vikarin, heranbilden ließ. Eben damit bewies sie, daß es ihr ernst war mit jenem Geist der inneren Abtötung, den sie in so beredten Worten gepriesen hatte. Es war kein kleines Opfer für die 46jährige, die seit Jahren ihr eigener Herr war, wiederum zum Kinde zu werden, zu gehorchen, das eigene Urteil dem der Vorgesetzten zu unterwerfen. Sie hat es später ehr-

III Frauenleben

lich ausgesprochen, daß es ihr bitter schwer geworden ist: „Es ist noch leichter, sich mit dem Heiland ans Kreuz schlagen zu lassen, als mit ihm ein unmündiges Kind zu werden." Aber es ist ihr gelungen. Am schmerzlichsten war es ihr wohl, als sie ihren Lieblingswunsch, den Ankauf des alten Klosters Maria vom Frieden, dem heiligen Gehorsam zum Opfer bringen mußte. Es bot sich Gelegenheit, die erste Heimat des Kölner Karmels zurückzuerwerben, aber die Forderungen erschienen Mutter Bernardine zu hoch. Die Wahl fiel auf das Grundstück Gereonskloster 12; dort hat der zweite Kölner Karmel von 1853 bis 1875 seine Heimstätte gehabt.

Es war klar, daß Schwester Franziska als Stifterin das Vertrauen ihrer Vorgesetzten besaß und zur Beratung zugezogen wurde, wenn etwas Wichtiges zu entscheiden war. Zweifellos hat sie auch an allen Leiden und Prüfungen, die eine junge Klostergemeinde durchmachen muß, den tiefsten Anteil genommen. Als das St.-Josephs-Kloster allzufrüh seine Subpriorin durch den Tod verloren hatte, die mit Mutter Bernardine von Lüttich gekommen war, wurde bei der nächsten Visitation (Juni 1854) Schwester Franziska durch den Provinzial zur Nachfolgerin bestimmt. Bald sollte eine noch größere Verantwortung auf sie gelegt werden: Im Herbst 1855 erkrankte auch Mutter Bernardine. Die Subpriorin mußte an ihrer Stelle das Haus leiten und die Erziehung der Novizen übernehmen. Diese schwere und für den Geist eines Hauses entscheidende Aufgabe hatte bisher die Mutter selbst in den Händen behalten, wie es die Satzungen der heiligen Mutter Theresia für Notfälle vorsehen. Als Mutter Bernardine sich trotz Mutter Franziskas liebevoller Pflege nicht wieder erholen konnte, verlangte sie selbst nach Rückkehr in ihr Heimatkloster. Es war ihre Überzeugung, daß der Kölner Karmel unter der Leitung seiner Stifterin am besten gedeihen werde. Die Vorgesetzten willigten ein, P. Provinzial Amandus holte selbst die beiden Schwestern, Mutter Bernardine und Schwester Theresia, die mit ihr von Lüttich gekommen war und sich ihr nun wieder anschloß, in ihre Klosterheimat ab.

Am 1. Oktober 1856 trafen P. Amandus und sein Begleiter, P. Andreas, wiederum in Köln ein, um zur Wahl der ersten Priorin zu schreiten. (Mutter Bernardine war nur Vikarin gewesen.) Wie zu erwarten war, ging Mutter Franziska als Priorin aus der Wahl hervor. Man kann sich denken, mit welcher Freude Kardinal v. Geissel diese Wahl bestätigte, und daß er es sich nicht nehmen ließ, persönlich in den Karmel zu kommen, seinen alten Schützling zu dem neuen Amt zu beglückwünschen und zu segnen. Die

4 Eine deutsche Frau und große Karmelitin

Zeit der Erfüllung war gekommen. Der Herr hatte „die Unfruchtbare zur freudenreichen Mutter einer Kinderschar gemacht" (Ps 112),9.

Die klösterliche Familie umfaßte 13 Schwestern, als Mutter Franziska ihr Amt antrat. Mutter Bernardine hatte ihr gut vorgearbeitet. Als noch vor ihrer Erkrankung der Ordensgeneral, P. Natalis a Sa. Anna, den neubegründeten Karmel besuchte, konnte er die Worte wiederholen, die einst ein Ordensgeneral im Kloster Maria vom Frieden in der Schnurgasse gesprochen hatte: Die hl. Mutter Theresia würde die Kölner Karmelitinnen als ihre wahren und echten Töchter anerkennen, wenn sie in ihrem Hause einen Besuch machte.

Auf dieser Grundlage konnte die erste Priorin des St.-Josephs-Klosters aufbauen. Sie nahm diese Aufgabe mit derselben Entschiedenheit und Festigkeit in Angriff, mit der sie einst den Kampf um die Neubegründung des Karmels in Deutschland geführt hatte.

Der Provinzial P. Brocardus de St. Theresia konnte am 24. Februar 1858 nach seiner Visitation im Kölner Karmel an Kardinal von Geissel berichten, er habe gefunden, „daß Frieden, Einigkeit und Eintracht in der Communität herrschen und daß die Klosterfrauen voll glühenden Eifers sind, mehr und mehr in der Vollkommenheit ihres Standes fortzuschreiten durch den Geist des Gebetes, der Abtötung und durch alle Tugenden!" Er fand „durch die Gnade Gottes alle geistlichen und zeitlichen Dinge genau nach der hl. Regel und den Konstitutionen geordnet und beobachtet ..."

Der gute Geist des Hauses war sicherlich nicht nur der Regeltreue und Willensstärke der Mutter Priorin zu verdanken, sondern auch dem sicheren Blick, mit dem sie ihre Postulantinnen auswählte, der Sorgfalt, mit der sie sie prüfte, und vor allem der warmen mütterlichen Liebe, mit der sie alle umfaßte. Sie selbst hat von sich gesagt, sie liebe die Menschen sehr, zumal ihre Kinder, und sie habe sogar unter ihnen einen Johannes. Ihr „Johanneschen" oder ihren „David" nannte sie Helene Hohmann aus Koblenz, der sie bei der Einkleidung den Namen der heiligen Ordensmutter Theresia von Jesus gab. Die besondere Liebe, die sie dieser vortrefflichen jungen Schwester entgegenbrachte, war offenbar getragen von der Voraussicht, daß sie zu Außerordentlichem berufen sei. Auf ihr Bitten übernahm Mutter Franziska die schwierige Aufgabe, den Aachener Karmel durch Entsendung von Kölner Schwestern vor dem Untergang zu retten. Dieses Kloster war von belgischen Schwestern gegründet worden, dann aber bald in solche Schwierigkeiten gerieten, daß es nach dem Urteil des Provinzials ohne Mutter Franziskas Eingreifen nicht mehr zu halten war. Schwester Theresia selbst wurde als Subpriorin nach Aachen geschickt und bald darauf von Mutter Franziska bei einem Besuch in Aachen zur Priorin ernannt, obgleich sie erst 27 Jahre alt war. Bei dem schmerzlichen Abschied gab die Mutter „ihrem Treschen" die tröstliche Versicherung, sie werde nach Köln zurückkehren, wenn auch erst nach 30 Jahren. Dies ging tatsächlich in Erfüllung, da Mutter Theresia von Jesus nach der Verbannung der rheinischen Karmelitinnen während des Kulturkampfes die Schwestern aus Holland wieder nach Aachen und von dort aus auch nach Köln zurückführte.

Den äußeren Abschluß ihres Lebenswerkes konnte Mutter Franziska in der Vollendung der neuen Klosterkirche sehen, die sie zu Ehren der Unbefleckten Empfängnis bauen ließ. Die Konsekration wurde verbunden mit der Feier des Dreihundertjahrgedächtnisses der Ordensreform im August 1862. Es war ganz im Sinne der heiligen Mutter, daß dieses Fest 10 Tage lang mit allem Glanz gefeiert wurde. Als am Tage der Reform, dem 24. August, Kardinal von Geissel in den Karmel kam, die heilige Messe in der neuen Kirche las, den Schwestern die heilige Kommunion reichte und schließlich die Klausur betrat, um die Stifterin zur Krönung ihres Werkes zu beglückwünschen, wurden beide von tiefer Rührung ergriffen. Niemand wußte ja so gut wie ihr hoher Beschützer, welche Kämpfe und Leiden dies Werk zur Ehre Gottes diese starke und tiefdemütige Frau gekostet hatte.

Die beiden Menschen, die einen so langen Weg miteinander gegangen waren, hatten nun nicht mehr weit zum Ziel. Als Mutter Franziska von der Reise nach Aachen zurückkehrte, mußte sie sich ins Krankenzimmer begeben. Lange Zeit war sie leidend und beklagte sich, daß das Gebet ihrer Töchter sie immer noch im Leben zurückbehielt.

Auch Kardinal Geissel war erkrankt. Nach dem 700jährigen Jubiläum der Übertragung der heiligen drei Könige kam er am 6. August 1864 noch einmal in den Karmel und brachte eine Reliquie der hohen Patrone als Geschenk mit. Mutter Franziska ahnte, daß es sein letzter Besuch sei. Er starb am 8. September, am Feste der Geburt Mariens.

Der Dulderin im Karmel war noch eine längere Leidenszeit beschieden. In der Zeit ihrer Krankheit hörte sie nicht auf, mit aller Festigkeit an der Heranbildung ihrer Töchter zu arbeiten. Noch über das Grab hinaus wollte sie dafür sorgen, daß der ursprüngliche Geist des Karmels ihrem Haus erhalten bleibe. Schon bei Gelegenheit des Ordensjubiläums hatte sie ein Lebensbild der heiligen Mutter Theresia verfaßt. Nun schrieb sie eine ausführliche „Auslegung der Satzungen nach dem Geiste der heiligen Mutter Theresia und des heiligen Vaters Johannes vom Kreuz", ferner eine Schrift „Von dem Beruf einer Karmelitin", die bestimmt war, den Postulantinnen und Novizinnen zur Vorbereitung für die heilige Einkleidung und Profeß zu dienen. Mit kleiner, feiner Handschrift in ein schlichtes schwarzes Büchlein geschrieben, werden diese Ermahnungen heute noch ehrfurchtsvoll im Kölner Karmel aufbewahrt und benutzt. Ebenso haben sich manche Gebete erhalten, die Mutter Franziska für ihre klösterliche Familie verfaßte. Das Ideal, das ihr ganzes Leben erfüllte, hatte sie in ihren Schriften noch einmal zum Ausdruck gebracht, um es den empfänglichen Seelen der heranwachsenden Karmelitinnen einzuprägen.

Als die Krankheit fortschritt, mußte auch diese Tätigkeit völlig aufhören. Mutter Franziska wurde hilflos, sie mußte im bittern Leiden ihren Lauf vollenden und tat es in vollkommener Ergebung in den Willen dessen, dem sie in allem gleichförmig zu werden wünschte. Ihm brachte sie sich wenige Tage vor ihrem Tode noch einmal zum Opfer dar. Nach dem Empfang der heiligen Sakramente sprach sie nicht mehr, nur ihre Augen verrieten die innige Freude, mit der sie dem himmlischen Hochzeitsmahl entgegenging. Auch sie durfte an einem Marienfest heimgehen, am 11. Februar, am Tage der Erscheinung der Unbefleckten Jungfrau von Lourdes, der sie ihre Kirche geweiht hatte.

Ein Mutterleben hatte seinen Abschluß gefunden, das wie wenige aus einem Guß war. Gott, der jeder Menschenseele ein eigenes Siegel aufgeprägt hat, verbindet auch jede in einer ganz eigenen Weise mit sich. Aus der Fülle des gottmenschlichen Lebens, die kein Menschenherz zu fassen vermag, teilt der Herr jedem ein besonderes Geheimnis mit, durch das er zu dem Unfaßlichen Zugang erhält. Als Katharina Esser aus der Stille ihres verborgenen Lebens hervortrat und Verbindung mit den höchsten Stellen in Kirche und Staat suchte, da flößte nicht das Vertrauen auf eigenen Wert und eigene Kraft ihr Mut ein. Sie fühlte sich selbst als ein unwürdiges und ohnmächtiges Geschöpf. Aber es gab etwas, worauf sie fest und unerschütterlich baute: die unendlichen Verdienste Jesu Christi. Immer wieder beruft sie sich in ihren Briefen darauf. Die unendlichen Verdienste Jesu Christi sind der kostbare Schatz, den der Herr seiner Kirche hinterlassen hat.

Jedes Glied der Kirche kann daraus schöpfen; dann wird der Arme reich, der Ohnmächtige allmächtig. Das war die gute Waffenrüstung, mit der Katharina den Kampf für den Herrn der Heerscharen unternahm und siegreich durchführte, damit überwand sie die Ungunst der äußeren Verhältnisse, die Feinde im eigenen Innern und in den Seelen, die ihr anvertraut waren; damit bestand sie die letzte Prüfung des Leidens und der äußeren Hilflosigkeit. Es war der Adelstitel, der ihren Ordensnamen zierte, und das Erbe, das sie ihren Kindern hinterließ: die Kölner Karmelitinnen beten nach Mutter Franziskas Weisung noch heute jeden Morgen beim Erwachen „die gute Meinung" mit der Versicherung, daß sie alles, was der Tag bringt, aufopfern wollen „in Vereinigung mit den unendlichen Verdiensten Jesu Christi".

In diesem Zeichen hat Mutter Franziska ihren Lauf vollendet und, wie wir sicher hoffen dürfen, die Krone der Gerechtigkeit erlangt.

Sr. Theresia Benedicta a Cruce

IV
Erziehungskunst

1 Mütterliche Erziehungskunst

1. In der frühen Kindheit

Mit welchem Recht darf wohl eine Frau, die selbst nicht Mutter ist, es wagen, zu Müttern von mütterlicher Erziehungskunst zu sprechen? Vielleicht meinen Sie, daß das Studium der Psychologie und Pädagogik das Recht dazu gebe. Und gewiß: Dieses Studium, wenn es in der richtigen Weise betrieben wird, kann uns Aufschlüsse geben, zu denen der bloße *mütterliche Instinkt* nicht gelangt. Es wird aber immer nur dann fruchtbar sein, wenn uns die Fragen, von denen die Wissenschaft spricht, aus dem Leben erwachsen und wenn wir es verstehen, den Zusammenhang zwischen den Feststellungen der Wissenschaft und den Tatsachen des Lebens herauszufinden. Und so scheint mir, um Ihr Vertrauen zu gewinnen, fast wichtiger als das wissenschaftliche Studium der Umstand, daß ich sehr weit zurückreichende, zusammenhängende und lebhafte Kindheitserinnerungen habe, daß ich im Familien- und Bekanntenkreis und im Schuldienst viele Kinder heranwachsen sah und ihre Entwicklung über lange Zeiträume hin verfolgen konnte und daß viele mir ihr Vertrauen schenkten.

Wenn ich nun alle meine Erfahrungen und Kenntnisse aus diesem Gebiet zusammennehme, so muß ich sagen, daß nach meiner Überzeugung keine natürliche Macht sich in ihrer Bedeutung für Charakter und Schicksal des Menschen mit der Einwirkung der Mutter messen kann. Wenn uns Menschen begegnen, die frei und gerade und offen ihren Weg gehen, von denen Licht und Wärme ausgeht, dann dürfen wir fast mit Sicherheit annehmen, daß sie eine sonnige Kindheit hatten und daß die Sonne dieser Kindheit eine gesunde Mutterliebe war. Wenn wir auf Menschen treffen, die scheu und mißtrauisch sind oder andere Verkrümmungen und Verbiegungen des Charakters zeigen, so ist mit nicht geringerer Sicherheit zu schließen, daß

IV Erziehungskunst

in ihrer Jugend etwas versäumt oder verfehlt worden ist, und fast immer hat es dann, wenn nicht *allein,* so doch *auch* von seiten der Mutter an etwas gefehlt. Denn so schwere Schädigungen dem jungen Menschenkinde auch von anderer Seite zugefügt werden können: die ganz reine und echte Mutterliebe wird in den meisten Fällen Mittel und Wege finden, um darüber Herr zu werden.

Es ist etwas Geheimnisvolles um den Zusammenhang zwischen Mutter und Kind. Nie wird der Verstand es restlos begreifen können, wie es geschieht, daß im mütterlichen Organismus der neue Organismus sich bildet. Ebenso unbegreiflich, aber nicht minder Tatsache ist es, daß nach der Trennung von Mutter und Kind durch den Vorgang der Geburt ein unsichtbares Band bestehenbleibt, kraft dessen die Mutter spüren kann, was dem Kinde not tut, was ihm droht, was in ihm vorgeht, und eine wunderbare Erfindungsgabe besitzt, das Nötige herbeizuschaffen und das Schädliche abzuwehren, und eine todesmutige Opferbereitschaft. Darum ist sie im Grunde unersetzlich, und ein Kind, dem die Mutter entrissen wird oder dessen Mutter keine *richtige Mutter* ist, wird sich niemals so entfalten können wie eins, das in der Obhut echter Mutterliebe aufwächst.

Diese natürliche Verbundenheit ist die erste und wichtigste Grundlage jener wunderbaren Macht, die wir der Einwirkung der Mutter zusprechen. Als zweites kommt hinzu die Bildsamkeit der jugendlichen Seele in den ersten Lebensjahren. Viel früher, als der psychologische Laie meint, empfängt die Kinderseele ihre ersten Eindrücke, und sie können haften und bestimmend sein für das ganze Leben. Ja, es gibt kluge und erfahrene moderne Ärzte, die nicht über den alten Volksglauben lächeln, wonach das Kind schon im Mutterleib bestimmende Einflüsse erfährt, die es nicht nur körperlich, sondern auch seelisch formen. Andererseits bleibt die Bildsamkeit der ersten Jahre nicht bestehen. Und was in diesen Jahren versäumt wird, in denen das Kind noch ganz oder überwiegend unter dem Einfluß der Mutter und der eigenen Familie steht, das ist später kaum noch nachzuholen.

Aus der *Macht* der Mutter erwächst ihre *Pflicht* und *Verantwortung.* Von ihr mehr als von irgendeinem anderen Menschen hängt es ab, was aus ihrem Kinde wird: wie sich sein Charakter entwickelt und ob es glücklich oder unglücklich wird. Denn über Glück oder Unglück entscheidet nicht so sehr, was uns von außen zustößt, als was wir sind.

Die erste Pflicht, die daraus für die Mutter erwächst, ist, daß sie *für ihr Kind dasein muß:* wenn die Lebensumstände es irgend gestatten, nicht sich

1 Mütterliche Erziehungskunst

durch andere vertreten lassen, die sie ja doch nicht voll ersetzen können. Wenn Gesundheitsrücksichten oder berufliche Tätigkeit sie hindern, das Kind allein zu betreuen, dann erstens dafür sorgen, daß die Verbindung doch erhalten bleibt (Für-das-Kind-Dasein bedeutet nicht Immer-mit-ihm-Zusammensein), und zweitens sich vergewissern, *wem* sie ihr Kind anvertraut, es nicht der Schädigung durch gewissenloses oder törichtes Pflegepersonal aussetzen.

Echte Mutterliebe, in der das Kind gedeiht wie die Pflanze in milder Sonnenwärme, weiß, daß es *nicht für sie da ist:* nicht als Spielzeug, um ihre leere Zeit auszufüllen, nicht um ihr Verlangen nach Zärtlichkeit zu stillen, nicht um ihre Eitelkeit und ihren Ehrgeiz zu befriedigen. Es ist ein Gottesgeschöpf, das seine Natur möglichst rein und unverkümmert entfalten und sie dann an seinem Platz im großen Organismus der Menschheit betätigen soll. Ihr ist es aufgegeben, dieser Entfaltung zu dienen, der Natur still zu lauschen, sie ungestört wachsen zu lassen, wo kein Eingreifen nötig ist, und einzugreifen, wo Leitung und Hemmung erforderlich ist. Hier ist die Stelle, wo medizinische und psychologische Belehrung den mütterlichen Instinkt wirksam unterstützen kann und genützt werden sollte.

Ein Wesenszug der Kindesnatur ist schon erwähnt worden: die große *Empfänglichkeit für Eindrücke* und die Nachhaltigkeit ihrer Eindrücke. Und weil diese Empfänglichkeit in die Zeit vor der Geburt zurückreicht, beginnen die Pflichten der Mutter dem Kinde gegenüber auch lange vor der Geburt. Wie sie dafür sorgen muß, daß sie selbst körperlich gesund und kräftig und zweckmäßig ernährt ist, wenn sie gesunde und kräftige Kinder zur Welt bringen will, so muß sie ihre Seele rein und ungetrübt zu erhalten suchen, wenn sie wünscht, daß ihre Kinder gut und glücklich werden. Ist das Kind einmal auf der Welt, so soll man nichts vor ihm sagen oder tun, was ihm schaden, es erregen oder verletzen würde, wenn es Verständnis dafür hätte. Einmal erwacht das Verständnis für viele Dinge wenn nicht bei allen, so doch bei manchen Kindern viel früher, als die Erwachsenen im allgemeinen annehmen. Und außerdem können Eindrücke aufgenommen und dauernd bewahrt werden und zu schweren Schädigungen führen, ehe sie noch in ihrem vollen Sinn verstanden werden. Weil die meisten Erwachsenen nicht imstande sind, sich so zu beherrschen, wie es die Anwesenheit von Kindern erfordert, gehören Kinder nicht dauernd in die Gesellschaft Erwachsener, sondern sollen nach Möglichkeit von ihnen getrennt sein.

IV Erziehungskunst

Was das *freie Wachsenlassen* und das planmäßige *Beeinflussen* der Kindesnatur angeht: Säuglinge brauchen weder Anregung noch Unterhaltung. Für die Ausbildung der Kräfte, die in diesem Alter möglich ist, sorgen sie am besten selbst. Wenn sie Licht und Luft und freie Bewegungsmöglichkeit haben, üben sie ihre Muskeln, ihre Glieder und ihre Sinne und finden darin ihre schönste Unterhaltung. Alles Spielen mit ihnen ist zum mindesten überflüssig, wenn nicht schädlich. Vieles, was als harmloses Spiel erscheint, kann schwere, dauernde Störungen hervorrufen. Damit ist nicht gesagt, daß es in dieser Zeit überhaupt noch keiner Erziehungsmaßregeln bedarf.

Die Erziehung muß vom ersten Tage an beginnen, und zwar die Erziehung zur *Sauberkeit* und *Regelmäßigkeit* und eine gewisse Eindämmung der Triebe: Wenn das Kind zu ganz bestimmten Stunden die nötigen Mahlzeiten bekommt und darüber hinaus nichts, so gewöhnt es sich daran, der Organismus stellt sich auf diese Ordnung ein. Gibt man seinen wirklichen oder vermeintlichen Wünschen nach, so entwickelt es sich bald zu einem kleinen Tyrannen.

So ist die regelmäßige Gewöhnung zugleich eine Vorübung für *Gehorsam* und *Ordnung:* beides Tugenden, die auch in den ersten Jahren erworben werden müssen. So notwendig es auf der einen Seite ist, dem Kinde Freiheit zu lassen, damit es sich seiner Natur und Entwicklungsstufe gemäß betätigen und entfalten könne, so notwendig ist es, daß es einen festen Willen über sich spürt, der sein Leben zu seinem Besten regelt. Die kindliche Natur bedarf einer festen Leitung und verlangt im Grunde danach, wenn auch im einzelnen Fall der Erzieherwille häufig die kindlichen Wünsche durchkreuzt und wenn auch der Machttrieb, der Trieb, sich selbst durchzusetzen, von vornherein in jedem Menschen steckt und den Versuch macht, jede fremde Willensherrschaft abzuschütteln. Wenn der kleine Egoist merkt, daß er mit seinen Versuchen Glück hat, wenn Wünsche nach anfänglicher Ablehnung bei einigem Quälen, Schmollen, Brüllen erfüllt, Drohungen nicht ausgeführt werden, Befehle zurückgenommen werden, dann ist er bald Herr im Haus: zur Plage der Familie und vor allem zu seinem eigenen Schaden. Er ist ja noch nicht fähig zu beurteilen, was gut für ihn ist, und ertrotzt sich meist Dinge, die ihm keineswegs dienlich sind. Außerdem verschwendet er seine Kraft auf Überlegungen und Entscheidungen über Angelegenheiten, die selbstverständlich geregelt sein sollten; z.B. wann und was er essen, was er anziehen soll usw., statt sie auf dem Ge-

1 Mütterliche Erziehungskunst

biet zu verwenden, das in diesen Jahren das wichtigste Feld seiner Selbsttätigkeit ist: sein *Spiel*.

Nach Selbsttätigkeit verlangt die kindliche Natur zu allen Zeiten. Aber es sind auf verschiedenen Altersstufen verschiedene Triebe und Kräfte, die sich in Freiheit betätigen und entfalten wollen. Es ist weise Erziehungskunst, dieses Entwicklungsgesetz zu berücksichtigen und jeweils *die* Freiheit und *die* Leitung zu gewähren, die dem betreffenden Stadium angemessen sind. Ebenso schädlich wie unangebrachte Freiheit ist unangebrachtes Gängeln. Wer Gehorsam verlangt in Dingen, die das Kind allein entscheiden und tun kann, vielleicht richtiger und besser als der Erwachsene, der weckt Trotz und Unaufrichtigkeit oder zerbricht den Willen für das ganze Leben.

Beide Fehler: falsche Autorität und falsche Freiheit, kommen bei sehr liebevollen Eltern vor, hauptsächlich aus Mangel an Kenntnis der Kindesnatur. Sie wollen mit dem Kind spielen und dabei selbst den Ton angeben, obwohl das Kind doch am schönsten und fruchtbarsten spielt, wenn es ganz aus sich heraus das Spiel gestaltet. Oder sie fahren ihm mitten ins Spiel hinein, das doch – nicht nur seinem Gefühl nach, sondern ganz objektiv – eine der wichtigsten Angelegenheiten in seinem Leben ist, weil Besuch da ist und der Stolz der Familie vorgeführt werden soll, oder zu irgendeinem andern Zweck, dessen Dringlichkeit das Kind nicht einsehen kann. Es empfindet einen brutalen Eingriff in sein Leben und setzt sich zur Wehr. Und wo sich solche Kämpfe beständig wiederholen, da kann sich kein rechtes Vertrauensverhältnis und kein freudiger Gehorsam entfalten. Wo dagegen vernünftig befohlen wird, d.h. nicht mehr als nötig und nur, was das rechtverstandene Wohl des Kindes verlangt, da fügt es sich leicht und gern; und wenn es sich zu einer Übertretung hinreißen läßt, ist es meist unschwer zur Einsicht und Umkehr zu bringen. Wer in den frühen Kinderjahren nicht gehorchen gelernt hat, der wird es später im Leben nur unter harten Kämpfen oder nie lernen.

Wenn das Kind so weit ist, daß es praktisch mit Dingen umgehen kann, wenn es bauen und seine Puppen herumtragen kann, dann ist es auch so weit, seine Sachen in Ordnung zu halten, und dann ist die Zeit gekommen, das zu lernen. Wenn es fertig gespielt hat, seine Spielsachen wegzuräumen und jedes Ding an den rechten Platz zu bringen, muß selbstverständliche Gewohnheit werden. Und wieder gilt: Wenn es nicht in diesen Jahren leicht und spielend *zur zweiten Natur* wird, später wird es schwer oder nie erlernt.

IV Erziehungskunst

Wenn das Kind Sprache verstehen und sinnvoll sprechen kann, dann muß es eine weitere elementare Tugend erwerben, die für das ganze Leben grundlegend ist: die *Wahrhaftigkeit*. Allerdings darf man wohl sagen: Kinder, die keine Furcht vor ihrer Umgebung kennen, werden schwerlich von selbst darauf verfallen, bewußt die Unwahrheit zu sagen oder sich zu verstellen. Die kindlichen Lügen sind überwiegend Phantasielügen, begründet in der Unfähigkeit, Wirklichkeit und Phantasie zu unterscheiden. Es ist aber nötig, diese Unterscheidung zu lernen, es muß liebevoll dazu angeleitet werden, nicht für sein *Lügen* entrüstet zurückgewiesen und bestraft, solange ihm die Unterscheidungsfähigkeit noch fehlt. Wo ganz bewußte Lügen bei Kindern vorkommen, sind sie meist entweder aus Angst geboren, oder sie sind durch das Beispiel der Umgebung hervorgerufen. In beiden Fällen sind sie die Folge schwerer Erziehungsfehler.

Und damit kommen wir an die *wesentlichsten Prinzipien* aller Erziehungskunst: Die gesamte Erziehungskunst muß getragen sein von *Liebe*, die in jeder Maßregel spürbar ist und keine Furcht aufkommen läßt. Und das wirksamste Erziehungsmittel ist nicht das belehrende Wort, sondern *lebendiges Beispiel*, ohne das alle Worte nutzlos bleiben. Eine Mutter, die ihr Kind wirklich liebt, selbstlos und ohne Weichlichkeit, und ihm vorlebt, wozu sie es erziehen will, wird auch noch die letzte Erziehungsarbeit fertigbringen können, die vor dem Beginn der Schulzeit geleistet werden muß: das *rechte Verhältnis zu den Menschen und zu Gott* anzubahnen.

Die Grundlagen alles menschlichen Gemeinschaftslebens sind *Vertrauen* und *Rücksichtnahme*. Ein Kind, das sich in der Liebe seiner Mutter geborgen weiß, das nichts anderes kennt, als mit ihr in aller Offenheit zu verkehren, wird auch andern Menschen offen und vertrauensvoll begegnen, solange es nicht durch schlimme Erfahrungen zurückgeschreckt wird, und selbst wenn es da oder dort Enttäuschungen erfährt, wird es seinen Glauben an die Menschen nicht verlieren, solange der Glaube an diesen einen, ihm nächsten und wichtigsten Menschen unerschüttert bleibt. Schwieriger ist der andere Punkt: die Rücksicht auf andere. Kinder sind geborene Egoisten. Sie gehen auf die Befriedigung ihrer Wünsche aus und möchten die Liebe und Fürsorge ihrer Umgebung möglichst ungeteilt genießen. Zu verzichten, mit andern zu teilen, wie sie es im späteren Leben müssen, wenn sie sich nicht in beständigen Kämpfen aufreiben sollen, und wie es für ihre eigene Charakterbildung erforderlich ist: Das muß früh gelernt werden, und es ist sehr schwer zu lernen, wenn das Kind allein aufwächst.

1 Mütterliche Erziehungskunst

Das ist der Segen eines großen Geschwisterkreises, daß hier die Abschleifung des Charakters und die Vorübung für das spätere soziale Leben von selbst erfolgt. Eine Mutter, die ihr Kind liebt, wird es nicht durch eigene Schuld dieses Segens berauben. Allerdings bedarf es kluger mütterlicher Leitung, damit dieses geschwisterliche Zusammenleben wirklich zur Ausbildung der sozialen Tugenden: Liebe, Hilfsbereitschaft, Rücksicht usw. führt. Ohne diese Leitung wird es leicht zu einem Kampf zwischen Rivalen und läßt Neid, Mißgunst usw. groß werden, trübt auch leicht das Verhältnis zu den Eltern. Nur ganz gleichmäßig verteilte mütterliche Liebe, strenge Gerechtigkeit, verständnisvolles Eingehen auf die Schwierigkeiten, die für das Kind tatsächlich vorhanden sind, können an diesen Klippen glücklich vorbeiführen.

Nun noch das Letzte: Schon früh steigen im kindlichen Geist die Rätselfragen des Lebens auf: Das Warum findet kein Ende, bis man ihn hinführt zu dem Quell alles Seins und aller Wahrheit, in dem alle Fragen zur Ruhe kommen. Der gläubigen Mutter ist es aber auch von sich aus Bedürfnis, ihr Kind so früh wie möglich mit dem Vater im Himmel bekannt zu machen. Sie weiß, daß sie nicht die Macht hat, es vor allen Gefahren für Leib und Seele, die früher oder später an es herantreten werden, zu schützen. Sie weiß auch, daß sie nicht immer an seiner Seite sein wird. Darum muß sie es, sobald es nur dafür aufnahmefähig ist, lehren, an Gottes Hand zu gehen, bei ihm Trost und Hilfe zu suchen, in ihm den Maßstab seines Tuns zu sehen. Wenn sie das erreicht hat, kann sie über ihres Kindes Zukunft beruhigt sein.

Eine Mutter, die das vollbracht hat, was oben als ihre Aufgabe gezeichnet wurde: ihr Kind an ein geregeltes Leben, an Sauberkeit, Ordnung, freudigen Gehorsam und Wahrhaftigkeit gewöhnt, ihm Liebe und Vertrauen zu Gott und den Menschen ins Herz gepflanzt hat, die hat eine sichere Grundlage geschaffen, auf der Schule und Leben weiterbauen können. Ohne diese Grundlage aber ist alle spätere Erziehungsarbeit eine dornenvolle und in vielen, vielen Fällen vergebliche Mühe.

2. Während der Schulzeit

Wenn die Mutter ihr Kind zum erstenmal zur Schule führt, muß sie sich darüber klar sein, daß für sie beide nun ein neuer Lebensabschnitt beginnt.

IV Erziehungskunst

Dem Kinde eröffnet sich eine völlig neue Welt. Es kommt in einen Kreis gleichaltriger Kameraden. An die Stelle der Mutter tritt für eine Reihe von Stunden an jedem Tage ein anderer *großer Mensch*, der es führen und formen will und dem es sich fügen soll. Täglich und stündlich stürmen eine Fülle von neuen Eindrücken und Anregungen auf die junge Seele ein und wollen verarbeitet werden.

Die Mutter hat ihr Kind nun nicht mehr allein in der Hand. Wenn sie es bisher sorgfältig gehütet und sich bemüht hat, eine gute Grundlage für alle weitere Erziehungsarbeit und Entwicklung zu legen, so müßte man meinen, daß sie den Schritt aus dem Elternhaus in die Schule mit aller Sorgfalt vorbereiten werde. Ich muß sagen, ich habe mich oft gewundert, wie unbekümmert und unüberlegt sehr viele Eltern in diesem Punkte sind. Zunächst müßte der Schritt dem Kinde möglichst leicht gemacht werden, es müßte die Schule als etwas Schönes vorgestellt bekommen, worauf es sich freuen kann. Aber wie oft hört man immer noch, daß mit dem Lehrer und der Schule gedroht wird und daß Furcht und Mißtrauen dadurch herangezüchtet werden, die dann erst mühsam wieder überwunden werden müssen. Und wie erstaunlich sorglos ist man in der Wahl der Schule: Wie oft geschieht die Anmeldung, ohne daß man sich vorher bemüht hat zu erfahren, in welchem Geist und nach welchen Methoden Erziehung und Unterricht gehandhabt werden, was für Menschen es sind, denen man seine Kinder anvertraut! Und es sind doch weiche, biegsame, leicht verletzliche Kinderseelen, die jetzt fremdem Zugriff preisgegeben werden: vielleicht zu ihrem Glück und Heil, vielleicht zu vieljähriger Qual und lebenslang fortwirkender Schädigung.

Wir sehen in unserer Zeit aus heißen Reformkämpfen eine neue Schule erstehen, eine Schule, die von aufrichtiger Liebe zum Kinde und ernstem Erzieherwillen und hohem Idealismus ins Leben gerufen und in mannigfachen Formen ausgestaltet worden ist. Aber es ist die Lehrerschaft aller Gattungen – von der Volksschule bis zur Universität –, es sind die Theoretiker und Praktiker und Verwaltungstechniker des Erziehungswesens, die das Reformwerk vorbereitet und in Angriff genommen haben und zur Durchführung bringen. Verschwindend gering ist der Anteil der Elternschaft daran. Der Staat hat seine Hand auf die Schule gelegt: sie eingerichtet, einen großen Teil der Unterhaltungskosten übernommen und ihren Besuch zur Pflicht gemacht. Jeder Staatsbürger, und das heißt heute: auch jede Frau hat die Möglichkeit, durch ernstliche Beschäftigung mit den Er-

1 Mütterliche Erziehungskunst

ziehungsfragen und durch ihre freie Meinungsäußerung an der Gestaltung des Bildungswesens tätigen Anteil zu nehmen. Ist es da nicht hohe Zeit, daß die Mütter wach werden und sich darum kümmern, wie die Schulen beschaffen sind und was aus ihnen weiter wird?

Es steckt in der Sorglosigkeit gegenüber der Schule auch ein Stück Materialismus: nicht als prinzipiell und theoretisch durchdachte und bekannte Weltanschauung, aber als tatsächlich und praktisch wirksame Einstellung. Der Körper wird sorgfältig gepflegt, vor Krankheiten und Mißhandlungen gehütet. An die Seele und die Realität ihrer Freuden und Leiden, die Gefahren, denen sie ausgesetzt ist, die Krankheitskeime, die in sie eindringen können, die Mißhandlungen, die ihr widerfahren können, an die Verkümmerung und Verkrüppelung, die daraus folgt – an all das denkt man viel zuwenig, weil man es nicht mit den Augen sehen und mit den Händen greifen kann. Also, eine kluge und liebevolle Mutter wird sich sorgfältig unterrichten, in welche Umgebung ihr Kind kommt, ehe sie ihre Wahl trifft.

Die neue Schule kommt der Kindesnatur entgegen, weit mehr als es durchschnittlich heute im Elternhaus geschieht. Darum fühlen sich die Kinder, wenn sie nicht durch eine grundverkehrte Erziehung in den ersten Lebensjahren dafür verdorben sind, meist wohl darin und gehen gern hin. Sie kommen erfüllt von ihren Schulerlebnissen heim und wollen davon erzählen. Die Erwachsenen, die sich bisher nicht viel um die Schule gekümmert haben, erfahren aus den Erzählungen der Kleinen, daß es heute ganz anders zugeht als in ihrer eigenen Schulzeit. Da schüttelt man den Kopf, da kommen Ausrufe wie: Das war doch zu unserer Zeit anders! Was heute alles von den Kindern verlangt wird! Das Kind, das *seine* Schule lieb hat, hört so etwas nicht gern. Es kann nicht diskutieren, aber es fühlt, daß solche Urteile nicht sachkundig und gerecht sind. Es merkt, daß es nicht verstanden wird, und wird zurückhaltender mit seinen Mitteilungen. Das kann der Anfang einer Entfremdung sein, die nicht mehr wiedergutzumachen ist.

Oder das Kind ist selbst noch unsicher in seiner Stellungnahme zur Schule. Nun wird durch die Urteile der Großen die Kritik in ihm geweckt. Vertrauen und Freudigkeit gehen verloren. Die Mutter, die ihrem Kinde eine gerade und unverkümmerte Entwicklung wünscht und die es nicht aus den Augen verlieren will, wird das Kind zunächst einmal ruhig ausreden lassen, nicht vorschnell urteilen und etwas ablehnen, nur weil es neu und fremd ist. Sie wird versuchen, sich ein Bild von dem neuen Betrieb zu machen

IV Erziehungskunst

und den Gründen der neuen Einrichtungen auf die Spur zu kommen. Und wenn ihr das allein nicht gelingt, wird sie guttun, sich in der Schule selbst unterrichten zu lassen. Die Schulen bemühen sich heute um Fühlung mit den Eltern: Es gibt Elternabende und Lehrersprechstunden, durch die man Einblick in das Schulleben gewinnen kann. Und sollte man nach gründlicher Prüfung zu der Einsicht kommen, daß Persönlichkeiten oder Einrichtungen nicht günstig für die Entwicklung des Kindes sein können, so müßte man an einen Wechsel denken und dann von vornherein vorsichtiger in der Wahl sein.

Noch wichtiger ist die Fühlungnahme mit den Lehrern, wenn sich Schwierigkeiten im Schulleben oder in der häuslichen Erziehung ergeben: wenn die Leistungen nicht ausreichend sind oder wenn Charakterfehler hervorzutreten scheinen. Wieviel wird durch mütterliche Eitelkeit gesündigt: daß dem eigenen Kind die nötige Begabung fehlen sollte, um den Anforderungen der Klasse zu genügen, scheint von vornherein ausgeschlossen. Entweder die Lehrer sind unfähig oder ungerecht, oder das Kind ist faul! Eltern, die überzeugt sind, ihr Kind zu lieben und für sein Bestes zu sorgen, zwingen es, über seine Kräfte zu arbeiten, und rauben ihm alle Jugendfreude, nur weil sie das Ziel erreichen wollen, das sie sich willkürlich und ohne Rücksicht auf die Anlagen des Kindes gesteckt haben. Wieviel besser wäre es, sich mit den Lehrern zu beraten, sich ihre Erfahrungen und Beobachtungen zunutze zu machen, um die tatsächliche Begabungsrichtung und Neigung zu erkennen und den Bildungsweg danach einzurichten! Und ebenso könnte bei Schwierigkeiten des Charakters, die sich in der Schule oder zu Hause zeigen, eine Aussprache mit ernstlichem Willen zur Erkenntnis der vorliegenden Tatsachen und der zugrunde liegenden Ursachen rechtzeitig Abhilfe möglich machen.

Nicht nur Lehrer und Unterricht üben tiefgehenden Einfluß auf die Seele des Kindes aus: Mitunter gehen die stärksten Einwirkungen von den Kameraden aus. Gleiches Alter und gleiche Interessen sind ein starkes Band. Die Mitteilung ist oft leichter als der älteren Generation gegenüber. Eine gewisse Überlegenheit, körperliche Kraft oder Gewandtheit, Erfindungsgabe, Schlagfertigkeit, oft nur ein großes Selbstvertrauen können so imponieren, daß eine vollkommene innere Abhängigkeit entsteht und der Einfluß der Erzieher nicht mehr dagegen aufkommen kann. Die Mutter, die das Vertrauen ihres Kindes besitzt und sich erhalten will, die ihm schädliche Einflüsse fernhalten will, wird nicht gleichgültig gegen seine Freundschaften sein. Sie wird es unauffällig einrichten, die Freunde und Freundinnen kennenzulernen und ein Urteil über sie zu gewinnen. Und wo sie einen unheilvollen Einfluß fürchten muß, wird sie es verstehen, ohne Härte rechtzeitig das Band zu lösen. Harmlosen und förderlichen Verkehr aber wird sie unterstützen, und sie hat es in der Hand, ihn unter ihren Augen zu halten, ohne eine lästige Überwachung zu üben.

Der beste Schutz gegen schädliche außerhäusliche Einflüsse ist ein schönes Heim, in dem das Kind sich wohl fühlt und das jederzeit auch für seine Freunde offensteht; gesellige Freuden, die der Altersstufe angemessen sind, unter der unmerklichen Aufsicht und Leitung der Mutter selbst oder einer vertrauenswürdigen Vertretung; einer Leitung, die nicht tonangebend und gängelnd eingreift, aber unwillkürlich vor Ausschreitungen schützt und Hilfe oder Anregung bieten kann, sobald das Verlangen danach fühlbar wird. Nur so kann es die Mutter erreichen, daß ihr die Kinder nicht vorzeitig entgleiten, daß sie ihre Vertraute bleibt und ihnen in den schwierigsten Krisen ihrer Entwicklung zur Seite stehen kann.

Die große Revolution in Leib und Seele des jungen Menschen, die wir Pubertät nennen, ist der Prüfstein mütterlicher Erziehungskunst. Das Kind wandelt sich zum reifen Menschen in der spezifischen Prägung des Mannes oder der Frau und der bestimmten Form seiner Individualität. Und während sich diese großen Wandlungen in ihm vollziehen, wird es gleichsam innerlich für sich aufgeschlossen. Es lernt sich selbst sehen, während es vorher vorwiegend der äußeren Welt hingegeben war. Dieses Aufgeschlossenwerden ist keine rationale Erkenntnis seiner spezifischen und seiner individuellen Natur. Was es selbst ist und was in ihm vorgeht, das entdeckt es wie eine neue Welt voller Geheimnisse und Rätsel. Darum wird es sich selbst interessant, es beschäftigt sich mit sich selbst und setzt alles andere zu sich selbst in Beziehung. Es ist selbstverständlich, daß der junge Mensch seiner Umgebung vollständig verändert erscheinen muß. Er selbst fühlt sich gänzlich umgewandelt. Wenn die Mutter auf diesen Zustand nicht vorbereitet war und ihn nicht zartfühlend zu berücksichtigen weiß, hat sie es für immer verschüttet. Die jungen Menschen, die sich selbst so rätselhaft sind, sich so wenig begreifen können, sind ohnehin geneigt zu glauben, daß niemand sie verstehen könne. Behandelt man sie jetzt weiter wie Kinder, drückt man sein Erstaunen aus, daß sie nicht mehr sind, wie sie immer waren, vielleicht sogar Bedauern oder Tadel, erfolgt auf die Äußerungen des erwachenden und oft übersteigerten Selbstbewußtseins der kalte Wasserstrahl ironischer Zurückweisung: dann ist es klar, daß sie sich verkannt fühlen und in sich verschließen. Und doch ist zu keiner Zeit das Verlangen nach Liebe und Verständnis größer und weise Führung nötiger.

Die Mutter, die *nicht* mit erstaunten Blicken oder Worten die Veränderungen konstatiert, die stillschweigend gewisse Freiheiten gewährt, wie sie dem Alter entsprechen – etwa dem persönlichen Geschmack in der Wahl der Kleidung, der eigenen Interessenrichtung und Neigung in Berufswahl, Erholung, Tageseinteilung –, die nicht Vertrauen *verlangt,* aber an passender Stelle andeutet, daß sie ahnt, was im Innern ihres Kindes vorgeht: sie wird es erfahren, daß es ihr seine Seele aufschließt. Dann bekommt sie Einblick in all die Stürme und Kämpfe, unter denen es sonst fast erliegt oder mit denen es sich zu Fremden flüchtet. Und wenn sie klug und erfahren ist und ihm *deuten* kann, was in ihm vorgeht, wenn sie ihm begreiflich machen kann, daß es sich um eine große naturgesetzliche Entwicklung handelt, wenn sie ihm das Ziel der Entwicklung, seine eigene Bestimmung als etwas Hohes und Heiliges erschließen kann, dann wird eine solche Aussprache zur Befreiung und Erlösung, und aus der Mutter wird die Freundin und Vertraute fürs Leben. Auf der andern Seite führt jeder Zwang, der sich der Entwicklung entgegenstemmt, jedes indiskrete Eindringenwollen fast unvermeidlich zur Entfremdung.

Schwieriger noch als das Verhältnis zur Tochter ist in diesen Jahren das Verhältnis der Mutter zum Sohn. Er wird nicht nur sehr schwer zu dem Glauben zu bringen sein, daß die Mutter ihn verstehen könne, tatsächlich wird der Frau das Eindringen in die Kämpfe einer Jünglingsseele selten bis ins Letzte gelingen. Glücklich ist sie, wenn ihr in diesen Jahren ein Mann zur Seite steht, der seinem Sohn Führer sein kann und will. Dann wird sie am besten tun, still zurückzutreten und nur unmerklich, so gut wie sie es kann, das Vertrauensverhältnis zwischen Vater und Sohn anzubahnen und zu stützen suchen. Wenn sie in der Kinderzeit das volle Vertrauen ihres Buben besessen hat, dann wird er ihr die Zurückhaltung nur danken, und vielleicht als reifer Mann sich wieder in voller Offenheit zu ihr zurückfinden.

Die Übergangsjahre sind häufig auch eine Zeit religiöser Krisis. Sie bedarf besonders diskreter Behandlung. Der junge Mensch, der anfängt, sich als Persönlichkeit zu fühlen, möchte sich selbst und andere gern von seiner Selbständigkeit überzeugen und gelangt dadurch leicht in eine gegensätzli-

1 Mütterliche Erziehungskunst

che Haltung zu seiner Umgebung; jede fühlbare Absicht, ihn zu beeinflussen, erregt seinen Trotz und Widerstand. Mahnreden erreichen meist das Gegenteil von dem, was sie bezwecken, und werden gerade auf religiösem Gebiet meist mehr schaden als nützen. Die besorgte Mutter muß schweigen und sich gedulden, bis diese Periode vorüber ist. Wenn sie in den empfänglichen Kinderjahren einen guten Grund gelegt hat, wenn auch in der kritischen Periode trotz äußerlicher Entfernung die kindliche Liebe und Verehrung für die Mutter unerschüttert bleibt, wenn sie ein echtes Glaubensleben unbeirrt vorlebt, wenn sie selbst für das Kind, das sie mit Reden nicht auf ihren Weg bringen kann, vor Gott eintritt, dann darf sie hoffen, daß alle Stürme ihm nichts schaden werden, daß es am Ende doch auf ungeahnten Wegen ans Ziel gelangen wird.

Mehr und mehr zurücktreten, nicht die eigene Person zur Geltung bringen wollen, sondern auf das Ziel sehen: daß das Kind dahin gelangt, wo Gott es haben will: das ist Weg und Aufgabe der Mutter. Anfangs ist es ganz in ihre Hände gegeben, mehr und mehr entwächst es ihr, und früher oder später kommt der Tag, wo sie es äußerlich ganz hergeben muß, gleichsam eine zweite Geburt, eine geistige Lostrennung, die schmerzlicher sein kann als die erste. Es hilft nichts, sich dagegen zu sträuben. Je mehr die Mutter bemüht ist, ihr Kind für sich zu behalten und an sich zu fesseln, desto sicherer und endgültiger wird sie es verlieren, selbst wenn sie es dahin bringen sollte, daß es äußerlich bei ihr bleibt. Je bereitwilliger sie es in die Hände dessen zurücklegt, der es ihr gegeben hat, desto sicherer ist zu hoffen, daß es ihr in einem neuen, hohen und heiligen Sinn zurückgeschenkt wird.

IV Erziehungskunst

2 Eine Meisterin der Erziehungs- und Bildungsarbeit: Teresia von Jesus

Am 22. Juli 1627 bestätigte Papst Urban VIII. den Beschluß der Cortes von Kastilien und León, durch den die heilige Teresia zur Patronin Spaniens – dem heiligen Apostel Jakobus zur Seite – erhoben wurde. Es war der Dank des spanischen Volkes an die Frau, die den Geist seines goldenen Zeitalters am vollkommensten verkörperte und ihm einen so klaren und schlichten Ausdruck verlieh, daß er durch drei Jahrhunderte fortwirken konnte. Dieser Einfluß wird nicht nur durch ihre Schriften vermittelt, sondern in den breiten Volkskreisen durch mündliche Überlieferung. „Dafür gibt es heute noch Zeugen, geborene Kastilianer, die aus dem Mund ihrer Mütter, als einen wesentlichen Teil der christlichen Erziehung, die sie ihnen gaben, die religiösen Grundsätze der heiligen Teresia empfingen, ihre Aussprüche im Stil Senecas, voll tiefen Sinnes, Optimismus und volkstümlicher Anmut. Die Kultur und die theologischen Kenntnisse ..., die das spanische Volk noch bewahrt, dies Volk, das mit kastilianischer Milch genährt ist und daraus seine Kraft schöpft, kommen daher: es ist keine Übertreibung, wenn man sagt, daß es sie einzig und allein der heiligen Teresia verdanke. In der Tat, sie, die Blüte ihres Zeitalters, hat sich dessen theologisches Denken am vollständigsten zu eigen gemacht; sie hat ihm die Form, die Farbe und das Leben gegeben, die in ihrer typischen Sprechweise zum Ausdruck kommen und sich den Seelen unserer Zeit mitteilen."[1] Diese kurze Schilderung zeigt uns die große Mutter, die ihr Volk erzogen hat.

Am 4. März 1922 hat der Senat der Universität Salamanca einstimmig beschlossen, der heiligen Landespatronin – zum 300jährigen Gedächtnis ihrer Heiligsprechung – das Ehrendoktorat zu verleihen. Sie ist nicht ausdrücklich zum Kirchenlehrer erklärt worden[*] – sie selbst, die sich so oft „ein ungelehrtes Weib" genannt hat, wäre die erste gewesen, die gegen eine solche Ehrung Einspruch erhoben hätte –, aber gelegentlich der Dreihundertjahrfeier ihrer Seligsprechung (1914) hat Papst Pius X. erklärt: „Mit Recht hat die Kirche ihr die Ehren zuerkannt, die den Doktoren vorbehalten sind, da sie in ihrer Liturgie Gott bittet: *Laß uns durch die Speise ihrer*

---

[1] *Berrueta et Chevalier,* Sainte Thérèse et la vie mystique (Denoël et Steele, Paris 1934).
[*] [1970 ernannte Papst Paul VI. die heilige Teresia als erste Frau zur Kirchenlehrerin.]

2 Eine Meisterin der Erziehungs- und Bildungsarbeit: Teresia von Jesus

himmlischen Lehre genährt und durch die Glut inniger Andacht herangebildet werden."[2] Als Lehrerin der mystischen Theologie hat sie für die ganze Kirche Bedeutung erlangt.

Luis *de León*, ein gelehrter Augustiner, Zeitgenosse unserer heiligen Mutter und erster Herausgeber ihrer Werke[3], schreibt im Vorwort zu dieser Ausgabe: „Ich habe die heilige Mutter Teresia von Jesus weder gesehen noch gekannt, solange sie in dieser Welt lebte, aber heute, da sie im Himmel ist, kenne ich sie und sehe sie beständig in ihren lebendigen Abbildern, die sie uns hinterlassen hat, ich meine, in ihren Töchtern im Orden und in ihren Schriften."

Die Reformatorin des Ordens der Allerseligsten Jungfrau vom Berge Karmel war eine *Meisterin der bildenden Kunst:* jener höchsten, deren Material nicht Holz oder Stein, sondern lebendige Menschenseelen sind.

Ich habe meinen Ausführungen einige eindrucksvolle Zeugnisse vorausgestellt, die uns die heilige Mutter Teresia von Jesus als *Erzieherin, Lehrerin, Menschenbildnerin* vor Augen führen. Von der Lehrerin der mystischen Theologie soll hier nicht weiter die Rede sein. Es sind schon viele Bände über sie geschrieben worden. Auch wäre es kaum möglich, auf wenigen Blättern ihr Bild zu zeichnen. Von der Erzieherin und Bildnerin soll gesprochen werden.

Voranschicken möchte ich noch eine Bestimmung der vielumstrittenen Begriffe Lehren, Führen, Erziehen, Bilden, wie sie hier verstanden werden sollen. Wer in der Erziehungsarbeit steht, weiß, daß der notwendigen gedanklichen Scheidung keine strenge Trennung in der Lebenswirklichkeit entspricht. Von *Lehren* spreche ich, wo dem Verstand neue Inhalte zugeführt werden oder wo irgendeine menschliche Fähigkeit durch Übung zur Fertigkeit geformt wird. *Führen* und *Erziehen* hängen eng zusammen, sofern in beiden der *Wille* auf ein Ziel hingelenkt wird. Doch handelt es sich im ersten Fall mehr um ein zielbewußtes Voranschreiten, noch nicht um eine planmäßige Anweisung und Bearbeitung des Willens, um ihn zur Erreichung des Ziels tauglich zu machen, wie es in der Erziehung geschieht. Tiefer als alles andere greift die *Bildungsarbeit* in dem Sinn, den ich dem Wort hier geben möchte: während die andern Tätigkeiten sich an die

---

[2] Oration des Fest-Offiziums am 15. Oktober.
[3] Salamanca 1588.

menschlichen *Fähigkeiten* wenden, dringt sie zur *Seele selbst,* zu ihrer *Substanz* vor, um sie und damit den ganzen Menschen zu formen[4].

1. Natürliches Führertum

Ein Meister der Erziehungskunst wird nur werden können, wer eine *geborene Führernatur* ist. Teresia war es. Sie besaß den *klaren Blick des Geistes,* der hohe Ziele rasch und scharf erfaßt; die *Glut des Herzens,* die sie lebhaft ergreift und tief innerlich sich zu eigen macht; den *tatbereiten Willen,* der unverzüglich an die Ausführung des als erstrebenswert Erkannten geht; den *Gemeinschaftsgeist,* der das, was er als Gut für sich erstrebt oder besitzt, sofort auch andern zukommen lassen möchte; und die *Zaubermacht über die Seelen,* die sie unwiderstehlich mit fortreißt.

Das zeigt schon die bekannte Erzählung von ihrer kindlichen Sehnsucht nach dem Martyrium. Sie las zusammen mit ihrem etwas jüngeren Bruder Rodrigo in ihrem siebenten Jahr die Lebensgeschichte der Heiligen. „Wenn ich nun die Martern betrachtete, die die Heiligen meines Geschlechtes um Gottes willen erduldet hatten, so schien es mir, sie hätten den Hingang zum Genusse Gottes sehr wohlfeil erkauft, und ich wünschte sehnlich, auch so zu sterben; jedoch geschah dies nicht so fast aus Liebe zu Gott, die ich in mir empfunden hätte, als vielmehr, um auf so kurzem Wege zum Genusse jener großen Güter zu gelangen, die, wie ich las, im Himmel aufbewahrt sind. Ich besprach mich deshalb mit diesem meinem Bruder darüber, welches Mittel auch uns dahin führen könnte. Wir kamen miteinander überein, daß wir um der Liebe Gottes willen Almosen bettelnd in das Land der Mauren ziehen wollten, damit uns dort das Haupt abgeschlagen würde ... Das größte Hindernis schien uns der Umstand zu sein, daß wir unsere Eltern noch hatten."[5]

Über diese Bedenken aber siegte der Gedanke an die Ewigkeit der Glorie. „Gar oft war dies der Gegenstand unserer Unterhaltung, wobei es uns ein Vergnügen machte, oft die Worte zu wiederholen: ‚Ewig, ewig, ewig!'"

---

[4] Dieser zunächst wohl etwas überraschende Bildungsbegriff wird sich durch die Ausführungen im 3. Teil klären.
[5] Sämtliche Schriften der heiligen Theresia von Jesu, 1. Band: Leben, von ihr selbst beschrieben. Neue deutsche Ausgabe (Kösel-Pustet, München 1933), S. 32 f.

2 Eine Meisterin der Erziehungs- und Bildungsarbeit: Teresia von Jesus

Und die beiden Kleinen machten sich in der Tat auf den Weg. Freilich kamen sie nicht weit. Ihr Onkel, Don Franz Sanchez, begegnete ihnen und führte sie, zu ihrer großen Betrübnis, ins Elternhaus zurück.

An diesen Kinderstreich erinnern die Umstände, die den Eintritt des jungen Mädchens ins Kloster begleiten. Sie hatte einige Tage bei ihrem frommen Oheim Pedro Sanchez de Cepeda verbracht und ihm aus seinen geistlichen Büchern vorgelesen. „Nur wenige Tage brachte ich bei meinem Oheim zu; aber die göttlichen Worte, die ich da gelesen und gehört, und die gute Gesellschaft, in der ich mich befand, wirkten mit einer solchen Kraft in meinem Herzen, daß ich die Wahrheit, die ich schon in meiner Kindheit erkannt hatte, mehr und mehr wieder erfaßte, die Wahrheit nämlich, wie alles so nichtig und wie eitel die Welt sei und wie alles in kurzer Zeit ein Ende nehme. Zugleich ergriff Schrecken meine Seele bei dem Gedanken, daß ich auf dem Weg zur Hölle gewesen wäre, wenn mich der Tod überrascht hätte. Ich sah jetzt ein, daß der Ordensstand der beste und sicherste für mich sei; wenn auch mein Wille noch nicht ganz dazu geneigt war, so kam ich auf solche Weise doch allmählich zu dem Entschluß, mir selbst Gewalt anzutun, um diesen Stand zu ergreifen und Nonne zu werden.

Drei Monate dauerte der Kampf, den ich in meinem Innern zu bestehen hatte ... Insbesondere waren es die Briefe des hl. Hieronymus, die mich in einer Weise ermutigten, daß ich mich entschied, den von mir gefaßten Entschluß meinem Vater mitzuteilen ... Mein Vater aber liebte mich so sehr, daß ich auf keine Weise seine Einwilligung erhalten konnte ... Nur das eine war von ihm zu erreichen, daß er sagte, ich könnte nach seinem Tode tun, was ich wollte. Weil ich jedoch mir selbst nicht viel zutraute und meiner Schwachheit wegen fürchtete, ich möchte wieder zurückgehen, so hielt ich einen solchen Aufschub nicht für ratsam. Ich suchte darum auf andere Weise mein Ziel zu erreichen ...

Während ich in jenen Tagen mich mit solchen Gedanken beschäftigte, hatte ich auch einen meiner Brüder, dem ich die Eitelkeit der Welt vor Augen stellte, zum Eintritt in den geistlichen Ordensstand beredet[6]. Wir beide kamen demnach miteinander überein, an einem bestimmten Tage in aller

---
[6] Antonius de Ahumada. Er begleitete seine Schwester am 2. 11. 1536 zum Karmelitinnenkloster Unserer Lieben Frau von der Menschwerdung in Ávila und bat dann selbst im Dominikanerkloster St. Thomas um Aufnahme, die wurde ihm aber nicht gewährt.

IV Erziehungskunst

Frühe uns zu dem Kloster zu begeben … Der Augenblick, in dem ich das väterliche Haus verließ, schwebt noch meinem Gedächtnis vor. Es war mir damals nach meinem ganzen Dafürhalten und in Wahrheit so zumute, daß ich glaubte, der Tod könnte nicht furchtbarer für mich sein; denn es kam mir vor, als würden mir alle Gebeine aus den Gelenken gerissen. Weil nämlich meine Liebe zu Gott noch nicht stark genug war, um die Liebe zu Vater und Verwandten in mir zu ersticken, so stürmte jetzt die ganze Macht dieser Liebe mit solcher Gewalt auf mich ein, daß alle meine Vorstellungen nicht vermocht hätten, mich weiterzubringen, wenn der Herr mir nicht beigestanden wäre. Aber er verlieh mir einen solchen Mut, mich selbst zu überwinden, daß ich meinen Entschluß ausführte."[7]

Wenn auch der Einfluß Teresias nicht immer so tief war wie in diesen beiden Fällen, so erstreckte er sich doch weit über den nächsten Familienkreis hinaus. Das heranwachsende Mädchen war durch seinen Liebreiz, seinen lebhaften und anmutigen Geist, seine Bereitwilligkeit, auf andere Menschen einzugehen und sie auf jede mögliche Weise zu erfreuen, der Mittelpunkt einer Schar junger Verwandten und Freundinnen. Die Klosterfrau wurde von zahlreichen Besuchern ins Sprechzimmer gerufen, von vornehmen Damen in ihr Haus geladen. (Beides gestattete die gemilderte Regel, die im Kloster der Menschwerdung in Kraft war.)

Das natürliche Führertum wurde erhöht durch die *Gnade*. Wenn Teresia zum Klostereintritt hauptsächlich durch das Motiv der Furcht bestimmt war, so wurde dieses doch sehr bald, unter dem Eindruck des inneren Glücks, mit dem der Herr ihr Opfer vergalt, durch eine glühende Gottesliebe abgelöst. Die junge Ordensfrau wird auf den Weg des *inneren Gebets* geführt. Sie entdeckt in ihrer eigenen Seele eine Welt, von deren Reichtum sie bisher nichts geahnt hat. Sie lernt es, im Innersten der Seele Gott zu finden und mit ihm in vertrauten Verkehr zu treten. Eigene Erfahrung lehrt sie den Sinn des Augustinuswortes: *Noli foras ire, intra in te ipsum; in interiore hominis habitat Veritas* (Geh nicht nach außen, kehr bei dir selbst ein; im Innern des Menschen wohnt die Wahrheit).

Viele Jahre kämpften in Teresia der Zug zur völligen Hingabe an Gott im einsamen Gebet und die Gewohnheit, lebhaften freundschaftlichen Verkehr mit Menschen zu pflegen. Trotzdem drängte es sie, sobald sie die ersten Schritte auf dem Weg des inneren Gebets gemacht hatte, auch ande-

---
[7] Leben, S. 44 ff.

2 Eine Meisterin der Erziehungs- und Bildungsarbeit: Teresia von Jesus

re dazu anzuregen. Ihr frommer Vater, der sich schnell mit dem vollzogenen Klostereintritt ausgesöhnt hatte, wurde bald ihr gelehrigster Schüler. So nachhaltig war bei ihm die Wirkung ihrer Weisungen, daß er auf dem eingeschlagenen Weg ausharrte und die Besuche im Kloster einschränkte, als seine Tochter, von mancherlei Täuschungen betört, diesem Pfad längere Zeit untreu wurde.

Unter der Einwirkung des Gebets hatte das Tugendleben in der Seele der jungen Klosterfrau einen überraschenden Aufschwung genommen. Auch darin sollten ihr die Menschen folgen, mit denen sie umging. So machte sie es sich zum Grundsatz, niemals von Abwesenden etwas Böses zu sagen, und leitete auch ihre Verwandten und Bekannten dazu an. Bald war es allgemein bekannt, daß man von ihr und ihren Freundinnen nichts zu fürchten habe.

Seit ihre Freundschaft mit Gott fest begründet war, konnte es keinen größeren Schmerz für sie geben, als einen Menschen in schwerer Sünde zu wissen. Als sie nicht lange nach ihrem Eintritt ins Kloster schwer erkrankte und genötigt wurde, an einem entfernten Ort eine Kur zu gebrauchen, machte ihr der Priester, bei dem sie dort beichtete, von der Reinheit ihrer Seele erschüttert, das Geständnis, daß er selbst seit langer Zeit in schwerer Sünde lebe. Nun ließ sie nicht ab, bis sie ihn dazu gebracht hatte, die sündhafte Beziehung zu lösen und ein würdiges Priesterleben zu beginnen. Das Jahr, nachdem er sie kennengelernt hatte, war das letzte seines Lebens und wurde für ihn die Vorbereitung zu einem guten Tod[8].

2. Berufsmäßige Erziehungsarbeit

Aus dem unwillkürlich wirksamen oder nur gelegentlich geübten Führertum wurde *berufsmäßige Erziehungsarbeit*, als die Heilige ihr Reformwerk begann. Nach vorübergehender Unterbrechung hatte sie das innere Gebet wiederaufgenommen, um es nun ihr Leben lang – auch in den härtesten Prüfungen – treu zu üben. Von Stufe zu Stufe hatte sie der Herr emporgeführt, sie war ganz mit ihm eins, seine Angelegenheiten waren die ihren geworden. Nun drängte sie die Liebe, etwas für Gott und sein Reich zu tun. Dieses Verlangen steigerte sich mächtig durch eine Vision, in der ihr die

---
[8] Leben, S. 57 ff.

IV Erziehungskunst

Hölle mit allen ihren Schrecken gezeigt wurde. „Von diesem Gesichte rührt ... der außerordentliche Schmerz her, den ich über so viele Seelen empfinde, die der ewigen Verdammnis entgegengehen, namentlich über jene Lutheraner, die durch die Taufe schon Glieder der Kirche waren. Daher kommen auch jene mächtigen Antriebe, den Seelen zu helfen, so daß mir in Wahrheit scheint, ich würde mit der größten Freude tausendmal den Tod erleiden, damit auch nur eine einzige Seele so entsetzlichen Peinen entgehe."[9]

„Nach der Enthüllung dieser und anderer großer und verborgener Dinge, die mir der Herr in seiner Güte sowohl von der den Frommen bereiteten Glorie als auch von der Pein der Bösen zeigen wollte, fragte ich mich, wie ich Buße tun könnte, um ein so großes Übel zu fliehen und ein so erhabenes Gut zu verdienen. Dabei war das Verlangen in mir rege, die Menschen zu fliehen und mich gänzlich von der Welt abzusondern ... Ich überlegte, was ich wohl für Gott tun könnte; und es drängte sich mir der Gedanke auf, ich sollte vor allem dem von Gott mir verliehenen Berufe zum Ordensstande nachkommen und mit der größtmöglichen Vollkommenheit meine Ordensregel halten."[10]

Dazu schienen ihr die Bedingungen im Kloster der Menschwerdung nicht ausreichend; „das Haus war groß und angenehm, und ich meinte, ein zu bequemes Leben darin zu führen[10a]." Der größte Übelstand aber war die mangelnde Klausur. Weil das Kloster arm war und die Zahl der Nonnen groß, wurde ihnen oft gestattet, sich wochenlang bei Angehörigen oder Freunden aufzuhalten. Die Heilige erhielt besonders häufig Einladungen in fremde Häuser, und ihre Vorgesetzten befahlen ihr, Folge zu leisten, um vornehme Gönner nicht zu verletzen. So kam ihr schließlich der Gedanke, mit einigen Gefährtinnen ein Kloster nach der ursprünglichen Regel zu gründen, nach der die Einsiedlerbrüder auf dem Berge Karmel gelebt hatten. Nachdem sie vom Herrn die Versicherung erhalten hatte, daß dieser Plan ihm wohlgefalle, und den Befehl, sich mit allen Kräften dafür einzusetzen, ging sie ans Werk. Nach unsäglichen Kämpfen und Schwierigkeiten wurde das Kloster zum hl. Joseph in Ávila gegründet, und schließlich erhielt auch die Heilige selbst die Erlaubnis, dorthin überzusiedeln.

---

[9] Leben, S. 313.
[10] Leben, S. 314.
[10a] Leben, S. 315.

2 Eine Meisterin der Erziehungs- und Bildungsarbeit: Teresia von Jesus

Damit ergab sich die Aufgabe, eine Generation von Ordensfrauen zu erziehen. Die ersten Bewohnerinnen des neuen Klösterchens waren vier Novizen, die die Heilige aufgenommen hatte. Dazu kam sie selbst mit einigen Nonnen aus dem Kloster der Menschwerdung, denen der P. Provinzial gleich ihr die Erlaubnis zur Annahme der Reform gegeben hatte. Später, als ihr der Ordensgeneral die Erlaubnis gab, weitere Klöster nach der ursprünglichen Regel zu gründen – und zwar nicht nur Frauen-, sondern auch Männerklöster – und als schließlich eine weitverzweigte Ordensfamilie zu ihr als ihrer Mutter aufschaute, war die Aufgabe noch umfassender und schwieriger. Das *Erziehungsziel* stand ihr klar vor Augen: es war ein *Lebensideal*, das sie im Herzen trug, ohne es noch praktisch erprobt zu haben, und ein *Persontypus,* der diesem Ideal entspricht.

Das Lebensideal war es, wozu es sie hinzog, seitdem sie erfahren hatte, was der innere Verkehr der Seele mit Gott bedeutet. Die Lebensform, die das innere Gebet in den Mittelpunkt stellt und alle Hindernisse aus dem Weg räumt, mit denen sie bisher in den 26 Jahren ihres Klosterlebens hatte kämpfen müssen, fand sie in der ursprünglichen Regel unseres Ordens, wie sie der heilige Patriarch *Albertus von Jerusalem* um das Jahr 1200 für die Einsiedlerbrüder auf dem Karmel aufgezeichnet hatte. In ihr war in kurzen Worten niedergelegt, was lebendige Überlieferung war, seit unser Ordensvater, der Prophet *Elias,* sein einsames Gebetsleben auf dem Karmel geführt und seine Jünger darin unterwiesen hatte. „Es bleibe ein jeder in seiner eigenen Zelle oder neben derselben, Tag und Nacht im Gesetz des Herrn betrachtend und im Gebet wachend, sofern er nicht durch andere Arbeiten rechtmäßig verhindert ist."[11]

Das ist das Kernstück unserer ursprünglichen Regel. Die Brüder lebten als Einsiedler in ihren Zellen. Sie hatten nur ein gemeinsames Oratorium, in dem sie sich zum Beten des Offiziums zusammenfanden, und ein Refektorium, um gemeinsam ihre Mahlzeiten einzunehmen. Außerdem sollten sie einmal in der Woche zusammenkommen, um sich über die Angelegenheiten des geistlichen Lebens zu besprechen und sich für ihre Fehler in Liebe zurechtweisen zu lassen. Der weise Gesetzgeber wußte, daß ein gewisses

---

[11] Regel und Satzungen der unbeschuhten Nonnen des Ordens der Allerseligsten Jungfrau Maria vom Berge Karmel, Würzburg, Rita-Verlag, 1928, S. 10. – Regel und Satzungen sind außerdem im 3. Band der Pustetschen Ausgabe der Schriften der hl. Theresia von Jesu abgedruckt.

IV Erziehungskunst

Maß an Gemeinschaftsleben zur christlichen Vollkommenheit gehört: als Gelegenheit zur Übung der brüderlichen Liebe, um einander im Streben nach Heiligkeit zu stützen und die Gefallenen aufzuheben. Er wußte auch, daß die menschliche Natur neben dem Gebet der Arbeit bedarf, und schrieb vor, daß die Brüder durch ihrer Hände Arbeit ihr Brot verdienen sollten. Das sollte aber in Stillschweigen geschehen, weil das Schweigen die Gerechtigkeit wahren hilft und Vielreden nicht ohne Sünde abgeht. Sie sollten einen unter sich als Prior wählen, ihm in allen Stücken in Demut gehorchen und in ihm den Stellvertreter Christi ehren. Doch auch der Prior sollte in Demut der Worte des Herrn gedenken und sie durch die Tat beherzigen: „Wer immer unter euch der Größte sein will, sei euer Diener, und wer unter euch der Erste sein will, der sei euer Knecht." Streng sollte die heilige Armut beobachtet werden. Auch die Lebensweise sollte streng sein: Fleischgenuß wurde – von Notfällen abgesehen – ganz untersagt. Vom Fest Kreuzerhöhung bis Ostern waren Ordensfasten.

Das war das Gesetz, unter das die Heilige sich und ihre Gefährtinnen stellte. Wie mußten die Seelen beschaffen sein, die ihm genügen und auf diesem Wege den Gipfel der Vollkommenheit erreichen konnten? Die heilige Mutter hat es kurz ausgesprochen in den Worten: „... dies ist es, wonach die Schwestern immer trachten sollen, nämlich einsam nur mit ihrem göttlichen Bräutigam zu verkehren."[12] Und nach der Gründung des Klosters war es ihr „der größte Trost, hier unter Seelen zu sein, die so ganz und gar von allem losgeschält sind. Ihr ganzes Tun und Lassen zielt darauf hin, im Dienste Gottes voranzuschreiten. Die Einsamkeit ist ihr Trost; und schon der Gedanke an die Besuche Auswärtiger, und seien es auch sehr nahe Anverwandte, ist ihnen lästig, es sei denn, daß dadurch in ihnen die Liebe zu ihrem göttlichen Bräutigam noch mehr entzündet werde."[13]

Jedesmal, wenn die heilige Mutter mit unsäglichen Mühen und Opfern wieder ein neues Kloster errichtet hatte, war es ihr Lohn zu sehen, wie ein Lustgarten des himmlischen Königs erblühte: eine kleine Schar treuer Seelen, die ihm ganz ergeben waren und ihm mit ihrer Liebe Ersatz bieten wollten für das, was ihm anderswo entzogen wurde. Welches Personideal ihr als Erziehungsziel vorschwebte, das geht vielleicht am deutlichsten aus einer konkreten Schilderung hervor, die sie im *Buch von den Klosterstiftun-*

---

[12] Leben, S. 373.
[13] Leben, S. 371.

gen[14] von einer ihrer Töchter gegeben hat. In ihr sah sie offenbar das Musterbild einer Karmelitin. Schwester Beatrix lebte im Kloster zu Valladolid. „Die Nonnen und die Priorin bezeugen, daß sie während ihres ganzen Lebens nie an ihr etwas bemerkt hätten, was man als Unvollkommenheit ansehen könnte. Nie gewahrten sie, daß dieselbe irgendwie ihr Äußeres veränderte; stets legte sie eine bescheidene Fröhlichkeit an den Tag, so daß man wohl mit Recht auf die innere Freude schließen konnte, die ihre Seele erfüllte. Ihr Stillschweigen fiel niemand lästig, denn obwohl sie es aufs genaueste beobachtete, konnte man an ihr doch keine Sonderheit wahrnehmen. Nie sprach sie ein Wort, das man an ihr hätte tadeln können; nie sah man, daß sie widersprach oder sich entschuldigte, wenn die Priorin, um sie zu prüfen, auf sie etwas schieben wollte, was sie nicht getan hatte, wie ja diese Art der Abtötung in unseren Klöstern gewöhnlich in Übung ist. Nie beklagte sie sich über irgendeine Sache oder eine Schwester und verriet auch weder durch eine Miene noch durch ein Wort Mißfallen an der Arbeit, die sie zu verrichten hatte ... In all diesen Dingen zeigte sich an ihr sowohl innerlich als äußerlich die vollkommenste Harmonie. Dies hatte darin seinen Grund, daß sie sich die Ewigkeit und das Ziel, zu dem sie Gott erschaffen, lebendig vor Augen stellte ... ihr ganzes Leben war ein beständiges Gebet.

In bezug auf den Gehorsam beging sie nie einen Fehler, sondern verrichtete alles, was man ihr befahl, mit Pünktlichkeit, Vollkommenheit und Freude. Ihre Liebe zum Nächsten war überaus groß, so daß sie ... sich für jeden einzelnen in tausend Stücke hätte zerreißen lassen, damit um diesen Preis alle ihre Seele retten und sich bei ihrem Bruder Jesus Christus – so nannte sie Unseren Herrn – erfreuen könnten. Ihre überaus großen Leiden, ihre schrecklichen Krankheiten und heftigsten Schmerzen ertrug sie ... so gerne und freudig, als wären sie liebliche Genüsse und Wonnen ...

Mit der Mutter Priorin besprach sie alle ihre Seelenangelegenheiten, und dies war für sie ein Trost. Während ihrer ganzen Krankheit fiel sie niemandem auch nur im geringsten lästig, sie tat nur, was die Krankenwärterin wollte, selbst wenn es sich nur um einen Trunk Wassers handelte. Das Verlangen nach Leiden, wenn man davon verschont ist, ist bei Seelen, die dem Gebet ergeben sind, etwas sehr Gewöhnliches, aber sich freuen, wenn man von Leiden heimgesucht wird, das ist nicht Sache vieler ... Als sie die Prio-

---

[14] Sämtliche Schriften, 2. Band (Pustet, Regensburg 1913), 12. Hauptstück.

IV Erziehungskunst

rin eines Tages in Anwesenheit einiger Schwestern zu trösten und zur Ertragung dieser großen Schmerzen zu ermutigen suchte, antwortete sie, daß sie keineswegs betrübt sei und mit keiner Schwester tauschen wolle, die sich einer vollkommenen Gesundheit erfreue. Sie hatte den Herrn, für den sie litt, vor Augen, daß sie auf alle mögliche Weise ihre großen Schmerzen zu verheimlichen suchte, damit man nichts davon merken konnte ... Sie war überzeugt, daß es auf Erden kein elenderes Geschöpf gebe als sie, und bewies so ... in allem eine tiefgegründete Demut.

Wenn man von den Tugenden anderer sprach, empfand sie überaus große Freude; in der Übung der Abtötung war sie äußerst streng. Sie wußte so geschickt auf jede Art Annehmlichkeit Verzicht zu leisten, daß man es gar nicht merkte, wenn man nicht eigens Obacht gab. Es schien, als ob sie nicht mehr lebte und mit den Geschöpfen sich befaßte, so wenig achtete sie auf alles ...

Bei all ihren Arbeiten und Beschäftigungen hatte sie einen so erhabenen Zweck im Auge, daß sie nichts von dem Verdienste verlorengehen ließ; darum sagte sie zu den Schwestern: ‚Das unbedeutendste Werk, das man Gott zuliebe tut, ist von unschätzbarem Werte; wir sollten, meine Schwestern, nicht einmal die Augen bewegen außer nur zu diesem Zwecke und um Gott zu gefallen.' Nie mischte sie sich in eine Sache ein, die sie nicht anging, und so gewahrte sie auch an niemand einen Fehler außer nur an sich. Es war ihr so peinlich, wenn man über sie etwas Gutes sagte, daß sie sich sorgfältig in acht nahm, über andere in ihrer Gegenwart etwas zu sagen, um sie nicht zu betrüben.

Nie suchte sie Trost an etwas Erschaffenem, auch nicht an einem Spaziergang im Garten; denn es wäre unschön, sagte sie, Linderung in den Leiden zu suchen, die Unser Herr ihr sende. Und darum bat sie nie um etwas, sondern war zufrieden mit dem, was man ihr gab ...

Als die Zeit herannahte, in der sie Unser Herr von diesem Leben abberufen wollte, vergrößerten sich ihre Schmerzen und alle in ihr vereinten Leiden so sehr, daß die Schwestern ... beim Anblick der Freude, womit sie dieselben ertrug, Unsern Herrn nur lobpreisen konnten ... Etwa eine Viertelstunde vor ihrem Hinscheiden, als alle Schwestern mit dem Beichtvater um sie versammelt waren, verließen sie auf einmal alle Schmerzen; voll himmlischen Friedens erhob sie ihre Augen, und es zeigte sich auf ihrem Antlitze eine so innige Freude, daß es gleichsam zu erglänzen schien ... Inmitten dieser Freude gab sie, die Augen zum Himmel erhoben, den Geist auf; sie war wie ein Engel anzusehen."

2 Eine Meisterin der Erziehungs- und Bildungsarbeit: Teresia von Jesus

Dieser ausführliche Bericht über das Leben und Sterben einer Karmelitin, wie sie sein soll, zeigt uns deutlich, auf welche Züge die heilige Mutter den größten Wert legte. Als tragende Säulen des ganzen Gebäudes gründliche *Demut* und unbedingter *Gehorsam*. Nur wer sich selbst für nichts achtet, wer in sich nichts mehr findet, was wert ist, verteidigt und „durchgesetzt" zu werden, in dem ist Raum für das schrankenlose Walten Gottes. Nur wer gänzlich seinem eigenen Willen entsagt, ihn einem fremden Willen unterordnet, kann sicher sein, daß er Gottes Willen folgt. Wem diese schwerste Loslösung, die von sich selbst, gelingt, dem wird die *Loslösung von allen* andern *Geschöpfen*, der Verzicht auf alle natürlichen Genüsse keine allzu großen Schwierigkeiten machen. Wurzel und Krone des Ganzen ist die *Gottesliebe*. Die Loslösung von allem Geschaffenen hat ja nur den Sinn, ganz frei zu werden für den Herrn. Die rückhaltlose Hingabe an ihn ist die Quelle jenes inneren Friedens und Glücks, dessen äußerer Widerschein die immer gleichbleibende Heiterkeit, die stille Fröhlichkeit ist. Aus der Liebe zum Heiland, der immer wachsenden Vereinigung mit ihm ergibt sich die glühende *Liebe zu den Seelen:* die zarte schwesterliche Liebe zu den Nächsten in der klösterlichen Familie, der apostolische Eifer für die Sünder und Ungläubigen, das Verlangen, durch Leiden am Erlösungswerk mitzuhelfen.

Dieser apostolische Zug war bei unserer heiligen Mutter besonders ausgeprägt. Er hatte sie ja ursprünglich zu ihrem Reformwerk angetrieben und hat ihm in der Folge seinen Stempel aufgeprägt. Sie selbst sagt darüber[15]: „Anfänglich, als dies Kloster gestiftet wurde, war es nicht meine Meinung, daß in Hinsicht des Äußeren eine so große Strenge darin beobachtet würde... Als ich aber erfuhr, welches Unheil und wie großen Schaden die Ketzer angerichtet und wie sehr sich diese unselige Sekte ausbreitete, betrübte es mich so sehr, und wie wenn ich etwas könnte oder wäre, bat ich den Herrn mit vielen Tränen und flehte, er möge diesem großen Übel abhelfen... Weil ich aber sah, daß ich ein Weib sei und untauglich, etwas auszurichten, weil ferner all mein Verlangen dahin zielte, daß wenigstens einige Seelen recht gut wären, so entschloß ich mich zu tun, was möglich war, nämlich den evangelischen Räten mit aller möglichen Vollkommenheit zu folgen und zu trachten, daß die wenigen Nonnen, die hier beisam-

---

[15] Weg der Vollkommenheit (Sämtliche Schriften in der Pustetschen Ausgabe, 3. Band), Kap. 1.

IV Erziehungskunst

men sind, auf gleiche Weise handelten ... und wir sämtlich wollten in unablässigem Gebet für die, welche die Kirche beschützen, wie für die Priester und Gelehrten, welche sie verteidigen, Unserm Herrn helfen, so gut wir könnten ..."

„So laßt uns mit allem Fleiß streben nach einer solchen Gemütsverfassung, daß unser Gebet kräftig sei, die Diener Gottes zu unterstützen ... Bittet ... allzeit für die Priester, die mit der Welt umgehen müssen, damit sie vollkommen werden, denn ein Vollkommener wird mehr ausrichten als viele andere."[16]

Die heilige Mutter mit ihrer tiefen Menschenkenntnis war sich völlig klar, wie hoch das Ziel, das ihr vorschwebte, über die menschliche Natur hinausging, mit welchen Schwierigkeiten sie zu rechnen hatte. Um es zu erreichen, mußte gründliche Erziehungsarbeit geleistet werden, und sie zögerte nicht, Hand ans Werk zu legen. Sicherlich geschah das Wesentliche im persönlichen Zusammenleben, durch Einwirkung auf die einzelnen Seelen. Manches ist darüber in den Lebensbeschreibungen der Heiligen selbst und ihrer ersten Töchter aufgezeichnet. Ich will mich aber hier vornehmlich an die großen Richtlinien halten, in denen die heilige Mutter ihre Erziehungsweisheit niedergelegt hat: ihre *Satzungen* und den *Weg der Vollkommenheit,* jenes Buch, das sie als Wegweiser für ihre Töchter geschrieben hat.

Die Satzungen können wir als Ausführungsbestimmungen der sehr kurz gefaßten ursprünglichen Regel betrachten. Sie sind der Niederschlag der Erfahrungen, die Teresia in den ersten Jahren des Zusammenlebens im Kloster zum hl. Joseph in Ávila gesammelt hatte. Die Bestimmungen regeln das klösterliche Leben bis in alle Einzelheiten, und es war der ausdrückliche Wille der heiligen Stifterin, daß auch in künftigen Zeiten nicht daran gerüttelt werden sollte. Sie wußte wohl warum. Zu deutlich hatte sie erfahren, wie weit man sich vom ursprünglichen Ordensideal entfernen kann, wenn einmal der Willkür einige Ventile geöffnet sind.

Erste Vorbedingung für das Gelingen des Erziehungswerks ist Vorsicht bei der Aufnahme von Kandidatinnen: wenn sie nicht „dem Gebet ergeben" sind, „aufrichtig nach Vollkommenheit streben und die Dinge der Welt verachten", besteht keine Aussicht, daß sie ans Ziel kommen. Dar-

---

[16] Weg der Vollkommenheit (Sämtliche Schriften in der Pustetschen Ausgabe, 3. Band), Kap. 3.

2 Eine Meisterin der Erziehungs- und Bildungsarbeit: Teresia von Jesus

über hinaus sind „Gesundheit, Fähigkeit und gesundes Urteil" nötig. Die Noviziatszeit gibt Gelegenheit zu erproben, ob diese Eigenschaften wirklich vorhanden sind, überdies „die Berufung durch unsern Herrn Jesus Christus, die sich in ihrem brennenden Verlangen zeigen muß". Genügen sie diesen Bedingungen nicht, dann sollten sie nicht zur Profeß zugelassen werden.

Im Gegensatz zu manchen andern Orden, die ihre Novizinnen gänzlich vom Verkehr mit der Außenwelt abschneiden, können die Novizinnen des Karmel „von ihren Eltern und ... anderen Verwandten besucht werden ..., damit es um so leichter erkannt werden könne, wenn eine in ihrem Innern irgendwelche Beschwerde oder Traurigkeit verspüre. Denn wir wollen nicht, daß die Nonnen solche gegen ihren Willen im Kloster behalten, sondern nur, wenn sie ganz freiwillig bleiben wollen. Wenn man darum bei einer ersieht, daß sie nicht im Orden bleiben will, so gebe man ihr reichlich Möglichkeit, sich hierüber dem gegenüber auszusprechen, dem es zusteht, und ihren Willen deutlich zum Ausdruck zu bringen."

Die Zahl der Nonnen sollte klein sein: ursprünglich wollte die Heilige nur 13 aufnehmen, später erhöhte sie die Zahl auf 21 (18 Chor- und 3 Laienschwestern). Sie hatte lange genug erfahren, welche Gefahren das Zusammenleben einer größeren Menge von Frauen mit sich bringt, und glaubte, nur bei dieser Beschränkung ihr Ziel erreichen zu können. Lehrerinnen, die in großen Klassen unterrichten müssen, werden dafür ohne weiteres Verständnis haben.

Das alte Einsiedlerideal soll durch die strenge *Klausur* gesichert werden. Die hohe Mauer, die das Kloster und seinen Garten umgibt; das doppelte Gitter, das sie im Sprechzimmer von den Besuchern und das ihren Chor von der äußeren Kirche trennt; der Schleier, der ihr Gesicht vor allen Fremden verhüllt – das alles erinnert die Nonnen beständig daran, daß sie die Welt verlassen haben, daß sie als freiwillige Gefangene leben wie ihr Herr im Tabernakel, im „süßen Stand der Gotteshaft", daß sie nichts von draußen zu erwarten haben, sondern alles von dem, was in diesen Mauern geborgen ist. Die einzige Berührung mit der Welt ergibt sich im Sprechzimmer (oder durch Briefe). Davon sollen sie aber nur Gebrauch machen, wenn „sie glauben, sie könnten jenen Personen, mit denen sie sprechen, irgendwelche Erleichterung oder Hilfe in ihrer Betrübnis verschaffen. Ist aber hierin kein Erfolg zu hoffen, dann sollen sie ihre Unterhaltung ... alsbald abbrechen."

IV Erziehungskunst

Wenn der Verkehr mit der Außenwelt auf ein Mindestmaß beschränkt ist, so hat die heilige Mutter noch nachdrücklicher als die ursprüngliche Regel dafür gesorgt, daß sich im Innern des Hauses ein herzlicher Familiensinn entfalten kann. Wohl sollen auch die Schwestern in der Zeit, die nicht für gemeinsame Übungen bestimmt ist, einsam in ihrer Zelle arbeiten oder beten und auch bei gemeinsamen Arbeiten Stillschweigen halten. Aber täglich nach der Mittags- und Abendmahlzeit dürfen sie für eine Stunde zusammenkommen und miteinander von dem reden, was ihnen am Herzen liegt. Dabei sollen sie sich mit Handarbeiten beschäftigen. Spiele sind ihnen nicht gestattet; „denn der Herr wird ihnen schon eingeben, wie sie sich gegenseitig in andächtiger und frommer Weise trösten und erheitern können".

Sie sollen einander keine „Zeichen besonderer Freundschaft geben, sondern alle sollen sich gegenseitig in gleicher Weise lieben, wie es unser Herr Jesus Christus oftmals seinen Aposteln befohlen hat. Da ihrer ohnehin nur wenige sind, können sie diesem Gebot um so leichter nachkommen, indem sie sich befleißen, ihrem göttlichen Bräutigam ähnlich zu werden, der sich für uns alle dahingab".

Die Tageseinteilung ist genau geregelt, die Stunden für das gemeinsame und das stille Gebet, für die Arbeit und die Mahlzeiten festgelegt. Auch für die Art der Ernährung, für die Kleidung, den Bau des Hauses und alle Gebrauchsgegenstände sind bestimmte Vorschriften gegeben, um den Geist der evangelischen Armut zu sichern, allen Eigenwillen und alle Eitelkeit auszuschalten.

Wie die ursprüngliche Regel, so sah auch die heilige Mutter in der Verbindung von beschaulichem Gebet und *Arbeit* die höchste Vollkommenheit: Maria und Martha mußten zusammenwirken, um dem Herrn eine gastliche Aufnahme zu bereiten[17]. Es sollen aber Arbeiten sein, die den „Sinn nicht zu sehr einnehmen und ihn hindern, an Gott zu denken". Die Heilige selbst beschäftigte sich am liebsten mit Spinnen, obwohl sie sich auf die kunstvollsten Stickereien verstand. Sie nahm den Spinnrocken sogar ins Sprechzimmer mit und war so fleißig, daß keine Schwester in ihrer Gegenwart hätte müßig sein mögen. Aber auch das Maß der Arbeit sollte niemanden beunruhigen. „Es werde den Nonnen keine Arbeit für eine bestimmte Zeit übertragen, sondern eine jede bemühe sich, so zu arbeiten,

---

[17] Vgl. Seelenburg (7. Wohnung), Kap. 4.

2 Eine Meisterin der Erziehungs- und Bildungsarbeit: Teresia von Jesus

daß sie damit auch für die andern einen Lebensunterhalt verdiene." Wollen sie „aus eigenem Antrieb für jeden Tag ein bestimmtes Maß von Arbeiten übernehmen, so können sie das wohl tun, doch soll ihnen keine Strafe auferlegt werden, wenn es ihnen nicht gelingt, dieselbe zu vollenden".

Im Geist der *Demut* sollen sich alle Schwestern, von der Mutter Priorin angefangen, in die häuslichen Arbeiten, auch die niedrigsten, teilen oder darin abwechseln. Alle sollen mit der gleichen Liebe versorgt werden, Unterschiede soll man nur nach dem Bedürfnis, nicht nach Rang oder Alter machen. Die Nonnen führen keine Ehrentitel. Nur die Priorin und Subpriorin werden „Mutter" genannt.

Jede einzelne Schwester soll durch gründliche Gewissenserforschung immer mehr in der Demut wachsen. „Demut ist Wahrheit", war der Grundsatz der heiligen Mutter. Sie, die so unerbittlich ehrlich gegen sich selbst war, konnte es sich nicht anders denken, als daß tägliche Selbstprüfung zu einer immer tieferen Erkenntnis der eigenen Nichtigkeit führen müsse. Das klösterliche Leben bietet uns überdies den Vorteil, daß andere uns zur Erkenntnis der eigenen Fehler verhelfen. Bei dem engen Zusammenleben können sie ja kaum verborgen bleiben. Es ist aber keineswegs die Sache jeder einzelnen, über die andern zu wachen. Es sind dafür „Zelatorinnen" aufgestellt. Darum „soll sich keine andere darum kümmern; sie sollen vielmehr darüber hinweggehen und Fleiß auf die Prüfung und Verbesserung ihrer eigenen Fehler verwenden". Wird ihnen ein Fehler vorgeworfen, so sollen sie sich sorgfältig davor hüten, ihn zu entschuldigen. Selbst falsche Anklagen sollen sie schweigend hinnehmen im Gedanken daran, in wieviel andern Punkten sie Tadel verdienen, und in Erinnerung an das, was unser Herr schweigend ertragen hat. Sie sollen sich auch selbst im Schuldkapitel vor der versammelten Klostergemeinde anklagen und die Zurechtweisung und Buße, welche ihnen die Mutter Priorin „mit größter Liebe erteilen" soll, in Dankbarkeit hinnehmen.

Der moderne Pädagoge, besonders wenn er rein natürlich eingestellt ist, wird zu vielen dieser Erziehungsmaßnahmen den Kopf schütteln. Wo bleibt hier die Selbständigkeit, die Eigentätigkeit, das gesunde Selbstbewußtsein? Es darf ruhig zugestanden werden, daß es sich um keine Erziehung für jedermann handelt. Wer auf bloß natürlichem Boden steht, wer noch nicht gelernt hat, sich selbst und die Welt im Licht der Ewigkeit zu sehen, für den wäre eine solche Lebensweise höchst gefährlich. Ja, wir dürfen noch weiter gehen: nur wer den echten Karmelberuf hat, wird in dieser

IV Erziehungskunst

Umgebung gedeihen. Die Maßnahmen sind dem bestimmten Ziel und keinem andern angepaßt.

Überdies geben die Satzungen kein vollständiges Bild. Sie zeigen wenig von dem, was die heilige Mutter an *aufbauender* Arbeit für ihre Töchter getan hat. Wenn sie sie von der Welt draußen abschloß und von ihnen den Verzicht auf alle irdischen Freuden verlangte, so erschloß sie ihnen dafür eine andere Welt, von deren Reichtum und Schönheit der Außenstehende nichts ahnt. Die Tagesordnung sieht täglich am Morgen und am Abend je eine Stunde „Betrachtung" vor: zwei Stunden am Tage, in denen die Schwestern still im Chor knien, um ihre Seele in die Hände des Herrn zu legen und seine Gnadenschätze zu empfangen. An Gebetstagen (und das sind alle hohen Kirchen- und Ordensfeste) kann die Gebetszeit über alle Stunden, die nicht für gemeinsame Übungen vorgesehen sind, ausgedehnt werden. Auch werktags gibt es noch etwas Zeit, die man in der Zelle für stilles Gebet verwenden kann. Die echte Karmelitin ist nicht in Verlegenheit, was sie in diesen Stunden einsamer Zwiesprache mit Gott anfangen soll: sie sind der Mittelpunkt ihres Lebens, von hier aus baut sich für sie alles auf; hier findet sie Ruhe, Klarheit und Frieden, hier lösen sich alle Fragen und Zweifel, hier erkennt sie sich selbst und was Gott von ihr will, hier kann sie ihre Anliegen vortragen und Gnadenschätze empfangen, von denen sie freigebig an andere austeilen kann.

Die heilige Mutter hat uns aber auch nicht ohne Anweisung gelassen. In vieljährigen schweren inneren Leiden hatte sie selbst erfahren, welche Bedeutung eine sichere Führung im inneren Leben hat. Sie hat das Innere der „Seelenburg" mit ihren vielen Wohnungen entdeckt, ohne vorher darüber unterwiesen zu werden. Was sie erlebt und erlitten hatte, daraus schöpfte sie die Weisheit, die sie in ihren Schriften niederlegte. Die Hauptwerke über das mystische Gnadenleben – ihr „Leben" und die „Seelenburg"[18] – schrieb sie auf Befehl ihrer Beichtväter. Sie waren ursprünglich nicht für die Klosterfrauen bestimmt, wenn sie auch jetzt eine unerschöpfliche Fundgrube für uns sind. Dagegen verfaßte sie den „Weg der Vollkommenheit" auf die Bitte ihrer geistlichen Töchter, um ihnen einen sicheren Wegweiser in die Hand zu geben. Dieses Buch enthält die Begründung der kurzen Bestimmungen, die in den Satzungen gegeben sind. Sie zeigt den Schwestern, welche Bedeutung die Weltabgeschiedenheit, die Losschälung,

---

[18] In der Pustetschen Ausgabe der Schriften, Band 4, 1. Teil.

2 Eine Meisterin der Erziehungs- und Bildungsarbeit: Teresia von Jesus

die Abtötung, das freudige Ertragen von Demütigungen hat. Sie macht ihnen auch eindringlich klar, daß nicht alle zu den höchsten Gebetsstufen bestimmt sind, und tröstet die, die sich mit einer niederen Stufe begnügen müssen, damit, daß die Heiligkeit sich nicht nach dem Grad der Beschauung, sondern nach dem Grad der Tugend bemesse. Zur Pflege des inneren Gebets aber sind alle berufen, und sie ermahnt sie dringend, beharrlich auf diesem Wege zu wandeln und sich durch nichts davon abbringen zu lassen. Sie macht die Unterschiede der Gebetsstufen und -weisen klar und gibt aus ihrer reichen Erfahrung und Seelenkenntnis Anweisung, wie man sich je nach der persönlichen Veranlagung und jeweiligen Verfassung verhalten solle. Sie begnügt sich auch nicht mit theoretischen Unterweisungen über das Gebet, sondern gibt in ihrer umfangreichen Deutung des Vaterunsers[19] ein Musterbeispiel für die Betrachtung.

Zu diesen allgemeinen Weisungen kam dann, wohl als wichtigster Teil der Erziehungsarbeit, die persönliche Seelenleitung. Die Heilige ließ sich von ihren Töchtern regelmäßig über ihr inneres Leben und ihre Gebetsweise Rechenschaft geben. So erhielt sie die Möglichkeit, sie vor Irrwegen zu behüten und ihnen zum Fortschritt zu helfen. Sie machte es auch in den Satzungen den Priorinnen und Novizenmeisterinnen zur Pflicht, den Schwestern in dieser Weise beizustehen[20]. Außerdem mahnte sie immer wieder zu vollkommener Offenheit und zum Gehorsam gegenüber den Beichtvätern und sorgte nach Kräften für „gelehrte und fromme" Beichtväter, die sich im inneren Leben auskannten.

Das innere Leben ist die tiefste und reinste Quelle des Glücks für die Karmelitin. Aber die heilige Mutter hat ihre Töchter noch mit andern Freuden beschenkt. Ihre Liebe zum Heiland war Liebe zum Gott*menschen,* und sie hat die Andacht zur heiligsten Menschheit in den mannigfachsten Formen ausgebaut und im Karmel heimisch gemacht. Nirgends kann die Heilige Nacht und die ganze Weihnachtszeit schöner und freudenreicher begangen werden. Mit der Andacht zur Kindheit Jesu ist die Liebe zur Gottesmutter und das Vertrauen auf den stets hilfsbereiten Vater Joseph untrennbar verbunden. Am Palmsonntag dachte die Heilige mit Schmerz daran, daß an diesem Tage kein Mensch in Jerusalem den Herrn bewirtet hatte. Zur Ent-

---

[19] Vom 30. Hauptstück an.
[20] Das neue Kirchenrecht verbietet den Ordensoberen, eine solche Gewissensrechenschaft zu *verlangen,* es bleibt aber den Ordensleuten unbenommen, sie freiwillig abzulegen.

schädigung dafür pflegte sie an diesem Tage stets die heilige Kommunion zu empfangen. Überdies aber wurde in den Klöstern ihres Ordens Brauch – und ist es noch heute –, am Palmsonntag im Refektorium den Platz neben der Mutter Priorin für den Herrn zu decken und von allem, was man im Hause hat, etwas für ihn aufzutragen.

So ist das Kirchenjahr im Karmel ein Kranz schöner Feste, die nicht nur liturgisch im Sinne der Kirche gestaltet, sondern zugleich als Familienfeiern mit herzlicher Freude begangen werden und das Band der schwesterlichen Liebe fester knüpfen. Und wie die heilige Mutter bei solchen Gelegenheiten aus überströmendem Herzen ihre geistlichen Lieder sang, ja wohl im Kreis der Schwestern zum Tamburin griff und tanzte, so ist das Dichten und Singen froher Karmelbrauch geblieben. Hierin wie auf allen Gebieten ist das Vorbild der Mutter wohl das wirksamste Erziehungsmittel gewesen. Heilige Freude, kindlicher Frohsinn neben eifrigem Bußgeist, beharrlicher Selbstverleugnung, beides einander ergänzend und stützend – das ist die Lebensluft des Karmel, die Welt, die ein großes, liebeglühendes Mutterherz geschaffen hat, der Garten, in dem sich so viele Blüten der Heiligkeit erschlossen haben.

3. *Menschenbildung*

Im Grunde ist mit den letzten Ausführungen schon die Grenze dessen überschritten, was man als „Erziehung" bezeichnen kann. Heiligkeit, Vollkommenheit und die besondere Formung der Persönlichkeit, die bestimmten Aufgaben im Reiche Gottes entspricht – das sind Ziele, die über die Reichweite menschlicher Maßnahmen hinausliegen. Es ist möglich und notwendig, den Willen darauf hinzulenken und ihn planmäßig anzuleiten, wie er den Weg zur Höhe gehen und Hindernisse aus dem Weg räumen kann. Heiligkeit aber ist eine Gestalt der Seele, die aus ihrem Innersten hervorgehen muß, aus einer Tiefe, die weder dem Zugriff von außen noch der eigenen Willensanstrengung zugänglich ist.

Heiligung und *Zubereitung* für den bestimmten Beruf ist eine *Neuformung* der Seele, eine *Bildungsarbeit,* die letztlich nur von Gott geleistet werden kann. Doch können Menschen als Werkzeuge dabei mithelfen; und weil sie keine toten Werkzeuge sind, sondern lebendige und frei dem Zug der Gnade folgende, darum kann man mit einem gewissen Recht auch

2 Eine Meisterin der Erziehungs- und Bildungsarbeit: Teresia von Jesus

sie als *Menschenbildner* bezeichnen. Ihre Wirksamkeit vollzieht sich auf verschiedene Weise. Es ist ihnen die Gabe verliehen, in die Seelen hineinzusehen, über ihren Zustand Klarheit zu gewinnen und zu erkennen, was ihnen not tut, um das zu erreichen, was Gott mit ihnen vorhat. Mitunter können die menschlichen Helfer selbst unmittelbar nichts tun, um die Seelen ans Ziel zu führen. Sie können nur durch die Kraft ihres Gebetes Gnadenbeistand für sie herabflehen. Die letzte Form ihrer Wirksamkeit gleicht der der Sakramente. Heilige Seelen sind Gefäße der Gnade und wirken durch ihre bloße Berührung heiligend und umformend.

Bei der heiligen Mutter ließen sich wohl für alle diese Formen der Wirksamkeit viele Beispiele anführen. Ich will mich hier auf zwei besonders eindrucksvolle beschränken. Es muß allerdings vorausgeschickt werden, daß es auf diesem Gebiet keine strengen Beweise gibt. Was in einer Seele vorgeht und was eine Seele in der andern wirkt, das sind Geheimnisse, die sich nicht zum Augenbeweis ans Tageslicht ziehen und nicht wie Naturtatsachen nach mathematischer Gesetzlichkeit errechnen lassen. Aber sie deuten sich durch Zeichen an, durch die wir ahnend zu verstehen glauben, was sich unter dem Schleier vollzieht.

Die heilige Mutter hatte zunächst keine andere Absicht, als ein kleines Klösterchen zu gründen, in dem wenige gottliebende Seelen in größter Vollkommenheit dem Herrn dienen könnten. Aber nachdem das Reformwerk einmal begonnen war, mußte in ihr notwendig der Wunsch erwachen, es auch auf den männlichen Zweig des Ordens auszudehnen. In ihm war ja der alte Ordensgeist erblüht. Frauenklöster gab es erst seit dem 15. Jahrhundert, sie waren von vornherein unter der gemilderten Regel gegründet. Auch das Verlangen der Heiligen nach apostolischer Wirksamkeit konnte anders befriedigt werden, wenn Patres der Reform vorhanden waren, die durch Predigt und Seelsorge den Geist des Ordens ins Volk hinaustragen konnten. Schließlich war auch die Reform in den Frauenklöstern am ehesten sicherzustellen, wenn sie Beichtväter und Seelenführer aus dem eigenen Orden haben konnten, Geistesmänner, die aus eigener Erfahrung und theologischem Studium im inneren Leben Bescheid wußten.

Der erste Schritt zu dem ersehnten Ziel war die Vollmacht des Ordensgenerals P. Rubeo zur Gründung von Männerklöstern. Nun galt es, die geeigneten Ordensleute dafür zu finden. Die Heilige bat Gott inständig, sie ihr zu senden. Im Sommer 1567 befand sie sich zur Gründung ihres zweiten Frauenklosters in Medina del Campo. Dort stand ihr der Prior der be-

IV Erziehungskunst

schuhten Karmeliten, P. Antonius de Heredia, bei; und als er von ihren Plänen hörte, erbot er sich, als erster die Reform anzunehmen. Da er schon 69 Jahre alt und ein so strenges Leben nicht gewohnt war, glaubte sie zunächst nicht, daß es ihm ganz ernst mit seinem Entschluß sei. Dagegen meinte sie sofort den Finger Gottes zu erkennen, als ihr bald darauf von einem jungen Ordensmann berichtet wurde, dessen heiliges Leben alle in Erstaunen setzte. Sie verlangte lebhaft danach, ihn kennenzulernen, und nachdem ihr sein Besuch in Aussicht gestellt war, verbrachte sie die ganze Nacht im Gebet und rief zum Himmel: „Herr, wir brauchen P. Johannes."

Johannes de Yepez, der sich später Johannes vom Kreuz nannte, war damals 25 Jahre alt. Als besonderer Schützling und Verehrer der Gottesmutter war er in den Orden der Allerseligsten Jungfrau vom Berge Karmel eingetreten. Aber die gemilderte Lebensweise genügte ihm nicht; er erbat und erhielt von seinen Oberen die Erlaubnis, persönlich nach der ursprünglichen Regel zu leben. Doch auch die befriedigte ihn nicht, und er stand eben im Begriff, zum Kartäuserorden überzugehen. Die Heilige erkannte sofort bei der ersten Begegnung seine außerordentlichen Vorzüge und war entzückt von ihm. Als er ihr von seinem Plan erzählte, rief sie lebhaft aus: „Mein Pater, mein Sohn, ... habt Geduld, ich bitte Euch gar sehr darum, wartet noch ein wenig ... Wir sind eben daran, in unserem eigenen Orden eine Reform erstehen zu lassen, die Euren Wünschen entgegenkommt. Wenn Ihr mitwirken wollt zur Verwirklichung dieses Vorhabens, so kann ich Euch versichern, daß Ihr nicht bloß viele Gnaden erhalten, sondern auch der allerseligsten Jungfrau, Eurer himmlischen Mutter, einen großen Dienst erweisen werdet."[21] Diese Worte machten solchen Eindruck auf den jungen Ordensmann, daß er sich bereit erklärte, mit P. Antonius zusammen das erste Männerkloster der Reform zu begründen. Nachdem die heilige Mutter ein Häuschen für diesen Zweck ausfindig gemacht hatte, nahm sie den P. Johannes mit auf ihre Gründungsreise nach Valladolid, um ihn gründlich in unserer heiligen Regel und unsern Gebräuchen zu unterrichten und um ihn einzuführen in den Geist und in das rechte Verständnis der Reform[22].

---

[21] *P. Stanislaus a S. Teresia*, OCD, Der heilige Johannes vom Kreuz (S. Pfeiffer, München 1928), S. 36f.
[22] Klosterstiftungen, 13. Kapitel.

2 Eine Meisterin der Erziehungs- und Bildungsarbeit: Teresia von Jesus

Es ist wohl nicht zuviel gesagt, daß die Begegnung mit der Heiligen für Johannes vom Kreuz von entscheidender Bedeutung war und daß er in ihrer Schule ein anderer wurde, als er vorher war. Damit soll nicht gesagt sein, daß er ihr seine Heiligkeit verdanke. Unsern Vater Johannes möchte man einen geborenen Heiligen nennen. Sicherlich stand er schon bei jenem ersten Zusammentreffen in Medina auf einer sehr hohen Stufe der Vollkommenheit, und zwar ganz im Geist des alten Karmel. Seine Bußstrenge genügte nicht nur der alten Regel, sondern ging weit darüber hinaus. Sich selbst völlig zu vergessen und sich ganz in Gott zu versenken, war sein Verlangen. Nicht das war es also, wozu ihn die heilige Mutter heranbilden mußte. Aber zu einem Vater der Reform gehörte noch etwas anderes. Er war keine geborene Führernatur wie Teresia. Er war ein Einsiedler, der nach einem stillen und verborgenen Leben verlangte.

Wenn wir nun sehen, wie er bald nach der Trennung von der heiligen Mutter, von der elenden Hütte in Duruelo aus – der Wiege der Reform – dem Landvolke der Umgebung predigte, wie er etwas später im ersten Noviziat des Ordens zu Pastrana den jungen Nachwuchs nach seinem Bilde formt, im ersten Ordenskolleg zu Alcalá die Studien leitet, im Kloster der Menschwerdung in Ávila als Beichtvater der Nonnen der heiligen Mutter beisteht, um den gesunkenen Geist dieses ihres alten Heimatklosters zu erneuern; wenn wir seine Briefe lesen, in denen er sich als ein so erleuchteter und unbeirrter Seelenführer zeigt; wenn wir in seinen mystischen Schriften den großen Kirchenlehrer kennenlernen, dann glauben wir das Meisterwerk zu sehen, das die Hand der heiligen Mutter, vom Heiligen Geist geführt, gebildet hat. Er selbst mag etwas davon empfunden haben, als er vor seinem Aufbruch nach Duruelo beim Abschied vor ihr niederkniete und um ihren Segen bat.

Noch inniger gestaltete sich das Verhältnis der Heiligen zu einem andern auserwählten Werkzeug der Reform: zu *Anna von Jesus,* die sie ihre Tochter und ihre Krone nannte. Gleich dem heiligen Johannes vom Kreuz hatte Anna von frühester Jugend an ein Leben des Gebets und der Bußstrenge geführt. Als sie sich nach einem ihr entsprechenden Orden umsah, lernte ihr Beichtvater das neugegründete Kloster der Karmelitinnen zu Toledo kennen. Was er über dessen Geist und Lebensweise hörte, erweckte in ihm sofort die Überzeugung, daß Anna in den Karmel der Reform berufen sei. Die heilige Stifterin wurde vom Herrn selbst ermahnt, ihr die Aufnahme zu gewähren. Der Brief, in dem sie es tat, enthielt die ungewöhnliche Wen-

IV Erziehungskunst

dung: „Ich nehme Sie, meine liebe Tochter, nicht als eine Untergebene oder Novizin auf, sondern als meine Gehilfin."[23]

Ihrem Wunsch entsprechend trat Anna in das Kloster zum hl. Joseph in Ávila ein, in dem die Heilige damals Priorin war. Sie gab ihr schon am Tage nach dem Eintritt das heilige Kleid, bestimmte sie noch als Novizin für die Neugründung in Salamanca und übergab ihr dort das Amt der Novizenmeisterin, noch ehe sie selbst Profeß abgelegt hatte. Teresia ließ es ihr gegenüber nicht an den Erziehungsmaßnahmen fehlen, wie sie sie auch sonst anwendete. Ihre Demut und ihr Gehorsam wurden auf harte Proben gestellt. Aber viel mehr als durch diese Maßnahmen suchte sie durch Liebe und Vertrauen auf sie einzuwirken – in einem Maß, wie sie es wohl keiner andern unter ihren geistlichen Töchtern gegenüber getan hat. Ein ganzes Jahr lang bewohnte sie mit ihr dieselbe Zelle, sah sie oft lange und fest mit inniger Liebe an, machte ihr ein Kreuzchen auf die Stirn, teilte ihr alles mit, was die Reform betraf, und machte sie auch zur Vertrauten ihres Innenlebens.

Es kann kein Zweifel sein, daß es sich dabei nicht um eine menschliche Zuneigung handelte; die Heilige wußte, daß diese auserwählte Seele bestimmt war, ihr Werk in Spanien fortzusetzen und weiterhin auszubreiten, und sie wollte die Zeit des Zusammenlebens, die ihnen vergönnt war, benützen, um sie mit ihrem Geist zu erfüllen. Der heiligen Mutter selbst schwebte anscheinend dabei das Verhältnis unseres heiligen Vaters Elias zu Elisäus, seinem Nachfolger im Prophetenamt, vor. Als sie sich im Mai 1575 in Beas von Anna verabschiedete und sie als Priorin des mit ihrer Hilfe gegründeten Klosters zurückließ, sagte sie zu ihr: „Meine Tochter, wechseln wir unsere Mäntel; nehmen Sie den meinen, der ganz neu ist und für Ihr Alter paßt: mir hingegen steht der Ihrige, welcher abgenützt und alt ist, vortrefflich."[24] Gewiß dürfen wir darin eine symbolische Handlung sehen, die ihren Wunsch zum Ausdruck bringen sollte, daß ihr Geist doppelt auf ihrer Nachfolgerin ruhen möge, wie es sich Elisäus als Abschiedsgeschenk von dem großen Propheten erbeten hatte.

Tatsächlich wurde Anna noch zu Lebzeiten der heiligen Stifterin ihre treueste und tatkräftigste Stütze in den schweren Kämpfen, die das Re-

---

[23] *P. Cyprian a Passione Domini,* Leben der ehrwürdigen Anna von Jesu (Regensburg 1896), S. 32.

[24] *P. Cyprian a Passione Domini,* Leben der ehrwürdigen Anna von Jesu (Regensburg 1896), S. 95.

2 Eine Meisterin der Erziehungs- und Bildungsarbeit: Teresia von Jesus

formwerk mit dem Untergang bedrohten. In der Stunde, als die heilige Teresia im Kloster zu Alba de Tormes starb, lag Anna von Jesus selbst sterbenskrank im Kloster zu Granada. Da erschien ihr die heilige Mutter in himmlischem Glanz, verlieh ihr hohe Erleuchtungen über das Ordensleben, sagte den Fortbestand der Reform voraus und versprach, ihr vom Himmel aus beizustehen. Zugleich heilte sie sie von ihrer Krankheit. Tatsächlich hat Anna später noch oft ihre Hilfe erfahren. Sie ihrerseits hat ihre ganze Kraft eingesetzt, um das Werk der Heiligen fortzuführen. Nach zahlreichen Gründungen in Spanien hat sie den Karmel nach Frankreich und Belgien ausgebreitet. Ihr haben wir schließlich die Erhaltung der Schriften der heiligen Mutter zu verdanken. Sie hat von der Inquisition die Herausgabe des „Lebens" erwirkt, dessen Handschrift seit zwölf Jahren zur Prüfung dort war. Sie hat die andern Handschriften gesammelt und bei den Ordensoberen die erste Druckausgabe veranlaßt, die der Augustiner Luis *de León* besorgte.

Dieser Herausgeber ihrer Werke hat das, was er an den Töchtern der Heiligen an Tugend und Heiligkeit gewahrte, als untrüglichen Beweis ihrer eigenen Heiligkeit bezeichnet. „Die an all ihren Töchtern hervorleuchtende Tugend lehrt uns untrüglich, mit welch großer Gnade Gott jene ausgestattet haben müsse, die er zur Mutter einer so wunderbaren Reform erwählte ... Wenn alles außerhalb der Grenzen der natürlichen Ordnung sich Vollziehende als ein Wunder gilt, so haben wir in den Töchtern der Reform so viel Ungewöhnliches und Außerordentliches, daß wir statt von einem Wunder lieber von einer ganzen Kette von Wundern sprechen."[25]

Die wunderbare Bildungsarbeit unserer heiligen Mutter hat mit ihrem Tode nicht geendet. Ihre Wirkung erstreckt sich über die Grenzen ihres Volkes und ihres Ordens hinaus, ja sie bleibt nicht einmal auf die Kirche beschränkt, sondern greift auch auf Außenstehende über. Die Kraft ihrer Sprache, die Wahrhaftigkeit und Natürlichkeit ihrer Darstellung schließen die Herzen auf und tragen göttliches Leben hinein. Die Zahl derer, die ihr den Weg zum Licht verdanken, wird erst am Jüngsten Tag offenbar werden.

---

[25] Einleitung zu den Schriften der heiligen Teresia (Salamanca 1588).

IV Erziehungskunst

Neue Bücher über die hl. Teresia von Jesus

Der Zug unserer Zeit zum inneren Leben, das daraus entspringende Interesse für die beschaulichen Orden und besonders für den Karmel zeigt sich auch in einer Reihe neuer Veröffentlichungen über die große Ordensreformatorin Teresia von Jesus.

Maria Raphaele Virnich[1] zeichnet in knappem Rahmen im Anschluß an die Schriften der Heiligen – in der Auswahl anscheinend geleitet durch das später zu besprechende französische Werk – ein sorgfältiges Bild ihres Werdegangs, ihres inneren Lebens und ihrer äußeren Wirksamkeit.

Neben diesem Werkchen darf ich wohl auf ein ganz kleines Büchlein hinweisen, das ich im Auftrag meiner Vorgesetzten geschrieben habe, um weitere Volkskreise mit unserer heiligen Mutter bekannt zu machen[2].

Wenn diese beiden schlichten Lebensbilder geeignet sind, eine erste Bekanntschaft mit der Heiligen zu vermitteln oder auch längst Vertrautes wieder vor die Seele zu rufen, so wird das großangelegte Werk von *J. D. Berrueta* und *J. Chevalier*[3] auch denen noch Neues bieten, die Leben und Schriften der großen hl. Teresia bereits gründlich kennen. Eine intime Kenntnis des spanischen Volkscharakters und Geisteslebens ermöglicht es den Verfassern, ein anschauliches Bild des geschichtlichen Hintergrundes zu zeichnen, von dem sich die Gestalt der großen Mystikerin als der schönsten Blüte des goldenen Zeitalters Spaniens abhebt. Es folgt ein packend geschriebenes Lebensbild, gestützt auf die Selbstbiographie der Heiligen, ihre Berichte über ihr inneres Leben und ihre Briefe. Ein Überblick über ihre bedeutenden Zeitgenossen, zu denen sie größtenteils in persönlichen Beziehungen stand, führt zu dem Ergebnis: „Unter so berühmten Männern ist Teresia von Ávila, die Heilige, die Schriftstellerin, die Mystikerin, eine der Hauptfiguren: vielleicht ist sie sogar, durch gewisse Seiten, die größte" (S. 60).

Nach dem Gesamtbild wird eine Würdigung ihrer äußeren Wirksamkeit als Ordensreformatorin und Klostergründerin gegeben, sodann ein Charakterbild, das ihre Natürlichkeit und ihre tiefe Demut hervorhebt, den Sinn für die kleinen Dinge des Lebens, den urwüchsigen Humor, die zärt-

---

[1] *Teresa von Avila* (Verlag Benziger & Co. A. G., Einsiedeln 1934), 114 S., broschiert.
[2] *Teresia von Jesus*, Sammlung „Kleine Lebensbilder" Nr. 84 (Kanisiuswerk, Freiburg/Schweiz 1934), 64 S., broschiert.
[3] Sainte Thérèse et la vie mystique (Denoël et Steele, Paris 1934), 270 S., broschiert.

liche Liebe zu den Ihren, die echte Menschlichkeit dieser Seele, die bestimmt war, sich zu vergöttlichen" (101). Sie wird als wahrhaft „starke Frau" gezeichnet, froh und tapfer, von einer erstaunlichen Treffsicherheit des Urteils, von einer unvergleichlichen Klarheit und Anmut des Geistes. Diese reiche Naturanlage wird durch die Fülle der Gnade zur Vollendung geführt. Treffend wird der Gnadenstand als Gesundheit der Seele bezeichnet und darum Teresia die vollkommene Gesundheit der Seele zugesprochen, die sich in ihrer unerschütterlichen Fröhlichkeit kundgibt. Mit aller Schärfe werden jene Versuche naturalistischer Psychologen ad absurdum geführt, die mystischen Gnaden als hysterische Zustände zu deuten (S. 126 ff.).

Der I. Teil hat sich mit dem Leben und der Persönlichkeit der Heiligen beschäftigt, der zweite ist ihrem *Geisteswerk* gewidmet. Ein kurzer Überblick über die Geschichte der Mystik von Platons Gastmahl (das im 16. Jh. in Spanien wegen seines mystischen Gehalts in hohem Ansehen stand) bis zu Teresias Zeitgenossen dient dazu, ihrem Werk seinen historischen Ort anzuweisen. Die Untersuchung ihrer Quellen ergibt nur, wie unabhängig sie von ihnen ist. Sie führt wohl gelegentlich Schriften an, die sie gelesen hat, aber nur, um das zu stützen, was eigene Erfahrung sie gelehrt hat.

Die Denkweise der Heiligen wird als *„Philosophie des gesunden Menschenverstandes"* bezeichnet. Unsere heilige Mutter hätte wohl herzlich gelacht, wenn ihr jemand vorausgesagt hätte, daß man ihr einst einen Platz in der Geschichte der Philosophie anweisen werde. Und der Begriff der Philosophie, auf Grund dessen es geschieht, dürfte nicht nur bei den meisten nichtkatholischen Philosophen der Neuzeit auf Widerspruch stoßen, sondern auch bei *Thomas von Aquin* (wenn wir an seine Definition der Philosophie im Prolog der theologischen Summe denken) und bei seiner Schule. Die Verfasser berufen sich dabei auf Henri *Bergson,* der gesagt hat: Wenn man unter Mystik einen „Aufruf zum tiefen, inneren Leben versteht, dann ist jede Philosophie Mystik". Im Anschluß daran erklären sie: „Jede Philosophie, die diesen Namen verdient, ist Mystik. Und die Mystik ist, in einem gewissen Sinn, die wesentliche Philosophie" (217).

Es ist hier nicht der Ort, über den Begriff der Philosophie zu streiten. Wir können uns dahin einigen: wenn wir „Philosophie" im ursprünglichen Wortsinn nehmen – als *„Liebe zur Weisheit"* – und unter Weisheit die *göttliche* Weisheit verstehen, dann gibt es sicher keinen größeren Philosophen als diese große Liebende. Nach ihrem Grundsatz „Das Wesentliche besteht

IV Erziehungskunst

nicht darin, viel zu denken, sondern viel zu lieben"[4] ist sie durch Liebe zu einer Erfahrungswissenschaft, einer intuitiven Erkenntnis des verborgenen Gottes gelangt. – Eine Philosophie *des gesunden Menschenverstandes* wird ihr zugesprochen in dem Sinn, in dem *Descartes* diesen Ausdruck definiert hat: als Fähigkeit, das Wahre vom Falschen zu unterscheiden.

Eine zusammenhängende Darstellung ihrer mystischen Theologie wird im Anschluß an ihr mystisches Hauptwerk, die „Seelenburg"[5] gegeben: darin wird der Weg der Einkehr der Seele bei sich selbst mit seinen sieben Stufen oder – wie es hier heißt – sieben Wohnungen gezeigt. *Selbsterkenntnis* ist die erste Stufe der Reinigung. Daran schließt sich der *innere Kampf* zwischen dem Ruf Gottes, der die Seele tiefer in ihr Inneres hineinlockt, und den natürlichen Neigungen. Die *Furcht Gottes* führt sie zur Verleugnung des eigenen Willens und läßt sie in das *Gebet der Ruhe* eingehen. Dann folgen die drei Stufen der immer stärkeren *Vereinigung* mit Gott. Im innersten Gemach findet die Seele Gott selbst, sie schaut die heilige *Dreifaltigkeit* und wird zur dauernden Verbindung mit dem Herrn, zur mystischen Vermählung, geführt.

Als Prüfstein für die Wahrheit der entwickelten Lehre dient eine Gegenüberstellung mit der mystischen Theologie des hl. *Johannes vom Kreuz*, der als Vater der Reform des Karmel neben der hl. Teresia stand und auf Grund seiner Schriften zum Kirchenlehrer erhoben wurde. Der Vergleich ergibt die vollständige Übereinstimmung im wesentlichen Gehalt bei denkbar großer Verschiedenheit in der formalen Begabung und im Temperament.

Das Buch schließt mit den schönen Worten: „Lieben, was Gott liebt: das ist die große und erhabene Lehre, die uns die heilige Teresia in ihren Werken und noch mehr in ihrem Leben gibt. Wir wagen zu sagen, daß es nichts Nützlicheres oder Förderlicheres für die Seelen gibt." Man kann ihm wohl kein höheres Lob spenden, als daß es mit großer Gelehrsamkeit, aber mit noch größerer Liebe geschrieben ist.

Darum wird es seine schönste Wirkung sein, Liebe zu der großen Heiligen zu erwecken und das Verlangen, ihre *eigenen Werke* kennenzulernen, die ja auch durch die Darstellung nicht zu ersetzen sind. Die unbeschuhten Karmeliten der bayerischen Ordensprovinz haben eine deutsche Gesamt-

---

[4] Seelenburg, IV. Wohnung.
[5] In der deutschen Gesamtausgabe der Werke der hl. Teresia (Pustet, Regensburg), Bd. IV.

ausgabe herausgegeben[6] und arbeiten an einer Neuausgabe, von der jetzt der I. Band, das „*Leben*", vorliegt[7]. Außer den Konfessionen des heiligen Augustinus gibt es wohl kein Buch der Weltliteratur, das wie dieses den Stempel der Wahrhaftigkeit trägt, das so unerbittlich in die verborgensten Falten der eigenen Seele hineinleuchtet und ein so erschütterndes Zeugnis von den „Erbarmungen Gottes" ablegt. Es erzählt von einem Heldenkinde, das mit sieben Jahren heimlich das Elternhaus verläßt, weil es im Lande der Mauren durch den Märtyrertod die Krone des ewigen Lebens gewinnen möchte. Von einem jungen Mädchen, das allen Freuden der Welt entsagt und ihre zärtliche Liebe zu den Ihren überwindet, um im Kloster ihr Heil sicherzustellen. Von den schweren Leiden, durch die der Herr diese Seele an sich zieht, und von den geheimnisvollen Wegen, auf denen er sie bis zur höchsten Stufe der mystischen Vereinigung emporführt. Nun ist sie bereitet, als Gottes Werkzeug Großes zu vollbringen: sie erhält den Auftrag, das Kloster zu verlassen, in dem sie 26 Jahre als Karmelitin der gemilderten Observanz gelebt hat, und ein neues nach der strengen ursprünglichen Regel zu gründen; dort soll eine kleine Schar auserwählter Seelen in Einsamkeit und Gebet mit größter Vollkommenheit dem Herrn dienen, um ihm Ersatz zu bieten für das, was andere ihm verweigern, um möglichst viele Seelen dem Verderben zu entreißen und die Kirche im Kampf gegen ihre Feinde – es ist die Zeit der großen Glaubensspaltung – zu stützen. Die Schilderung der Kämpfe, die der Gründung dieses Klosters zum heiligen Joseph vorausgingen, seiner Eröffnung und ersten Blüte füllt einen großen Teil des Buches. Wie von dieser Wiege aus die Reform sich ausbreitete, wird erst im folgenden Band – dem Buch von den Klosterstiftungen – berichtet.

Die neue Ausgabe bedeutet gegenüber der alten eine große Verbesserung. Sie richtet sich nach der neuen spanischen Ausgabe des P. Silverio de S. Teresa OCD und enthält manches, was früher unterdrückt war. Die Übersetzung des P. Aloysius Alkofer OCD ist natürlich und gefällig und läßt etwas von der Lebendigkeit des Originals ahnen, die ja sicher durch keine Übertragung zu erreichen ist. Die wertvolle Einleitung des P. Am-

---

[6] Bei Pustet in Regensburg, 1912–22.
[7] Sämtliche Schriften der hl. Teresia von Jesu. I. Band: Leben, von ihr selbst beschrieben (Kösel-Pustet, München 1933), 545 Seiten.

brosius v. d. hl. Teresia OCD und zahlreiche Anmerkungen erleichtern das Einleben in die Zeitverhältnisse.

So ist die neue Ausgabe dazu angetan, die alten Freunde des Werkes zu erfreuen und ihm neue zu gewinnen. Man kann nur wünschen, daß es in möglichst viele Hände kommen und das Feuer der Gottesliebe in vielen Herzen entzünden möge.

Schwester Teresia Benedicta a Cruce OCD (Dr. Edith Stein)

Sämtliche Schriften der heiligen Theresia

Sämtliche Schriften der hl. Theresia von Jesu. Neue deutsche Ausgabe, übersetzt nach der spanischen Ausgabe des P. Silverio de S. Teresa C. D. von P. P. *Aloysius* ab Immaculata Conceptione, aus dem Orden der Unbeschuhten Karmeliter. Verlag Josef Kösel & Friedrich Pustet, München. – Der Verlag Kösel-Pustet bringt seit 1933 die Schriften der großen Lehrerin der Mystik in einer schönen neuen Ausgabe heraus, in sechs schönen, starken Bänden. Der I. Band – das *Leben* der Heiligen, von ihr selbst geschrieben – ist früher in dieser Zeitschrift ausführlich gewürdigt worden. Die Heilige hat darin vorwiegend ihr *inneres* Leben dargelegt. Der II. Band – das Buch der *Klosterstiftungen* – gibt ein Bild ihrer erstaunlichen äußeren Wirksamkeit als Ordensreformatorin. Wertvolle Ergänzungen dazu bieten die *Briefe* der Heiligen. (Die erste Hälfte ist als III. Band der Werke 1937 erschienen, der IV. Band mit der zweiten Hälfte steht noch aus.) Sie sind erquickend durch ihre Frische, Natürlichkeit, Ursprünglichkeit und warme Herzlichkeit, bewundernswert durch die Fülle und Mannigfaltigkeit menschlicher Beziehungen. Der V. Band (1938) enthält das mystische Hauptwerk: die *Seelenburg*. In lichtvoller, anmutiger und anschaulicher Darstellung wird hier der Weg der Einkehr der Seele in sich selbst und zur vollkommensten Vereinigung mit Gott in unvergleichlicher Weise klargelegt. Als VI. und letzter Band ist der *Weg der Vollkommenheit* vorgesehen, das Handbuch des geistlichen Lebens, das die heilige Mutter für ihre geistlichen Söhne und Töchter geschrieben hat.

Sr. Teresia Benedicta a Cruce, OCD

3 Sancta Discretio in der Seelenführung

Man nennt St. Benedikts heilige Regel „discretione perspicua", ausgezeichnet durch Diskretion. Die Diskretion gilt als besonderes Siegel benediktinischer Heiligkeit. Aber im Grunde gibt es ohne sie überhaupt keine Heiligkeit, ja wenn man sie tief und weit genug faßt, fällt sie mit der Heiligkeit selbst zusammen.

Man vertraut jemandem etwas an „unter Diskretion", d.h., man erwartet, daß er darüber schweigen wird. Aber Diskretion ist mehr als Verschwiegenheit. Der Diskrete weiß, ohne daß man ihn darum bittet, worüber er nicht sprechen darf. Er hat die Gabe, zu *unterscheiden*, was im Schweigen gehütet und was offenbar werden muß, wann es Zeit ist zu reden und wann zu schweigen, *wem* man etwas anvertrauen darf und wem nicht. All das gilt für seine eigenen Angelegenheiten und für die anderer. Wir empfinden es ja als „Indiskretion", wenn jemand über das, was ihn selbst betrifft, spricht, wo es nicht angebracht ist, und wann es verletzend wäre, es zu unterlassen.

Man schenkt uns eine Summe „à discrétion", d.h. zu unserer freien Verfügung. Das bedeutet nicht, daß wir nach Willkür damit umgehen dürfen. Der Geber überläßt uns die Anwendung, weil er überzeugt ist, daß wir am besten unterscheiden können, was damit anzufangen ist. Auch hier ist Diskretion Gabe der Unterscheidung.

Im besonderen Maße bedarf ihrer, wer Seelen zu leiten hat. St. Benedikt spricht davon im Zusammenhang dessen, was vom Abt zu fordern ist (S. Regula, Kap. 64): er soll bei seinen Anordnungen „vorausschauend und überlegt sein", und ob es eine göttliche oder eine weltliche Arbeit ist, die er aufträgt – er soll *unterscheiden* und abwägen, jener Unterscheidung Jakobs gedenkend, der sprach: „Wenn ich meinen Herden auf dem Weg zuviel zumute, werden sie alle an einem Tag sterben" (Gen. 33,13). Diese und andere Zeugnisse für die *Unterscheidung*, die Mutter der Tugenden, soll er sich zu Herzen nehmen und alles so abwägen, daß er das trifft, wonach die Starkmütigen verlangen und wovor die Schwachen nicht zurückschrecken … Man könnte „discretio" hier mit „weiser Maßhaltung" wiedergeben. Aber die Quelle solchen Maßhaltens ist doch die Gabe zu unterscheiden, was einem jeden angemessen ist.

Woher kommt uns diese Gabe? Es gibt etwas Natürliches, was bis zu einem gewissen Grade dazu befähigt. Wir nennen es Takt oder Feingefühl,

IV Erziehungskunst

eine Frucht ererbter und durch mancherlei Bildungsarbeit und Lebenserfahrung erworbener seelischer Kultur und Weisheit. Kardinal Newman sagt, der vollendete Gentleman sehe dem Heiligen zum Verwechseln ähnlich. Aber das reicht doch nur bis zu einer gewissen Belastungsprobe. Darüber hinaus bricht dieses natürliche Ausgewogensein der Seele zusammen. Die natürliche discretio dringt auch nicht in die Tiefe. Sie weiß wohl „mit den Menschen umzugehen" und gleich mildem Öl den Reibungen im Räderwerk des gesellschaftlichen Lebens zuvorzukommen. Aber die Gedanken des Herzens, das Innerste der Seele, bleibt ihr verborgen. Dorthin dringt nur der Geist, der alles durchforscht, selbst die Tiefen der Gottheit.

Die echte discretio ist übernatürlich. Sie findet sich nur dort, wo der Heilige Geist herrscht, wo eine Seele in ungeteilter Hingabe und ungehemmter Beweglichkeit auf die leise Stimme des holden Gastes lauscht und seines Winkes gewärtig ist.

Ist die discretio als Gabe des Heiligen Geistes anzusehen? Nicht als eine der bekannten sieben Gaben ist sie aufzufassen, noch als eine neue achte. Sie gehört wesentlich zu jeder Gabe, ja man darf wohl sagen, die sieben Gaben seien verschiedene Ausprägungen dieser einen Gabe. Die Gabe der Furcht unterscheidet in Gott die divina majestas und ermißt den unendlichen Abstand zwischen Gottes Heiligkeit und eigener Unreinheit. Die Gabe der Frömmigkeit unterscheidet in Gott die pietas, die Vatergüte, und schaut mit kindlich-ehrfürchtiger Liebe zu ihm auf – mit einer Liebe, die zu unterscheiden weiß, was dem Vater im Himmel gebührt.

Bei der Klugheit leuchtet es vielleicht am ehesten ein, daß sie Unterscheidungsgabe ist – Unterscheidung dessen, was in einer jeden Lebenslage das Angemessene ist. Bei der Stärke könnte man geneigt sein zu denken, daß es sich hier um etwas rein Willensmäßiges handelt. Aber die Trennung zwischen der Klugheit, die den rechten Weg erkennt, ohne ihn zu gehen, und einer Stärke, die sich blind durchsetzt, ist nur im rein Natürlichen möglich. Wo der Heilige Geist herrscht, da wird der Menschengeist lenksam, ohne Widerstreben. Die Klugheit bestimmt ohne Hemmung das praktische Verhalten, die Kraft ist von der Klugheit erleuchtet. Beide zusammen ermöglichen es dem Menschengeist, sich geschmeidig allen Verhältnissen anzupassen. Weil er widerstandslos dem Heiligen Geist hingegeben ist, ist er allem gewachsen, was an ihn herantritt. Dieses himmlische Licht läßt ihn als Gabe der Wissenschaft in aller Klarheit alles Geschaffene und alles Geschehen in seiner Ordnung zum Ewigen unterscheiden, in seinem Auf-

3 Sancta Discretio in der Seelenführung

bau verstehen und ihm den gebührenden Platz und das ihm zukommende Gewicht anweisen. Ja, es gibt ihm als Gabe des Verstandes Einblick in die Tiefen der Gottheit selbst und läßt die offenbarte Wahrheit hell vor ihm aufleuchten. In seiner Vollendung als Gabe der Weisheit eint es ihn mit dem Dreifaltigen selbst und läßt ihn gleichsam den ewigen Urquell und alles, was von ihm ausgeht und gehalten wird, in jener göttlichen Lebensbewegung, die Erkennen und Lieben in einem ist, durchdringen.

Die sancta discretio ist demnach radikal unterschieden vom menschlichen Scharfsinn. Sie unterscheidet nicht durch schrittweise vorgehendes Denken wie der forschende Menschengeist, nicht durch Zergliedern und Zusammenfassen, durch Vergleichen und Sammeln, durch Schließen und Beweisen. Sie unterscheidet, wie das Auge im klaren Tageslicht mühelos die scharfen Umrisse der Dinge vor sich sieht. Das Eindringen in Einzelheiten läßt den Überblick über die Zusammenhänge nicht verlieren. Je höher der Wanderer steigt, desto mehr weitet sich der Blick, bis vom Gipfel die ganze Rundsicht frei wird. Das von himmlischem Licht erleuchtete Geistesauge reicht in die weiteste Ferne, nichts verschwimmt, nichts wird ununterscheidbar. Mit der Einheit wächst die Fülle, bis im einfachen Strahl des göttlichen Lichtes die ganze Welt sichtbar wird wie bei St. Benedikt in der magna visio.

IV Erziehungskunst

4 Das Weihnachtsgeheimnis
Menschwerdung und Menschheit

Wir stehen in der Mitte der weihnachtlichen Zeit. Das hohe Fest, das lange wie ein strahlender Stern am dunklen Nachthimmel der Adventszeit vor uns hergegangen ist, es ist vorbei, manchen von uns vielleicht allzu schnell vorbeigegangen. Es hat nicht still gestanden wie der Stern über der Krippe von Bethlehem. Es ist vorübergerauscht, und vielleicht standen wir erschrocken, weil wir nicht fassen oder gar ausschöpfen konnten, was es uns bringen wollte und sollte. Da ist es dann recht tröstlich, daß die heilige Kirche als eine ebenso weise wie gütige Mutter mit der Schwäche ihrer Kinder rechnet und eine ganze Reihe von Wochen für den Weihnachtsfestkreis vorgesehen hat. So läßt sich noch manches nachholen, was versäumt wurde; und auch für heute wußte ich nichts Besseres, als daß wir ein wenig stille stehen und zurückblicken auf die letzten Wochen.

1. Advent und Weihnacht

Wenn die Tage kürzer und kürzer werden, wenn (in einem normalen Winter) die ersten Schneeflocken fallen, dann tauchen scheu und leise die ersten Weihnachtsgedanken auf. Und von dem bloßen Wort geht ein Zauber aus, dem sich kaum irgendein Herz entziehen kann. Selbst die Andersgläubigen und Ungläubigen, denen die alte Geschichte vom Kinde zu Bethlehem nichts bedeutet, rüsten für das Fest und überlegen, wie sie da und dort einen Strahl der Freude entzünden können. Es geht wie ein warmer Strom der Liebe über die ganze Erde schon um Wochen und Monate voraus. Ein Fest der Liebe und Freude – das ist der Stern, auf den *alle* in den ersten Wintermonaten zugehen. Für den Christen und besonders für den katholischen Christen ist es noch etwas anderes. Ihn führt der Stern zur Krippe mit dem Kindlein, das den Frieden auf Erden bringt. In zahllosen lieblichen Bildern stellt es uns die christliche Kunst vor die Augen; alte Weisen, aus denen der ganze Zauber der Kindheit klingt, singen uns davon.

Wer mit der Kirche lebt, dem rufen die Rorateglocken und die Adventslieder eine heilige Sehnsucht im Herzen wach; und wem der unerschöpfliche Born der heiligen Liturgie erschlossen ist, bei dem pocht Tag um Tag

4 Das Weihnachtsgeheimnis

der große Prophet der Menschwerdung mit seinen Mahnworten und Verheißungen an*: *Rorate, coeli, desuper et nubes pluant justum! Prope est jam Dominus – Venite adoremus. – Veni, Domine, et noli tardare. – Jerusalem, gaude gaudio magno, quia veniet tibi Salvator*[1]. Vom 17. bis 24. Dezember rufen die großen O-Antiphonen zum Magnificat (*O Sapientia, O Adonai, O Radix Jesse, O Clavis David, O Oriens, O Rex gentium, O Emmanuel*[2]) immer sehnsüchtiger und inbrünstiger ihr: *Veni ad liberandum nos*[3]. Und immer verheißungsvoller klingt es: *Ecce completa sunt omnia*[4] (am letzten Adventssonntag); und schließlich: *Hodie scietis, quia veniet Dominus et mane videbitis gloriam eius*[5]. Ja, wenn am Abend die Lichterbäume brennen und die Gaben getauscht werden, da drängt die unerfüllte Sehnsucht immer noch hinaus nach einem andern Lichtglanz, bis die Glocken zur Christmette läuten und – *Dum medium silentium tenet omnia*[6] – das Wunder der Heiligen Nacht sich auf unsern licht- und blumengeschmückten Altären erneuert: *Et verbum caro factum est*[7]. Nun ist der Augenblick der seligen Erfüllung da: *Hodie per totum mundum melliflui facti sunt coeli*[8].

2. Die Gefolgschaft des menschgewordenen Gottessohnes

Solches Weihnachtsglück hat wohl jeder von uns schon erlebt. Aber noch sind Himmel und Erde nicht eins geworden. Der Stern von Bethlehem ist ein Stern in dunkler Nacht, auch heute noch. Schon am zweiten Tage legt die Kirche die weißen Festgewänder ab und kleidet sich in die Farbe des Blutes, und am vierten Tage (wenn es nicht gerade, wie in diesem Jahr, ein

---

* [Für Edith Stein war die Sprache der Liturgie das Latein. Sie übersetzt deshalb die Zitate nicht. Für den heutigen Leser fügen wir die deutsche Übersetzung in Fußnoten bei.]
[1] Tauet, ihr Himmel, von oben, und ihr Wolken, regnet den Gerechten! Schon ist nahe der Herr – Kommt, lasset uns anbeten. – Komm, Herr, und zögere nicht. – Jerusalem, freue dich und frohlocke, denn dein Heiland wird zu dir kommen.
[2] O Weisheit, O Adonai, O Wurzel Jesse, O Schlüssel Davids, O Morgenstern, O König aller Völker, O Emmanuel.
[3] Komm, uns zu erlösen!
[4] Siehe, alles ist vollendet.
[5] Heute werdet ihr erfahren, daß der Herr kommt: Und morgen werdet ihr seine Herrlichkeit schauen.
[6] Als alles in tiefem Schweigen lag.
[7] Und das Wort ist Fleisch geworden.
[8] Heute ist der Himmel für die ganze Welt honigtriefend geworden.

Sonntag ist) in das Violett der Trauer: Stephanus, der Erzmärtyrer, der als erster dem Herrn im Tode nachfolgte, und die Unschuldigen Kinder, die Säuglinge von Bethlehem und Juda, die von rohen Henkershänden grausam hingeschlachtet wurden, sie stehen als Gefolge um das Kind in der Krippe. Was will das sagen? Wo ist nun der Jubel der himmlischen Heerscharen, wo die stille Seligkeit der Heiligen Nacht? Wo ist der Friede auf Erden? Friede auf Erden denen, die guten Willens sind! Aber nicht alle *sind* guten Willens. Darum mußte ja der Sohn des Ewigen Vaters aus der Herrlichkeit des Himmels herabsteigen, weil das Geheimnis der Bosheit die Erde in Nacht gehüllt hat.

Finsternis bedeckte die Erde, und er kam als Licht, das in der Finsternis leuchtet, aber die Finsternis hat ihn nicht begriffen. Die ihn aufnahmen, denen brachte er das Licht und den Frieden: den Frieden mit dem Vater im Himmel, den Frieden mit allen, die gleich ihnen Kinder des Lichtes und Kinder des Vaters im Himmel sind, und den tiefen innern Herzensfrieden, aber nicht den Frieden mit den Kindern der Finsternis. Ihnen bringt der Friedensfürst nicht den Frieden, sondern das Schwert. Ihnen ist er der Stein des Anstoßes, gegen den sie anrennen und an dem sie zerschellen. Das ist die eine schwere und ernste Wahrheit, die wir uns durch den poetischen Zauber des Kindes in der Krippe nicht verdecken lassen dürfen. Das Geheimnis der Menschwerdung und das Geheimnis der Bosheit gehören eng zusammen. Gegen das Licht, das vom Himmel herabgekommen ist, sticht die Nacht der Sünde um so schwärzer und unheimlicher ab. Das Kind in der Krippe streckt die Händchen aus, und sein Lächeln scheint schon zu sagen, was später die Lippen des Mannes gesprochen haben: *Kommt her zu mir alle, die ihr mühselig und beladen seid.* Und die seinem Ruf folgen: die armen Hirten, denen auf den Fluren von Bethlehem der Lichtglanz des Himmels und die Stimme des Engels die frohe Botschaft verkündeten und die darauf treuherzig ihr *transeamus usque Bethlehem*[9] sprachen und sich auf den Weg machten; die Könige, die aus fernem Morgenlande im gleichen schlichten Glauben dem wunderbaren Stern folgten, ihnen floß von den Kinderhänden der Tau der Gnade zu, und sie „freuten sich mit großer Freude". Diese Hände geben und fordern zugleich: Ihr Weisen, legt eure Weisheit nieder, und werdet einfältig wie die Kinder; ihr Könige, gebt eure Kronen und eure Schätze und beugt euch in Demut vor dem König der Kö-

---

[9] Laßt uns nach Bethlehem gehen!

nige; nehmt ohne Zögern Mühen und Leiden und Beschwerden auf euch, die sein Dienst erfordert. Ihr Kinder, die ihr noch nichts freiwillig geben könnt, euch nehmen die Henkershände euer zartes Leben, ehe es noch recht begonnen hat: Es kann nicht besser angewendet werden, als aufgeopfert zu werden für den Herrn des Lebens. *„Folge mir"*, so sprechen die Kinderhände, wie später die Lippen des Mannes gesprochen haben. So sprachen sie zu dem Jünger, den der Herr lieb hatte und der nun auch zu der Gefolgschaft an der Krippe gehört. Und der hl. Johannes, der Jüngling mit dem reinen Kinderherzen, folgte, ohne zu fragen: wohin? und wozu? Er verließ des Vaters Schiff und ging dem Herrn nach auf allen seinen Wegen bis hinauf nach Golgotha. *„Folge mir"* – das vernahm auch der Jüngling Stephanus. Er folgte dem Herrn zum Kampf gegen die Mächte der Finsternis, die Verblendung des hartnäckigen Unglaubens, er legte Zeugnis für ihn ab mit seinem Wort und mit seinem Blut, er folgte ihm auch in seinem Geist, dem Geist der Liebe, der die Sünde bekämpft, aber den Sünder liebt und noch im Tode für den Mörder vor Gott eintritt.

Lichtgestalten sind es, die um die Krippe knien: die zarten, unschuldigen Kinder, die treuherzigen Hirten, die demütigen Könige, Stephanus, der begeisterte Jünger, und der Lieblingsapostel Johannes: sie alle, die dem Ruf des Herrn folgten. Ihnen gegenüber steht die Nacht der unbegreiflichen Verhärtung und Verblendung: die Schriftgelehrten, die Auskunft geben können über Zeit und Ort, da der Heiland der Welt geboren werden soll, die aber kein *Transeamus usque Bethlehem* daraus ableiten; der König Herodes, der dem Herrn des Lebens ans Leben will. Vor dem Kind in der Krippe scheiden sich die Geister. Es ist der König der Könige und der Herr über Leben und Tod. Es spricht sein *„Folge mir"*, und wer nicht für ihn ist, ist wider ihn. Er spricht es auch für uns und stellt uns vor die Entscheidung zwischen Licht und Finsternis.

3. *Corpus Christi mysticum*[10]

3.1 Unum esse cum Deo[11]

Wohin es uns auf dieser Erde führen will, das wissen wir nicht und sollen wir nicht vor der Zeit fragen. Nur das wissen wir, daß denen, die den

---
[10] Der mystische Leib Christi.
[11] Eins sein mit Gott.

IV Erziehungskunst

Herrn lieben, alle Dinge zum Guten gereichen. Und ferner, daß die Wege, die der Heiland führt, über diese Erde hinausgehen.

O admirabile commercium! Creator generis humani, animatum corpus sumens, largitus est nobis suam Deitatem[12]. Zu diesem wunderbaren Tauschhandel ist ja der Erlöser auf die Welt gekommen. Gott ward ein Menschenkind, damit die Menschenkinder Gotteskinder werden könnten. Einer von uns hatte das Band der Gotteskindschaft zerrissen, einer von uns mußte es wieder knüpfen und die Sühne zahlen. Keiner konnte es aus dem alten, dem kranken und verwilderten Stamm. Ein neues, gesundes und edles Reis mußte aufgepfropft werden. Einer von uns ist er geworden; aber damit mehr als das: *eins mit uns*. Das ist ja das Wunderbare am Menschengeschlecht, daß wir alle eins sind. Wäre es anders, stünden wir als selbständige und getrennte Einzelwesen frei und unabhängig nebeneinander, dann hätte der Fall des einen nicht den Fall aller nach sich ziehen können. Dann hätte andererseits wohl für uns der Sühnepreis gezahlt werden und uns zugerechnet werden können, aber es wäre nicht seine Gerechtigkeit auf die Sünder übergegangen, es wäre keine Rechtfertigung möglich gewesen. Er aber kam, um *ein* Corpus mysticum mit uns zu sein: er unser Haupt, wir seine Glieder. Legen wir unsere Hände in die Hände des göttlichen Kindes, sprechen wir unser *Ja* zu seinem *Sequere me*[13], dann sind wir sein, und der Weg ist frei, daß sein göttliches Leben auf uns übergehen kann.

Das ist der Anfang des ewigen Lebens in uns. Es ist noch nicht seliges Gottschauen im Glorienlicht, es ist noch Dunkel des Glaubens, aber es ist nicht mehr von dieser Welt, es ist schon Stehen im Gottesreich. Als die allerseligste Jungfrau ihr *Fiat* sprach, da begann das Gottesreich auf Erden, und sie war seine erste Bürgerin. Und alle, die sich vor und nach der Geburt des Kindes in Wort und Tat zu ihm bekannten – der hl. Joseph, die hl. Elisabeth mit ihrem Kinde und alle, die um die Krippe standen –, sie traten in das Gottesreich ein. Es ist anders geworden, als man sich nach Psalmen und Propheten die Herrschaft des Gottkönigs gedacht hatte. Die Römer blieben die Herren im Lande, und Hohepriester und Schriftgelehrte hielten weiter das arme Volk unter ihrem Joch. Unsichtbar trug jeder, der dem Herrn angehörte, sein Himmelreich in sich. Seine irdische Bürde wurde ihm nicht abgenommen, ja sogar noch manche andere dazugelegt,

---

[12] O wunderbarer Tausch! Der Schöpfer des Menschengeschlechtes nahm Leib und Seele an und schenkte uns seine Gottheit.
[13] Folge mir nach!

4 Das Weihnachtsgeheimnis

aber was er in sich hatte, war eine beschwingte Kraft, die das Joch sanft machte und die Last leicht. So ist es noch heute bei jedem Gotteskind. Das göttliche Leben, das in der Seele entzündet wird, ist ja das Licht, das in die Finsternis gekommen ist, das Wunder der Heiligen Nacht. Wer es in sich trägt, der versteht es, wenn davon gesprochen wird. Für die andern aber ist alles, was man darüber sagen kann, ein unverständliches Stammeln. Das ganze Johannesevangelium ist ein solches Stammeln vom ewigen Licht, das Liebe und Leben ist. Gott in uns und wir in ihm, das ist unser Anteil am Gottesreich, zu dem die Menschwerdung den Grund gelegt hat.

3.2 Unum esse in Deo[14]

Unum esse cum Deo: das ist das erste. Aber ein Zweites folgt gleich daraus. Christus das Haupt, wir die Glieder im Corpus mysticum: dann sind wir zueinander Glied zu Glied, und wir Menschen untereinander *unum esse in Deo,* ein göttliches Leben. Wenn Gott in uns ist und wenn er die Liebe ist, so kann es nicht anders sein, als daß wir die Brüder lieben. Darum ist unsere Menschenliebe das Maß unserer Gottesliebe. Aber es ist eine andere als die natürliche Menschenliebe. Die natürliche Liebe gilt diesem und jenem, der uns durch die Bande des Blutes verbunden oder durch Verwandtschaft des Charakters oder gemeinsame Interessen nahesteht. Die andern sind „Fremde", die einen „nichts angehen", einem eventuell sogar durch ihr Wesen widerwärtig sind, so daß man sie sich möglichst weit vom Leibe hält. Für den Christen gibt es keinen „fremden Menschen". Der ist jeweils der „Nächste", den wir vor uns haben und der eben unser am meisten bedarf; gleichgültig, ob er verwandt ist oder nicht, ob wir ihn „mögen" oder nicht, ob er der Hilfe „moralisch würdig" ist oder nicht. Die Liebe Christi kennt keine Grenzen, sie hört nimmer auf, sie schaudert nicht zurück vor Häßlichkeit und Schmutz. Er ist um der Sünder willen gekommen und nicht um der Gerechten willen. Und wenn die Liebe Christi in uns lebt, dann machen wir es wie er und gehen den verlorenen Schafen nach.

Die natürliche Liebe geht darauf aus, den geliebten Menschen für sich zu haben und möglichst ungeteilt zu besitzen. Christus ist gekommen, um die verlorene Menschheit für den Vater zurückzugewinnen; und wer mit seiner Liebe liebt, der will die Menschen für Gott und nicht für sich. Das ist

---

[14] Eins sein in Gott.

freilich zugleich der sicherste Weg, um sie auf ewig zu besitzen; denn wenn wir einen Menschen in Gott geborgen haben, dann sind wir ja mit ihm in Gott eins, während die Sucht zu erobern oft – ja wohl früher oder später immer – zum Verlust führt. Es gilt für die fremde Seele wie für die eigene und für jedes äußere Gut: Wer ängstlich daraus aus ist, zu gewinnen und zu bewahren, der verliert. Wer an Gott hingibt, der gewinnt.

3.3 Fiat voluntas tua![15]

Damit rühren wir an ein drittes *signum* der Gotteskindschaft. *Unum esse cum Deo* war das erste. *Ut omnes unum sint in Deo*[16] das zweite. Das dritte: Daran erkenne ich, daß ihr mich liebt, wenn ihr meine Gebote haltet. Gotteskind sein heißt an Gottes Hand gehen, Gottes Willen, nicht den eigenen Willen tun, alle Sorgen und alle Hoffnung in Gottes Hand legen, nicht mehr selbst um sich und seine Zukunft sorgen. Darauf beruhen die Freiheit und Fröhlichkeit des Gotteskindes. Wie wenige, auch von den wahrhaft Frommen, selbst heroisch Opferwilligen, besitzen sie! Sie gehen immer wie niedergebeugt unter der schweren Last ihrer Sorgen und Pflichten. Alle kennen das Gleichnis von den Vögeln unter dem Himmel und den Lilien auf dem Felde. Aber wenn sie einem Menschen begegnen, der kein Vermögen, keine Pension und keine Versicherung hat und doch unbekümmert um seine Zukunft lebt, dann schütteln sie den Kopf wie über etwas Abnormales. Freilich, wer von dem Vater im Himmel erwartete, daß er ihm jederzeit für *das* Einkommen und *die* Lebensverhältnisse sorgen werde, die er für wünschenswert hält, der könnte sich schwer verrechnet haben. Solche Bedingungen darf man in den Vertrag mit dem Himmel nicht hineinschreiben. Nur dann wird das Gottvertrauen unerschüttert standhalten, wenn es die Bereitschaft einschließt, alles und jedes aus des Vaters Hand entgegenzunehmen. Er allein weiß ja, was uns guttut. Und wenn einmal Not und Entbehrung angebrachter wären als behaglich-gesichertes Auskommen oder Mißerfolg und Verdemütigung besser als Ehre und Ansehen, dann muß man sich auch dafür bereit halten. Tut man das, so kann man unbelastet durch die Zukunft der Gegenwart leben.

---

[15] Dein Wille geschehe!
[16] Damit alle eins sind in Gott.

4 Das Weihnachtsgeheimnis

Das *Fiat voluntas tua!* in seinem vollen Ausmaß muß die Richtschnur des Christenlebens sein. Es muß den Tageslauf vom Morgen bis zum Abend, den Gang des Jahres und das ganze Leben regeln. Es wird dann auch des Christen einzige Sorge. Alle andern Sorgen nimmt der Herr auf sich. Diese eine aber bleibt uns, solange wir noch in *statu viae* sind. Es ist objektiv so, daß wir nicht endgültig versichert sind, immer auf Gottes Wegen zu bleiben. Wie die ersten Menschen aus der Gotteskindschaft in die Gottesferne fallen konnten, so steht jeder von uns immer auf des Messers Schneide zwischen dem Nichts und der Fülle des göttlichen Lebens. Und früher oder später wird uns das auch subjektiv fühlbar. In den Kindertagen des geistlichen Lebens, wenn wir eben angefangen haben, uns Gottes Führung zu überlassen, da fühlen wir die leitende Hand ganz stark und fest; sonnenhell liegt es vor uns, was wir zu tun und was wir zu lassen haben. Aber das bleibt nicht immer so. Wer Christus angehört, der muß das ganze Christusleben durchleben. Er muß zum Mannesalter Christi heranreifen, er muß einmal den Kreuzweg antreten, muß nach Gethsemani und Golgotha. Und alle Leiden, die von außen kommen können, sind nichts im Vergleich zu der dunklen Nacht in der Seele, wenn das göttliche Licht nicht mehr leuchtet und die Stimme des Herrn nicht mehr spricht. Gott ist da, aber er ist verborgen und schweigt. Warum das so ist? Es sind Gottes Geheimnisse, von denen wir sprechen, und die lassen sich nicht restlos durchdringen. Gott ist Mensch geworden, um uns an seinem Leben aufs neue Anteil zu geben. Wir haben das zunächst als Anteil am göttlichen Leben gefaßt. Damit beginnt es, und das ist das letzte Ziel.

Aber dazwischen liegt noch etwas anderes. Christus ist Gott und Mensch, und wer an seinem Leben Anteil hat, muß am göttlichen und am menschlichen Leben Anteil haben. Die menschliche Natur, die er annahm, gab ihm die Möglichkeit zu leiden und zu sterben. Die göttliche Natur, die er von Ewigkeit besaß, gab dem Leiden und Sterben unendlichen Wert und erlösende Kraft. Christi Leiden und Tod setzt sich fort in seinem mystischen Leibe und in jedem seiner Glieder. Leiden und sterben muß jeder Mensch. Aber wenn er lebendiges Glied am Leibe Christi ist, dann bekommt sein Leiden und Sterben durch die Gottheit des Hauptes erlösende Kraft. Das ist der objektive Grund, warum alle Heiligen nach Leiden verlangt haben. Das ist keine perverse Lust am Leiden. Den Augen des natürlichen Verstandes erscheint es als Perversion. Im Licht des Erlösungsgeheimnisses erweist es sich als höchste Vernunft. Und so wird der Chri-

IV Erziehungskunst

stusverbundene auch in der dunklen Nacht der subjektiven Gottferne und -verlassenheit unerschüttert ausharren; vielleicht setzt die göttliche Heilsökonomie seine Qual ein, um einen objektiv Gefesselten zu befreien. Darum: *Fiat voluntas tua!* auch und gerade in der dunkelsten Nacht.

4. Heilsmittel

Aber können wir es denn noch sprechen, wenn wir keine Gewißheit mehr haben, was Gottes Wille von uns verlangt? Haben wir noch Mittel, uns auf seinen Wegen zu halten, wenn das innere Licht erlischt? Es gibt solche Mittel und so starke Mittel, daß das Abirren bei aller prinzipiellen Möglichkeit tatsächlich unendlich unwahrscheinlich wird. Gott ist ja gekommen, uns zu erlösen: uns mit sich zu verbinden, uns untereinander zu verbinden, unsern Willen dem seinen gleichförmig zu machen. Er kennt unsere Natur, er rechnet mit ihr und hat darum alles mitgebracht, was uns helfen kann, ans Ziel zu gelangen.

Das göttliche Kind ist zum *Lehrer* geworden und hat uns *gesagt*, was wir tun sollen. Um ein ganzes Menschenleben mit göttlichem Leben zu durchdringen, dazu genügt es nicht, einmal im Jahr vor der Krippe zu knien und sich von dem Zauber der Heiligen Nacht gefangennehmen zu lassen. Dazu muß man das ganze Leben lang im täglichen Verkehr mit Gott stehen, auf die Worte hören, die er gesprochen hat und die uns überliefert sind, und diese Worte befolgen. Vor allen Dingen beten, wie es der Heiland selbst gelehrt und so eindringlich immer wieder eingeschärft hat. „Bittet, und ihr werdet empfangen." Das ist die sichere Verheißung der Erhörung. Und wer täglich von Herzen sein „Herr, dein Wille geschehe" spricht, der darf wohl darauf vertrauen, daß er den göttlichen Willen auch da nicht verfehlt, wo er keine subjektive Gewißheit mehr hat.

Ferner: Christus hat uns nicht als Waisenkinder zurückgelassen. Er hat seinen Geist gesandt, der uns alle Wahrheit lehrt; er hat seine Kirche begründet, die von seinem Geist geleitet wird, und hat in ihr seine Stellvertreter eingesetzt, durch deren Mund sein Geist in Menschenworten zu uns spricht. Er hat in ihr die Gläubigen zur Gemeinschaft verbunden und will, daß einer für den andern einsteht. So sind wir nicht allein gelassen; und wo das Vertrauen auf die eigene Einsicht und selbst auf das eigene Gebet versagt, da hilft die Kraft des Gehorsams und die Kraft der Fürbitte.

4 Das Weihnachtsgeheimnis

Et Verbum caro factum est. Das ist Wahrheit geworden im Stall zu Bethlehem. Aber es hat sich noch erfüllt in einer andern Form. „Wer mein Fleisch ißt und mein Blut trinkt, der hat das ewige Leben." Der Heiland, der weiß, daß wir Menschen sind und Menschen bleiben, die täglich mit menschlichen Schwächen zu kämpfen haben, er kommt unserer Menschlichkeit auf wahrhaft göttliche Weise zu Hilfe. Wie der irdische Leib des täglichen Brotes bedarf, so verlangt auch der göttliche Leib in uns nach dauernder Ernährung. „Dieses ist das lebendige Brot, das vom Himmel herabgekommen ist." Wer es wahrhaft zu seinem täglichen Brot macht, in dem vollzieht sich täglich das Weihnachtsgeheimnis, die Menschwerdung des Wortes. Und das ist wohl der sicherste Weg, das *unum esse cum Deo* dauernd zu erhalten, mit jedem Tage fester und tiefer in den mystischen Leib Christi hineinzuwachsen. Ich weiß wohl, daß das vielen als ein allzu radikales Verlangen erscheinen wird. Praktisch bedeutet es für die meisten, wenn sie es neu beginnen, eine Umstellung des gesamten äußeren und inneren Lebens. Aber das soll es ja gerade! In unserem Leben Raum schaffen für den eucharistischen Heiland, damit er unser Leben in sein Leben umformen kann: ist das zu viel verlangt? Man hat für so viele nutzlose Dinge Zeit: allerhand unnützes Zeug aus Büchern, Zeitschriften und Zeitungen zusammenzulesen, in Cafés herumzusitzen und auf der Straße Viertel- und halbe Stunden zu verschwatzen: alles „Zerstreuungen", in denen man Zeit und Kraft splitterweise verschleudert. Sollte es wirklich nicht möglich sein, eine Morgenstunde herauszusparen, in der man sich nicht zerstreut, sondern sammelt, in der man sich nicht verbraucht, sondern Kraft gewinnt, um den ganzen Tag davon zu bestreiten?

Aber freilich, es ist mehr dazu erforderlich als die eine Stunde. Man muß von einer solchen Stunde zur andern so leben, daß man wiederkommen darf. Es ist nicht mehr möglich, „sich gehen zu lassen", sich auch nur zeitweise gehen zu lassen. Mit wem man täglich umgeht, dessen Urteil kann man sich nicht entziehen. Selbst wenn kein Wort gesagt wird, fühlt man, wie die andern zu einem stehen. Man wird versuchen, sich der Umgebung anzupassen, und wenn es nicht möglich ist, wird das Zusammenleben zur Qual. So geht es einem auch im täglichen Verkehr mit dem Heiland. Man wird immer feinfühliger für das, was ihm gefällt und mißfällt. Wenn man vorher im großen und ganzen recht zufrieden mit sich war, so wird das jetzt anders werden. Man wird vieles zu ändern finden und wird ändern, was man ändern kann. Und manches wird man entdecken, was man nicht

IV Erziehungskunst

mehr schön und gut finden kann und was man doch nicht zu ändern vermag. Da wird man allmählich sehr klein und demütig; man wird geduldig und nachsichtig gegen die Splitter in fremden Augen, weil einem der Balken im eigenen zu schaffen macht; und lernt es schließlich auch, sich selbst in dem unerbittlichen Licht der göttlichen Gegenwart zu ertragen und sich der göttlichen Barmherzigkeit zu überlassen, die mit all dem fertig werden kann, was unserer Kraft spottet. Es ist ein weiter Weg von der Selbstzufriedenheit eines „guten Katholiken", der „seine Pflichten erfüllt", eine „gute Zeitung" liest, „richtig wählt" usw., im übrigen aber tut, was ihm beliebt, bis zu einem Leben an Gottes Hand und aus Gottes Hand, in der Einfalt des Kindes und der Demut des Zöllners. Aber wer ihn einmal gegangen ist, wird ihn nicht wieder zurückgehen.

So besagt Gotteskindschaft: Kleinwerden. Es besagt aber zugleich Großwerden. Eucharistisch leben heißt ganz von selbst aus der Enge des eigenen Lebens herausgehen und in die Weite des Christuslebens hineinwachsen. Wer den Herrn in seinem Haus aufsucht, wird ihn ja nicht immer nur mit sich selbst und seinen Angelegenheiten beschäftigen wollen. Er wird anfangen, sich für die Angelegenheiten des Herrn zu interessieren. Die Teilnahme am täglichen Opfer zieht uns unwillkürlich in das liturgische Leben hinein. Die Gebete und die Gebräuche des Altardienstes führen uns im Kreislauf des Kirchenjahres die Heilsgeschichte immer wieder vor die Seele und lassen uns immer tiefer in ihren Sinn eindringen. Und die Opferhandlung selbst prägt uns immer wieder das Zentralgeheimnis unseres Glaubens ein, den Angelpunkt der Weltgeschichte, das Geheimnis der Menschwerdung und Erlösung. Wer könnte mit empfänglichem Geist und Herzen dem heiligen Opfer beiwohnen, ohne selbst von der Opfergesinnung erfaßt zu werden, ohne von dem Verlangen ergriffen zu werden, daß er selbst und sein kleines persönliches Leben eingestellt werde in das große Werk des Erlösers?

Die Mysterien des Christentums sind ein unteilbares Ganzes. Wenn man sich in eines vertieft, wird man zu allen andern hingeführt. So führt der Weg von Bethlehem unaufhaltsam nach Golgotha, von der Krippe zum Kreuz. Wir stehen jetzt gerade in der Mitte der weihnachtlichen Zeit: vor zwanzig Tagen haben wir das Geburtsfest des Erlösers begangen; in zwanzig Tagen ist Lichtmeß, die Feier der Darstellung Jesu im Tempel, mit der die Weihnachtszeit abschließt. Als die Jungfrau das Kind zum Tempel hintrug, da ward ihr geweissagt, daß ihre Seele ein Schwert durchdringen

4 Das Weihnachtsgeheimnis

werde, daß dieses Kind gesetzt sei zum Fall und zur Auferstehung vieler, zum Zeichen, dem man widersprechen würde. Es ist die Ankündigung des Leidens, die Ankündigung des Kampfes zwischen Licht und Finsternis, der sich schon an der Krippe zeigte. In diesem Jahre fallen Lichtmeß und Septuagesima fast zusammen, die Feier der Menschwerdung und die Vorbereitung auf die Passion. In der Nacht der Sünde strahlt der Stern von Bethlehem auf. Auf den Lichtglanz, der von der Krippe ausgeht, fällt der Schatten des Kreuzes. Das Licht erlischt im Dunkel des Karfreitags, aber es steigt strahlender auf als Gnadensonne am Auferstehungsmorgen. *Per Passionem et Crucem ad resurrectionis gloriam*[17] ist der Weg des fleischgewordenen Gottessohnes. Mit dem Menschensohn durch Leiden und Tod zur Herrlichkeit der Auferstehung ist der Weg für jeden von uns, für die ganze Menschheit.

---

[17] Durch das Leiden und Kreuz zur Herrlichkeit der Auferstehung.

V
Jugendbildung im Lichte des katholischen Glaubens

Einleitung:
Bedeutung des Glaubens und der Glaubenswahrheit für Bildungsidee und Bildungsarbeit

Für den Menschen, der auf naturalistischem Boden steht, ist die Wirklichkeit das, was er mit seinen Sinnen wahrnimmt und auf Grund der sinnlichen Wahrnehmung mit dem Verstande erkennt. Jugendbildung ist ihm eine Arbeit, die auf Grund natürlicher Erkenntnis mit natürlichen Mitteln zu leisten ist. Für den gläubigen Menschen ist die Welt eine Gotteswelt: alles, was ist, ist von Gott geschaffen; alles, was geschieht, geschieht nach Gottes Plan oder ist zum mindesten von Gott vorhergesehen und in seinen Plan eingestellt. Was Menschen wirken, wirken sie als *causae secundae*, mit oder ohne ihr Wissen und ihren Willen als Werkzeuge der göttlichen Vorsehung.
So gesehen, ist auch Jugendbildung in erster Linie und hauptsächlich Gotteswerk: Formung und Führung des gottgeschaffenen Menschen zu dem Ziel, das ihm Gott gesteckt hat. Menschen sind berufen, als *causae secundae* an diesem Werk mitzuarbeiten: der zu bildende Mensch selbst und andere, denen er anvertraut ist. Die Menschen brauchen ihr Werk nicht als blinde und willenlose Werkzeuge zu wirken. Verstand und Wille sind ihnen gegeben, um sich nach Kräften Aufschluß zu verschaffen über das, was sie wirken sollen und wie sie es wirken sollen. Katholischer Glaube ist nicht nur Überzeugung vom Dasein eines Schöpfers, Erhalters und Lenkers der Welt, sondern Glaube an eine offenbarte Wahrheit, die uns Aufschluß gibt über das, was wir in dieser Welt zu tun haben. Damit ist nicht gesagt, daß alle rein natürliche Erkenntnisarbeit auszuschließen sei. Die katholische Auffassung des Menschen legitimiert ja ein natürliches Erkenntnisstreben. Es ist aber nicht der einzige Weg, sondern bedarf der Glaubenswahrheit als Maßstab und als Ergänzung. Wer ein katholisches Bildungssystem aufbauen will, wird darum die offenbarte Wahrheit befra-

V Jugendbildung im Lichte des katholischen Glaubens

gen, was sie ihm dazu beisteuert. Wer praktische Bildungsarbeit zu leisten hat, wird es nicht ohne die Hilfe der göttlichen Wahrheit tun.

So ist die nächste Frage: Aus welchen Quellen schöpfen wir diese Wahrheit? Wir sind nun in der glücklichen Lage, einen kurzgefaßten Leitfaden zur Verfügung zu haben, der im knappsten Rahmen zusammenfaßt, was katholische Glaubenslehre zur Frage der Jugendbildung zu sagen hat. Dieser Leitfaden ist das Rundschreiben des Heiligen Vaters über die christliche Erziehung der Jugend[1]. Sie ist zunächst grundlegend für uns durch ihren *Inhalt*. Ein päpstliches Rundschreiben ist zwar nicht definiertes Dogma, verbindliche Glaubenswahrheit, aber es hat nächst den *ex cathedra* definierten Dogmen den höchsten Anspruch auf Annahme und Befolgung durch die Gläubigen, weil hier der oberste Stellvertreter Christi und Verwalter des göttlichen Lehramts der Kirche zu uns spricht. Darüber aber hat die *Enzyklika* für uns Bedeutung durch die Angabe der Quellen, aus denen sie selbst geschöpft hat: Sie weisen uns den Weg, um uns weiteren Aufschluß zu verschaffen über das, was hier auf eine knappe Formel gebracht ist.

Diese Quellen sind einmal die Heiligen Schriften des Alten und Neuen Testaments, sodann die verbindlichen Entscheidungen der Kirche (in der Erziehungsenzyklika wird kein eigentliches Dogma zitiert, dagegen öfters Bestimmungen des *Codex Iuris Canonici;* aber natürlich sind die definierten Dogmen Hauptquelle) – die *Enzyklika* z.B. macht reichlichen Gebrauch vom *Catechismus Romanus* und von Kapitelentscheidungen, z.B. des Tridentinums[2], Stellen aus den Kirchenvätern und Kirchenlehrern (z.B. *Augustinus, Chrysostomus, Thomas v. Aquin*), aber auch aus neueren kirchlichen Schriftstellern. Die *Enzyklika* beruft sich auch gelegentlich auf Äußerungen ihr fernstehender, sogar heidnischer Autoren. Darin liegt die Anerkennung einer natürlichen Erkenntnisarbeit in Sachen der Erziehung. Doch ihre Auswertung geschieht nach dem Grundsatz: Prüfet alles, und das Beste behaltet. Der Geist weht, wo er will; und wer feststeht im Glauben und überdies kraft seines Amtes darauf bauen kann, daß er vom Geist geleitet wird, der darf es sich auch zutrauen, daß er die Geister unterscheiden kann, d.h. in dem, was nicht von authentischer Seite kommt, das herausfinden, was im Einklang mit dem Glauben steht.

---
[1] Autorisierte deutsche Ausgabe der Enzyklika (*Divini illius magistri* von Pius XI., 31. 12. 1929), Herder, Freiburg 1930.
[2] Zusammenstellung aller definierten Glaubenswahrheiten: Denzinger und Bannwart, *Enchiridion symbolorum, definitionum et declarationum de rebus fidei et morum* (Ed. XVI–XVII), Herder, Freiburg 1928.

So haben wir eine Richtschnur für unser Verfahren. Wir werden uns von der *Enzyklika* selbst leiten lassen, aber wir werden auch von den Quellen Gebrauch machen, aus denen sie selbst schöpft, um weitere Aufschlüsse zu erhalten. Es kann sich dabei nur um eine Anregung zu einem Bemühen handeln, das jeder, der theoretisch oder praktisch in der Bildungsarbeit steht, sein Leben lang fortsetzen muß.

1. *Die katholische Auffassung der menschlichen Natur*

Von grundlegender Bedeutung für die Auffassung der Erziehung ist die *Idee des Menschen*, die – theoretisch geklärt oder naiv vorausgesetzt – den Pädagogen beherrscht. Wer den Menschen für völlig verderbt hält und zu keiner natürlich guten Handlung fähig, für den wird die Erziehung von Menschen durch Menschen als rein natürliche Leistung unmöglich. Der durch und durch sündige Mensch kann weder erzogen werden noch erziehen. Wer an die Güte der menschlichen Natur glaubt, für den wird Erziehung entweder ganz überflüssig – unter der Annahme natürlich, daß die Natur sich von selbst entfalte –, an ihre Stelle muß das „Wachsenlassen" treten, oder sie wird eine sehr leichte und erfreuliche Aufgabe; es bedarf nur der Belehrung und der rechten Aufgabenstellung, um die vollkommene Bildung des Menschen zu erreichen: der Optimismus der Aufklärungspädagogik.

Die katholische Auffassung steht zwischen diesen Extremen. Für sie ist Gegenstand der Erziehung „der ganze Mensch ..., der Geist mit dem Körper verbunden zur Einheit der Natur, mit allen seinen natürlichen und übernatürlichen Fähigkeiten, wie wir ihn aus Vernunft und Offenbarung kennen; somit der aus seinem paradiesischen Urzustand gefallene Mensch, der von Christus erlöst und in seine Stellung als Adoptivsohn Gottes wieder eingesetzt wurde, jedoch nicht in die außernatürlichen Vorrechte der leiblichen Unsterblichkeit und der Unversehrtheit oder Harmonie seiner Strebungen. Es bleiben darum in der menschlichen Natur die Folgen der Erbsünde, besonders die Schwäche des Willens und die ungeordneten Triebe."[3]

---

[3] Autorisierte deutsche Ausgabe der Enzyklika (*Divini illius magistri* von Pius XI., 31. 12. 1929), Herder, Freiburg 1930, S. 28.

V Jugendbildung im Lichte des katholischen Glaubens

Das ist also die Grundlage, mit der wir zu rechnen haben: Der Mensch war ursprünglich gut; seine Natur ist durch den Sündenfall entartet, aber nicht so, daß ihm alle natürlichen Fähigkeiten genommen wären; durch die Erlösungstat Christi ist der Weg zur Gotteskindschaft freigemacht und damit die Möglichkeit zu einer Wiederherstellung der ursprünglichen „Gerechtigkeit" eröffnet. Aber der erlöste Mensch hat den Urstand nicht einfach wiedererlangt; es bleibt in ihm der *fomes peccati;* sein ganzer Erdenweg ist ein Kampf gegen die Verderbnis seiner Natur und um die verlorene „Gerechtigkeit"; ein Kampf, den er selbst kraft seines freien Willens zu führen hat; ein Kampf, in dem aber zugleich Gottes Gnade in ihm und für ihn wirksam ist und das Wesentliche leistet. Denn sie ist es, die ihn schließlich zur Vollendung in der Glorie führt.

Menschen in *statu viae* sind Zögling und Erzieher. Machen wir uns noch etwas klarer, wie die menschliche Natur „im Pilgerstand" beschaffen ist. Leib und Seele sind eine Einheit. Der Geist bedarf des Leibes als Werkzeug der Erkenntnis – denn die menschliche Erkenntnis baut sich auf sinnliche Gegebenheiten auf und ist dadurch an leibliche Organe gebunden – und als Werkzeug seiner Taten. Aber dies unentbehrliche Werkzeug ist ihm zugleich ein Hemmnis: Die Sinne sind Täuschungen unterworfen; Schwäche und Krankheit des Körpers behindern den Geist in der Ausführung seiner Pläne; und die Bedürfnisse des Leibes zwingen den Geist in seinen Dienst. Es ist gerade die Eigentümlichkeit der gefallenen Natur, daß die leiblich-sinnlichen Triebe sich dem Geist nicht unterordnen wollen, daß sie nach der Herrschaft streben, und wenn man ihnen nachgibt, das höhere geistige Leben ganz ersticken. Der Mensch ist fähig zu erkennen, aber er ist dem Irrtum unterworfen: indem er dem Zeugnis der Sinne kritiklos Glauben schenkt oder nicht gemäß den Gesetzen des Denkens (im rein logischen Sinne) vorgeht. Der Mensch besitzt Erkenntnis des Guten, und sein Gewissen sagt ihm im konkreten Einzelfall, was er tun soll. Aber der Wille verfolgt nicht immer das als gut Erkannte; er läßt sich von den sinnlichen Trieben bestimmen.

Dieser ganze Zustand ist ein Schwebezustand. Die geschilderten Gefahren bestehen alle; aber es ist in keinem einzelnen Fall notwendig, daß der Mensch ihnen unterliegt; es stehen ihm allen Gefahren gegenüber natürliche Hilfsmittel zur Verfügung, und er hat die Freiheit, von ihnen Gebrauch zu machen: an den Sinnen und an dem Verfahren des Verstandes Kritik zu üben, die Triebe zu beherrschen oder ihnen nachzugeben, nach

Die katholische Auffassung der menschlichen Natur

Erkenntnis des Guten zu streben und es zu vollbringen. Alle diese Möglichkeiten bestehen auch für den Unerlösten, aber es ist unwahrscheinlich bis zur praktischen Unmöglichkeit, daß er allen Gefahren entgeht. Der Mensch im Stande der Gnade ist auch im Schwebezustand, aber er ist durch die Kraft des Heiligen Geistes geschützt, so daß er nicht leicht den Gefahren erliegt.

Das, was ich den Schwebezustand nannte – die Freiheit, zwischen verschiedenen Möglichkeiten zu entscheiden –, ergibt den Einsatzpunkt für menschliche Erziehungsarbeit. Die Freiheit macht sie möglich, macht sie aber auch notwendig: Die Erlangung der Gnade, das Beharren und Fortschreiten darin ist an die menschliche Mitwirkung gebunden. Daß Erziehungsarbeit zunächst Arbeit an andern sein muß, ist in der ursprünglichen Ordnung der Menschenwelt begründet, die den ersten Menschen vollendet ins Dasein treten ließ, für die folgenden Geschlechter aber Erzeugung und Erziehung durch die „reifen" Menschen vorsah.

Die Erziehungsaufgabe ist ein Eingreifen in den Schwebezustand, um dahin zu führen, daß die Entscheidung jeweils im rechten Sinne fällt. Dazu ist notwendig eine gründliche Kenntnis des Schwebezustands selbst (d.h. der menschlichen Natur *in statu viae*, der besonderen konkreten Situation des Zöglings, schließlich auch der eigenen Situation des Erziehers, der ja selbst ein Mensch *in statu viae* ist und sich klar sein muß, was daraus für seine Erziehersituation folgt); es ist ferner notwendig ein Maßstab für die Erkenntnis der *rechten* Entscheidung, d. h. Klarheit über das *Ziel* des Menschen; schließlich Kenntnis und – soweit möglich – Beherrschung der Mittel und Wege, die zum Ziel führen können. „Soweit möglich" – aus dem, was über den *status viae* gesagt wurde, geht schon hervor, daß keine menschliche Erziehungsarbeit den Menschen über den *status viae* hinausführen kann: einmal weil es in diesem Leben keine endgültige Versicherung gegen Schwäche und Krankheit, gegen Täuschung, Irrtum und Sünde gibt; sodann, weil der Erzieher auch in seiner Erziehungsarbeit all diesen Mängeln unterworfen bleibt. Den Schwebezustand in den *status termini* überzuführen, das vermag Gott allein.

Ehe wir zur Betrachtung des Ziels übergehen, wollen wir uns den *status viae* noch nach einer andern Richtung hin klarmachen: Der *status viae* betrifft nicht nur das isolierte menschliche Individuum. Der Sündenfall war eine Abwendung des Menschen von Gott, und seine Folge ist eine Störung der Ordnung des ganzen Universums. Der sündige Mensch ist in Empö-

V Jugendbildung im Lichte des katholischen Glaubens

rung gegen Gott, und die übrige Schöpfung ist in Empörung gegen ihn, er sucht sich im Kampf gegen sie durchzusetzen. Anstelle der Ehrfurcht vor Gottes Geschöpfen, die sie in ihrem Sein bejaht, zu erhalten und zu fördern sucht, ist die Ausnützung im Dienst der eigenen Begierden getreten, die sich selbst auf den Mitmenschen erstreckt, wenn auch die natürliche „Sympathie" nicht aufgehoben ist. Der Mensch im Gnadenzustand ist in das Kindesverhältnis zu Gott zurückgekehrt, und es ist ihm der Blick für die andern als Gottes Geschöpfe und Gotteskinder geöffnet. Aber auch in seinem Verhältnis zu Gott und zur Welt befindet er sich in der Schwebe. Es bleibt die Möglichkeit des Abfalls, es bleiben Begehrlichkeit, Selbstsucht und Herrschsucht bestehen. Die Anbahnung der rechten Ordnung im Menschen bedeutet zugleich die Anbahnung der rechten Ordnung der Welt, insbesondere des sozialen Lebens.

2. Das Ziel des Menschen

Die Bezeichnung *status viae* oder Schwebezustand sagt schon, daß es sich dabei um etwas Vorübergehendes, um einen Durchgang zu einem *Ziel* handelt. Und die Darlegung des Schwebezustands ist kaum möglich, ohne daß das Ziel beständig durchleuchtet. Erziehung als Eingreifen in den Schwebezustand ist nur möglich als ein zielbestimmtes Tun. Die *Enzyklika* sagt: „Da die Erziehung ihrem Wesen nach in der Bildung des Menschen besteht, wie er sein und im Diesseits seine Lebensführung gestalten soll, um das erhabene Ziel zu erreichen, für das er geschaffen ist, so ist es klar, daß es keine wahre Erziehung geben kann, die nicht ganz auf das Letzte hingerichtet ist..."[4] Die Frucht der Erziehung soll der „wahre Christ" sein, „der übernatürliche Mensch, der ständig und folgerichtig nach der vom übernatürlichen Lichte des Beispiels und der Lehre Christi erleuchteten gesunden Vernunft denkt, urteilt und handelt".[5]

Es ist hier ein *doppeltes Ziel* zu unterscheiden: das letzte und höchste Ziel, auf das der ganze Erdenweg hingeordnet ist, das ewige Leben in der Anschauung Gottes; das kann Gott allein geben. Ihm untergeordnet ist das irdische Ziel, an dem die menschliche Erziehungsarbeit mitwirken kann: d. i.

---
[4] A.a.O. S. 5.
[5] A.a.O. S. 43.

die Bildung des Menschen, wie er *sein* und *im Diesseits seine Lebensführung gestalten* soll. Soweit es sich dabei um Wiederherstellung der menschlichen Natur, wie sie ursprünglich geschaffen wurde, handelt, könnte man von einem *natürlichen* Ziel sprechen, obwohl es nicht mit bloß natürlichen Mitteln zu erreichen ist, sondern der Erleuchtung durch das Beispiel und die Lehre Christi und seines Gnadenbeistandes bedarf. Es soll aber der *wahre Christ* nicht bloß *natürlicher* Mensch sein (auch wenn wir unter *natürlich* die in vollkommener Harmonie wiederhergestellte Natur nehmen), sondern *übernatürlicher* Mensch, d.h., der durch die Gnade am *göttlichen Leben* Anteil hat, in dem also schon während des Erdendaseins das ewige Leben seinen Anfang genommen hat. (Der *hl. Thomas* sagt: Der Glaube ist der Anfang des ewigen Lebens in uns.) So kommt der Gnade die doppelte Aufgabe zu: die gefallene Natur zu heilen und Vorstufe der Glorie zu sein.

Es wird nun für die Erziehungswissenschaft und Erziehungsarbeit dringendes Erfordernis, sich Klarheit über das Bild des Menschen, wie er sein soll, zu verschaffen. Im Schöpfungsbericht stehen die lapidaren Worte: Gott schuf den Menschen nach seinem Bilde. Daraus ergibt sich die Forderung des Herrn: Seid vollkommen, wie euer Vater im Himmel vollkommen ist[6]. „Bild Gottes sein – vollkommen sein", da ist es in kürzester Form ausgesprochen, was der Mensch sein soll. Aber worin besteht das Gottesbild, worin besteht die Vollkommenheit? Es gibt eine natürliche Gotteserkenntnis; ihr Weg wird auch der Weg zur natürlichen Gewinnung eines Vollkommenheitsideals sein: die Betrachtung der Vollkommenheiten, die wir an Menschen kennenlernen, und die gedankliche Entfernung alles dessen, was an ihnen Trübung und Mangel ist, das ist die *via negativa*. Gottes Wesen *positiv* zu bestimmen, dazu bedürfen wir der Offenbarung. So ist es immer wieder versucht worden – mit der größten Eindringlichkeit von *Augustin* –, das Gottesbild im Menschen als Bild der *Trinität* zu deuten und aufzuweisen. Wir haben auch ein unmittelbares Bild der menschlichen Natur in ihrer vollkommenen Ordnung und Entfaltung in der theologischen Lehre vom *Urzustand*, von der Beschaffenheit des integeren Menschen.

Es ist uns aber durch die *Enzyklika* noch ein anderer Weg gewiesen; und den wollen wir nun gehen: Das Bild des vollkommenen Menschen ist uns gegeben im *Beispiel* und in der *Lehre* Christi.

---

[6] Mt 5,48.

V Jugendbildung im Lichte des katholischen Glaubens

Das Bild unseres Herrn zu zeichnen, wie er über diese Erde gegangen ist, das Bild, das die Propheten geschaut und die Evangelien bewahrt haben und das unsere Kirche in dem Wunderwerk ihrer Liturgie im Kreislauf des Kirchenjahres uns immer wieder vor Augen stellt – dieses Bild zu zeichnen kann nicht Aufgabe eines kurzen Aufsatzes sein. Wer es in sich aufnehmen will, immer reicher und immer tiefer – denn es ist unausschöpflich –, der muß mit der Heiligen Schrift leben und muß mit der Kirche leben und beten.

Dagegen soll es versucht werden, aus den *Worten* des Herrn das Bild des Menschen zu zeichnen, wie er sein soll. Auf die Frage des Jünglings: „Was soll ich tun, um das ewige Leben zu gewinnen?" antwortet der Herr: „Wenn du zum Leben eingehen willst: *Halte die Gebote!*"[7] Und als ihn die Pharisäer nach dem größten Gebot fragen, lautet die Antwort: „Du sollst den Herrn, deinen Gott, lieben aus ganzem Herzen, mit deiner ganzen Seele und mit deinem ganzen Geist *(in tota mente tua)* ... Daran hängt das ganze Gesetz und die Propheten."[8] Wiederum heißt es im Johannesevangelium, daß der Herr „daran erkenne, daß ihr ihn liebt, wenn ihr seine Gebote haltet". Das alles zusammengenommen ergibt: Der wahre Christ ist der Mensch, der die Gebote hält, aber in der Weise, daß sich die Befolgung aller Gebote aus der vollkommenen Erfüllung des größten, d. h. der vollkommenen Gottesliebe, ergibt[9].

Aus der Gottesliebe folgt unmittelbar die schuldige Ehrfurcht und Anbetung; es folgt die Liebe zum Nächsten als Bruderliebe zu allen Gotteskindern und daraus das rechte Verhalten ihnen gegenüber[10]; es folgt die aus der Gottesliebe geborene Liebe zu sich selbst (wir sollen ja den Nächsten „wie uns selbst" lieben) und daraus das angemessene Verhalten zu sich selbst. Der Mensch, der so ist und lebt, besitzt nicht bloß natürliche Vollkommenheit, sondern lebt aus übernatürlicher Wurzel. Denn wir können Gott nur lieben, weil er uns zuvor geliebt hat. Das heißt aber, daß Gottes Gnade in uns ist und daß das ewige Leben in uns seinen Anfang genommen hat. Die Gottesliebe ist das *unum necessarium,* auf das Gott die geschäftige

---

[7] Mt 19,16f.
[8] Mt 22,37.40.
[9] Die ganze Lehre Jesu kann als Auslegung der Gebote und Gesetzesbestimmungen im Sinne des Liebesgebots aufgefaßt werden.
[10] „Ein zweites Gebot ist diesem (der Gottesliebe) gleich: Du sollst deinen Nächsten lieben wie dich selbst" (Mt 22,39).

Martha hinweist. Ich möchte an dieser Stelle auf das konkrete Bild eines Menschenlebens einzig und allein aus der Wurzel der Gottesliebe hinweisen, das unserer Zeit geschenkt wurde in der hl. *Theresia vom Kinde Jesu*[11].

Ist daraus zu folgern, daß alles natürliche Vollkommenheitsstreben, darum auch alle Bildungsarbeit, die natürliche Fähigkeiten für irdische Aufgaben zu entfalten sucht, als überflüssig abzulehnen sei? Keineswegs: wenn wir Gott mit allen unsern Kräften lieben sollen, so müssen offenbar diese Kräfte entfaltet sein; ihn mit allen Kräften lieben kann offenbar nur heißen: alle unsere Kräfte in seinen Dienst stellen. Das kann nicht außerhalb der Welt geschehen, sondern in ihr, im rechten Umgang mit den Geschöpfen; und dazu sind natürliche Fähigkeiten *und* Gnadengaben erforderlich.

Wir haben außer den kurzen Antworten gegenüber gutwilligen und böswilligen Fragestellern die große zusammenhängende Belehrung der Jünger in der Bergpredigt. Und wir haben als Kernstück der Bergpredigt die *Seligpreisungen,* in denen uns das Bild des Menschen, der des ewigen Lebens sicher ist, ausführlicher gezeichnet ist. Die kirchliche Liturgie verwendet diesen Text als Tagesevangelium am *Allerheiligenfest;* und als Lesungen der III. Nokturn im Brevier während der ganzen Oktav die Interpretation dieses Festes durch den hl. *Augustinus* aus seinem Sermon über die Bergpredigt. Er sieht im Inhalt der Bergpredigt höhere Vorschriften für die Gerechtigkeit, als die des Alten Bundes waren: die Möglichkeit zu solchen aber darin begründet, daß Christus anstelle der Furcht die Liebe setzt, die Größeres möglich macht. Damit ist wiederum die Liebe als Wurzel der Tugenden bezeichnet, als deren Lohn das Himmelreich verheißen wird. „Selig sind die Armen im Geiste." Dieses Wort, das so viel mißverstanden und blasphemisch mißbraucht wird, deutet er auf die *Demütigen* und *Gottesfürchtigen.* Sie müssen zuerst genannt werden, weil die Furcht Gottes der Weisheit Anfang ist. Der Gottesfürchtige weiß, daß alles Irdische „Eitelkeit und Anmaßung des Geistes" ist, daß alles – und er selbst eingeschlossen – nichts ist vor Gott. Die den Herrn nicht fürchten, das sind die Stolzen und Aufgeblasenen, die sich groß dünken im Besitz irdischer Güter und Gaben und nach ihnen streben. Und weil es schwer ist, arm im Geist zu sein,

---

[11] L'Esprit de Sainte Thérèse de l'Enfant Jésus, hrsg. vom Karmel von Lisieux. Überhaupt sind Lebensbilder und Schriften französischer Karmelitinnen aus den letzten Jahrzehnten (Elisabeth de la Trinité – Dijon, Marie de la Trinité, genannt *Consummata*) außerordentlich erleuchtend dafür, wie das Gottesbild im Menschen ausgeprägt und Glaubenswahrheit gelebt werden kann.

V Jugendbildung im Lichte des katholischen Glaubens

wenn man irdische Güter besitzt, darum ist es der Rat des Herrn an den reichen Jüngling: „Wenn du vollkommen sein willst, verkaufe, was du hast, und gib es den Armen."[12]

„Selig sind die *Sanftmütigen,* denn sie werden das Land besitzen." *Terra* wird als das „Land der Lebendigen" gedeutet, das sichere ewige Erbteil. Den Sanftmütigen ist es verheißen, denen, die dem Bösen nicht widerstehen, sondern Böses mit Gutem überwinden. (Wir haben hier in der Tat ein „größeres Gebot", das der Herr ausdrücklich denen des Alten Bundes gegenübergestellt hat: Ich aber sage euch – liebet eure Feinde!) Es ist hier auch daran zu erinnern, daß der Herr gerade für diese beiden christlichen Grundtugenden sich selbst als Vorbild hingestellt hat: Lernet von mir, denn ich bin sanftmütig und demütig von Herzen.[13]

„Selig sind die *Trauernden,* denn sie werden getröstet werden." Die sich zu Gott hinwenden, müssen das preisgeben, was ihnen in dieser Welt lieb war, und das geht nicht ohne allen Schmerz ab. Aber der Tröster-Geist erfüllt sie dafür mit himmlischer Freude.

„Selig sind, die *hungern und dürsten nach der Gerechtigkeit,* denn sie werden gesättigt werden." Sie sind es, die nach dem wahren und unvergänglichen Gut streben. Gerechtigkeit ist aber nichts anderes als Vollkommenheit, die in der Erfüllung des göttlichen Willens besteht; diese Erfüllung aber ist selbst Sättigung; der Herr sagt ja: „Meine Speise ist es, den Willen dessen zu tun, der mich gesandt hat"[14]; und dies ist der durststillende Quell, der fortsprudelt ins ewige Leben.[15]

„Selig sind die *Barmherzigen,* denn ihrer wird sich Gott erbarmen." „Selig sind, die *reinen Herzens* sind, denn sie werden Gott schauen." Reinen Herzens sind die, die frei sind von der gierigen Sucht nach irdischen Dingen und auch nicht mehr erfüllt sind von sich selbst und dem Verlangen, sich selbst zur Geltung zu bringen. Das sind aber die „Armen im Geist", die schon die Nichtigkeit des Irdischen erkannt haben und darüber hinaus den Blick auf Gott gerichtet haben. Sie sind *einfältig,* weil sie nur von dem *einen* Verlangen erfüllt sind; und weil sich der Herr von denen finden läßt, die ihn von ganzem Herzen suchen, darum werden sie Gott schauen. Und weil nur das Eine in ihnen herrschend ist, nichts in ihnen Gott widersteht,

---

[12] Mt 19,21.
[13] Mt 11,29.
[14] Joh 4,34.
[15] Joh 4,14.

Das Ziel des Menschen

darum sind sie die *Friedfertigen,* im Einklang mit Gott und mit sich selbst, darum *Kinder Gottes,* die das Abbild Gottes sind; in ihnen sind die Begierden gezähmt und der Vernunft unterworfen, in ihnen ist die ursprüngliche Harmonie wiederhergestellt und der Friede eingekehrt, und daraus folgt der Friede mit allen, die gleich ihnen guten Willens sind: dies ist das Leben des vollkommenen Weisen, das durch keine äußeren Angriffe mehr gestört werden kann. Diese Menschen sind der Stein des Anstoßes für den Fürsten dieser Welt und seine Anhänger. Darum müssen sie *Verfolgung leiden um der Gerechtigkeit willen,* doch gerade darin wird ihnen das Himmelreich zuteil.

Es sind die einzelnen Züge dieses Bildes nicht voneinander zu trennen. Wenn wir das Leben der Heiligen betrachten, in deren Herrlichkeit uns die Allerheiligenliturgie hineinschauen läßt, so werden wir darin den einen oder andern Zug näher ausgeprägt finden: wir bewundern den einen besonders wegen der Stärke, mit der er sich in Verfolgungen bewährt hat, einen andern um der Herzensreinheit oder um der Friedfertigkeit willen. Aber in allen wird schließlich das einheitliche Ganze des wahren Christentums zu finden sein, das wir Gerechtigkeit oder Vollkommenheit oder Heiligkeit nennen. *Augustin* bringt die Seligkeiten in engste Verbindung mit den sieben Gaben des Heiligen Geistes (wie auch der Prophet Jesaja, wo er das Bild des kommenden Erlösers zeichnet, seine Vollkommenheit durch die *Gaben Gottes* charakterisiert). Auch das wäre also ein Weg, zur Klärung des Vollkommenheitsideals zu gelangen. Schließlich käme auch eine Erörterung der *evangelischen Räte* in Betracht, die für den „Stand der Vollkommenheit" richtunggebend geworden sind. Wir dürfen aber in dieser Richtung nicht weitergehen.

Vollkommenheit im Sinne der Lehre Christi ist eine Verfassung der Seele: Der *Gerechte* hat seine Seele ganz in der Hand, er ist Herr seiner selbst; es ist nichts in ihm und nichts Geschaffenes außer ihm, in dessen Gewalt er wäre. Aber er hat sich nur in der Hand, um sich aus der Hand zu geben, nämlich in Gottes Hand zu geben; auch das nicht in heroischer Anspannung und darin noch mit einer gewissen Selbstherrlichkeit, sondern in der selbstverständlichen Leichtigkeit und Gelassenheit des liebenden und vertrauenden Kindes, das sich und die Ordnung seines Lebens ganz dem Vater überläßt.

Dieses Ziel ist *eines* für alle Menschen, wie wir auch nicht sehen, daß Jesus darin einen Unterschied gemacht hätte nach Lebensalter oder Stand oder Geschlecht; wie auch der Apostel sagt: „Es ist weder Jude noch Grie-

V Jugendbildung im Lichte des katholischen Glaubens

che; es ist weder Sklave noch Freier, es ist weder Mann noch Weib. Denn ihr seid alle Einer in Christo Jesu."[16] Und doch spricht derselbe Apostel davon, daß wohl *ein Geist* sei, aber *mancherlei Gaben*, daß alle Gläubigen den einen Leib Christi bilden, aber als mancherlei Glieder und mit verschiedenen Dienstleistungen.[17] So hat auch der Herr aus der großen Schar derer, die auf ihn hörten und ihm anhingen, nur wenige berufen, mit ihm zu gehen, die andern hat er in ihrem Lebenskreis gelassen. Und selbst die wenigen behandelt er nicht gleich: Er setzt den einen zum Hirten über seine Herde ein und macht den andern zum Erwählten seiner besonderen Liebe, den er in seine tiefsten Geheimnisse hineinschauen läßt. Es sind Frauen unter den Treuesten seiner Getreuen, er überschüttet sie mit der Fülle seiner erbarmenden Liebe, er nimmt ihre Dienstleistungen an und freut sich ihrer Liebe, auch wenn sie sich in einer Form äußert, die den Menschen als Torheit und Ärgernis erscheint[18]. Aber er gibt ihnen nicht das Amt seiner Selbstvertretung, wie er es den Aposteln gegeben hat. All diese Tatsachen müssen uns nachdenklich machen, ob die Bildungsarbeit sich nur auf das *eine Ziel für alle* einzustellen habe oder ob noch etwas anderes mit aufgenommen werden müsse.

Gottes Bild sein, vollkommen sein wie der Vater im Himmel, das kann ja nicht heißen: Gott gleich sein. Denn der Abgrund zwischen Schöpfer und Geschöpfe kann in alle Ewigkeit nicht aufgehoben werden. Vollkommen sein, das kann für die Geschöpfe nur heißen: ganz und unverfälscht das sein, was sie sein sollen. Das ist für jedes Geschöpf etwas Begrenztes. Und die Begrenztheit der menschlichen Natur bedeutet nicht nur, daß der Mensch nur Mensch sein kann und seine Vollkommenheit nur eine menschliche, sondern darüber hinaus, daß der einzelne Mensch nicht alles sein kann, was überhaupt in der menschlichen Natur an Möglichkeiten liegt. Die Menschen besitzen schon von Natur aus „mancherlei Gaben" und sind schon von Natur aus dazu geschaffen, „Glied zu Glied" zu sein. Als *Mann und Weib* hat Gott den Menschen erschaffen. Und beim Erlösungswerk sehen wir wiederum neben dem neuen Adam die neue Eva als Miterlöserin; das Bild vollkommenen Menschentums ist der sündigen Menschheit in doppelter Gestalt, in *Christus* und *Maria* vor Augen gestellt. Diese Tatsache ist mir der stärkste Beweis dafür, daß der Unterschied der

---

[16] Gal 3,28.
[17] 1 Kor 12.
[18] Vgl. das Gastmahl in Bethanien: Mt 26,6–13.

Das Ziel des Menschen

Geschlechter kein Mangel der Natur ist, der überwunden werden könnte und sollte, sondern eine positive Bedeutung und eine Bedeutung für die Ewigkeit hat. Es kann in diesem Rahmen nicht meine Aufgabe sein, die Unterschiede der Geschlechter und die verschiedene Zielstellung, die sich daraus für Knaben- und Mädchenbildung ergibt, inhaltlich zu bestimmen. Es zeichnet sich diese Differenzierung in das allgemeine Bild der christlichen Vollkommenheit ein, sofern es Aufgabe der Menschen ist, „mit allen seinen Kräften" Gott zu lieben und ihm zu dienen, d. h. aber mit *den* Kräften, die einem Gott gegeben hat, und mit keinen andern. Sich in die Grenzen seiner Natur zu fügen, das gehört wesentlich zum Gehorsam gegenüber dem göttlichen Willen und zum inneren Frieden.

Dasselbe gilt für die *individuelle Natur* des einzelnen Menschen. Es ist katholische Glaubenswahrheit, daß jede einzelne Seele von Gott unmittelbar erschaffen wird und daß jede persönlich fortexistiert in Ewigkeit. Daraus ist zu entnehmen, daß die Eigenart einer jeden nicht als zufällige Trübung einer allgemeinen menschlichen Natur aufzufassen sei, sondern daß die Individualität eine positive Bedeutung und eine Bedeutung für die Ewigkeit hat. Jeden einzelnen Menschen hat Gott sich zur Verherrlichung und Freude nach einer eigenen *Idee* geschaffen. Diese Idee steht über seinem Leben als das, was er werden soll, und ihr entspricht das, wozu er im Leben berufen ist. Die himmlische Hierarchie ist nicht als eine Versammlung von Geistern zu denken, die alles Unterscheidende abgestreift haben, sondern als eine vielstimmige Harmonie. Ziel des Menschen ist es, *seine* Stimme darin mitzusingen, Ziel der menschlichen Bildungsarbeit, daran mitzuwirken, daß er das wird, was *er* sein soll.

Wie Mann und Frau als verschiedene Ausprägungen des Gottesbildes anzusehen sind, wie jede Menschenseele ein eigenes göttliches Siegel trägt, so ist es auch als göttliche Ordnung des Menschengeschlechtes anzusehen, daß es sich gliedert in *Völker* von ausgeprägter Eigenart. Der Herr, der ein Volk erwählte, um aus ihm geboren zu werden, der während seines Erdenlebens die Sprache dieses Volkes sprach, in seinen Bildern und Gleichnissen dachte, seine Sitten bewahrte und ihm alle seine Kraft widmete, er hat jedem Volk eine Sendung in dieser Welt und für die Ewigkeit, jedem Einzelnen eine Sendung in seinem Volk gegeben. So entspricht es dem göttlichen Plan, daß der einzelne Mensch nach seinen Gaben zum Glied des Volksganzen geformt werde, das Volk im Gang seiner Geschichte seine *Idee* verwirkliche und dadurch seine Aufgabe im Ganzen der Menschheit erfülle.

V Jugendbildung im Lichte des katholischen Glaubens

3. Die berufenen Jugendbildner

Wir kennen das Ziel des Menschen und wissen, daß ihm dieses Leben als Weg zum Ziel gegeben ist. Wir wissen, daß die Gefahr des Abirrens besteht und daß er den Weg nicht von vornherein weiß, ja überhaupt nicht von vornherein imstande ist, allein zu gehen. Wer sind die berufenen Führer, denen er anvertraut ist?

Die *Enzyklika* antwortet: „Die Erziehung ist notwendig eine Arbeit der Gemeinschaft, nicht des Einzelnen."[19] Und sie nennt „drei notwendige Gemeinschaften", „in deren Schoß der Mensch hineingeboren wird": Familie, Staat und Kirche. Unter pädagogischem Gesichtspunkt haben wir nicht das *Recht* dieser drei Gemeinschaften auf Mitwirkung an der Jugendbildung zu prüfen und gegeneinander abzugrenzen (obgleich diese Rechtsfrage für die praktische Gestaltung des Bildungswesens wichtig ist), sondern zu fragen, was sie ihrer Natur und Bestimmung nach für das Ziel des Menschen leisten können und sollen.

Die *Familie* hat Erzeugung und Erziehung der Nachkommenschaft zum eigentlichen Daseinszweck. Gott hat die Menschen zu Werkzeugen seiner Schöpfermacht in dem großen Prozeß der Entstehung des Lebens gemacht. Er hat die Eltern zugleich zu Mithelfern seiner väterlichen Führung und Vorsehung gemacht und etwas von seiner väterlichen Autorität auf sie übertragen. Von ihm leitet sich ja alle Vaterschaft ab, die im Himmel und auf Erden ist. *Johannes Chrysostomus* sagt: „Nicht Kindererzeugung allein macht zur Mutter, sondern liebevolle Betreuung des Kindes..." Wenn die Erziehung Aufgabe und Pflicht der Eltern ist, so müssen sie für die Aufgabe auch ausgerüstet sein. Wer Bildungsarbeit leisten soll, muß wissen, was und wozu er zu bilden hat und wie es geschehen kann; und es muß ihm die Erreichung des Ziels ein dringliches Anliegen sein.

Was die Erkenntnis der Kindesnatur angeht, so haben durch die natürliche Verbundenheit die Eltern, und namentlich die Mutter, einen Vorzug vor allen andern Menschen. Es ist nicht nur die Verwandtschaft der Naturen, die Tatsache, daß die Eltern in den Kindern weitgehend „sich selbst wiederfinden", was ihnen den Zugang erleichtert; es kommt hinzu, daß der Liebe, die in das Herz der Eltern gelegt ist, ein Spürsinn innewohnt, der sie

---

[19] Autorisierte deutsche Ausgabe der Enzyklika (*Divini illius magistri* von Pius XI., 31. 12. 1929), Herder, Freiburg 1930, S. 7.

Die berufenen Jugendbildner

herausfinden läßt, wie ihr Kind geartet ist und was in ihm vorgeht, auch wozu es berufen ist und was in ihm dieser Berufung im Wege steht. Dazu kommt, daß natürliche Liebe und Vertrauen des Kindes zu den Eltern, durch die elterliche Liebe beständig gestärkt und ermutigt, ihnen einen Einblick in die Kindesseele gewährt, wie er sonst nicht leicht möglich ist; schließlich der Vorteil des dauernden Zusammenlebens. Aber in der gefallenen Natur kommen die natürlichen Erkenntnisfunktionen und die Gunst der Situation nicht zur freien Auswirkung, weil ihnen vieles entgegensteht: Selbstsucht, die von der ausreichenden Beschäftigung mit dem Kinde zurückhält; Eitelkeit, die seine Mängel nicht sehen will und etwas aus ihm machen möchte, wozu es nicht bestimmt ist. Es bedarf übernatürlicher Hilfsmittel, um ganz über diese Schwächen Herr zu werden, und es stehen solche Hilfsmittel zur Verfügung.

Die Eltern haben eine spezifische übernatürliche Ausrüstung für ihren Beruf im Sakrament der Ehe. Es stehen ihnen außerdem die gewöhnlichen Wege offen, auf denen jeder Christ die Gnadenstärkung für seine besonderen Aufgaben erlangen kann: das Gebet, der Empfang der Sakramente, die Fürbitte der Heiligen, der Rat erleuchteter Führer. Wer die Einsicht in seine eigenen Schwächen und Mängel hat, wird auch von den natürlichen Hilfsmitteln Gebrauch machen, die zur Erkenntnis des eigenen Kindes führen können: die wissenschaftliche Erforschung der Kindesnatur, die Aussprache mit erfahrenen Jugenderziehern und -führern, insbesondere mit den Menschen, die an der Erziehung des eigenen Kindes mitwirken.

Wo bei den Eltern die übernatürliche Einstellung fehlt, da kann auch das wahre Bildungsziel für ihr Kind nicht erkannt sein, sie werden es dann als ein rein natürliches Ziel auffassen. Wo dagegen durch den Glauben der Blick auf das ewige Ziel gerichtet ist, da muß die elterliche Liebe zum *Heilswillen* werden, der sich bemüht, das ganze Leben des Kindes auf dieses Ziel hinzuordnen. Und es wird ihnen auf Grund ihrer intimen Kenntnis des Kindes eher als andern gelingen, das Besondere herauszufinden, das Gott mit ihm vorhat.

Es bedarf zur Erfüllung der Elternpflicht schließlich der Kenntnis der Mittel und Wege, die zum Ziel führen können. Wenn sie das Kind wirklich kennen, seine Begabung, seine Neigungen, seine Charakteranlagen, dann wird ihnen auch klarwerden, was sie tun müssen, um es nach ihren Kräften seinem Ziel näherzuführen. Ihm die Geistesbildung zu geben, die seinen Anlagen entspricht und deren es für einen ihm angemessenen Lebensberuf

V Jugendbildung im Lichte des katholischen Glaubens

bedarf, dazu wird das Elternhaus allein heute nur noch in seltenen Ausnahmefällen imstande sein. Aufgabe der Eltern ist es dann, eine geeignete Bildungsanstalt ausfindig zu machen – eine, der sie nicht nur mit Rücksicht auf die Geistesbildung, sondern auf die ganze Erziehung ihr Kind anvertrauen können. Erkenntnis des Kindes und Selbsterkenntnis können Eltern auch zu der schmerzlichen Einsicht bringen, daß sie selbst nicht die geeigneten Erzieher sind oder die Situation in ihrem Hause nicht die geeignete. Dann wird es zur Pflicht, es aus der Hand zu geben, natürlich in Hände, die mehr Vertrauen verdienen als die eigenen. Das darf aber nur als eine äußerste Notmaßnahme angesehen werden. Denn ein Elternhaus, das ist, wie es sein soll, ist durch nichts anderes zu ersetzen: nicht nur aus den schon angegebenen Gründen, sondern weil die Eltern berufen sind, den Kindern das Leben *vorzuleben*. Liebe und Ehrfurcht vor den Eltern, die in das Herz des Kindes gelegt sind, machen das *Beispiel* zum wirksamsten natürlichen Erziehungsfaktor. An der Form des Menschentums, die es täglich vor Augen hat, bildet sich seine Idee des Menschentums, und durch sie wird es selbst geformt. Hier ist auch die Grundlage für die religiöse Erziehung: an der Hand von Eltern, die selbst auf das ewige Ziel eingestellt sind, lernt das Kind am leichtesten und sichersten, den Weg zu diesem Ziel zu gehen. Darum ist dauernde Selbsterziehung dringendste Elternpflicht. Wenn sie aber Menschen sind, die im Ewigen ihr und ihrer Kinder Ziel sehen, dann wissen sie auch, daß es nicht in ihrer Macht steht, das *necessarium* zu geben: daß sie nur Brückenbau zum Gottesreich sein können, das aber auch sein müssen. Indem sie für die Taufe sorgen, sichern sie ihm die Annahme als Gotteskind; indem sie durch Belehrung und Beispiel es mit Gott und seinem Reich vertraut machen, es zum rechten Gebrauch der Gnadenmittel anleiten, geben sie ihm die Möglichkeit, im Gnadenleben voranzuschreiten. Das Weitere ist seine eigene und Gottes Sache.

Die Familie ist die erste Erziehungsgemeinschaft, in die das Kind hineingeboren wird, aber sie weist über sich selbst hinaus. Sie ist eine unvollkommene Gesellschaft, weil sie nicht alle Mittel zur Erreichung ihres Zieles in der Hand hat. Das ist für die Erziehungsarbeit an zwei Stellen sichtbar geworden: die Familie verfügt nicht über alle Mittel, um den Kindern eine angemessene Ausbildung ihrer Fähigkeiten zu ermöglichen; und sie verfügt nicht über die Gnadenmittel, deren es zur Erreichung des ewigen Zieles bedarf. (Zu dieser Unvollkommenheit, die in der Familie als solcher liegt, kommt das Versagen einzelner Familien gegenüber ihren

Die berufenen Jugendbildner

Aufgaben, wodurch es nötig wird, daß andere Gemeinschaften für sie eintreten.)

Die Familie ist eingebaut in den *Staat.* Sie bedarf seines Schutzes zu ihrer Existenz. Der Staat ist eine vollkommene Gesellschaft. Es darf geradezu als sein Wesen bezeichnet werden, daß er imstande ist, sich selbst im Dasein zu erhalten, und daß er die Macht hat, alle menschlichen Angelegenheiten innerhalb seines Bereiches seinen Regelungen zu unterwerfen. Dem entspricht die Aufgabe, die ihm in der göttlichen Weltordnung zukommt: seine Macht für die Wohlfahrt der Menschen seines Bereichs einzusetzen und die Institutionen zu schaffen, zu denen die Kraft der Einzelnen nicht ausreicht. Dahin gehört auch die Aufgabe, Bildungsanstalten ins Leben zu rufen, soweit das von privater (und kirchlicher) Seite nicht ausreichend geschieht. In seinem eigenen Interesse liegt es, das zu tun, d.h. im Dienst der Sicherung seiner Existenz, sofern er erstens auf staatsbürgerliche Erziehung der Jugend bedacht sein muß, d.h. auf die Bildung einer pflicht- und opferwilligen Gesinnung gegenüber dem Staat; zweitens auf die Leistungsfähigkeit seiner Bürger und darum auf eine möglichst gute körperliche und geistige Ausbildung Wert legen muß; drittens sich die Bürger am wirksamsten verpflichtet, wenn er für ihre Bedürfnisse bis hinauf zu den höchsten geistigen und seelischen sorgt. Wenn ein Staat gute private (evtl. kirchliche) Bildungsanstalten, statt sie zu fördern, in ihrer Arbeit hindert, wenn er Schulen einrichtet und zu ihrem Besuch zwingen will, die dem letzten Bildungsziel nicht entsprechen, wenn er damit in die Rechte und Pflichten eingreift, die nach der göttlichen Weltordnung der Familie und der Kirche zustehen, dann handelt er zweckwidrig und gefährdet seinen eigenen Bestand.

Die Familie weist über sich hinaus auf die *Kirche.* Sie verdankt ihr ihr Dasein, sofern sie auf dem Sakrament der Ehe begründet ist; sie ist Organ der Kirche, sofern durch sie das Gottesreich fortgepflanzt ist. Sie kann ihre Erziehungsaufgabe nur erfüllen, wenn sie die Kinder der Kirche zuführt. Die Erziehungsaufgabe der Familie ist also in die Erziehungsaufgabe der Kirche eingeordnet.

Die Bildung des Menschen als Formung zu seinem Ziel kann als Daseinszweck der irdischen Kirche bezeichnet werden. Dazu ist Christus in die Welt gekommen, und dazu hat er seine Kirche auf Erden begründet, damit die Menschen ihr ewiges Ziel erreichen können. Er hat der Kirche seine Wahrheit anvertraut, ihr den Lehrauftrag an alle Völker gegeben und das

V Jugendbildung im Lichte des katholischen Glaubens

unfehlbare Lehramt in ihr begründet. Daraus leitet sich ihre Verpflichtung ab, Gottes Wort zu verkünden, auch speziell die Jugend religiös zu unterweisen; aber auch die Verpflichtung, alle andere Unterweisung der Jugend zu überwachen und dafür zu sorgen, daß nichts an die Seele herangetragen wird, was dem Glauben widerstreitet, und wo es an geeigneter Unterweisung von anderer Seite fehlt, die Einrichtung von Schulen selbst in die Hand zu nehmen.

Aber die Kirche ist nicht nur Lehrerin, sie ist Mutter aller Gläubigen. Sie ist der mystische Leib Christi, aus dem in der heiligen Taufe das Gotteskind geboren wird. Das ist der Anfang des übernatürlichen Lebens in ihm; und dieses Gnadenleben muß genährt werden durch die göttliche Wahrheit und durch die Gnadenquellen, über die die Kirche verfügt. Darum muß sie nicht nur die Sakramente spenden, sondern das Verlangen nach ihnen in den Menschen wecken und sie zu einem würdigen und fruchtbaren Empfang vorbereiten. Sie muß sie in sich hineinziehen zur Teilnahme an ihrem Leben, weil sie ja nur ihre Glieder mit ihrem Leben erfüllen kann. Wenn ein Mensch das erreicht hat, daß er lebendiges Glied der Kirche ist und sein ganzes Leben von hier aus bestimmt und ordnet, dann ist er in katholischem Sinn gebildet und seines Zieles so sicher, wie das *in statu viae* möglich ist.

4. Der Vorgang der Jugendbildung

Der Mensch kommt mit mancherlei Gaben ausgerüstet in die Welt. Diese Gaben bedürfen zu ihrer Entfaltung der Betätigung in bestimmten Aufgaben; die Aufgaben müssen ihm zunächst von andern gestellt werden; aber er selbst muß sie lösen und muß es allmählich lernen, seine Aufgaben selbst herauszufinden und sich selbständig um ihre Lösung zu bemühen. Alle seine Gaben haben den Zweck, dem höchsten Herrn zu dienen. Nicht er selbst bestimmt seine Lebensaufgabe, und nicht andere bestimmen sie; sie ist ihm von Gott vorgeschrieben und in ihn hineingezeichnet. Gott zu finden, mit ihm in Liebe vereint zu sein, von ihm geleitet in dieser Welt zu wirken: das ist seine Vollkommenheit, das ist das Ziel, zu dem er in diesem Leben geformt werden soll. Was er selbst und was andere dazu beitragen, das kann nur wirksam sein, sofern es in die Bildungsarbeit eingestellt ist,

Der Vorgang der Jugendbildung

die Gott selbst am Menschen vollbringt. Das geschieht in der Kirche, die der mystische Christus, der sichtbar in dieser Welt fortlebende Christus ist.

Seine Glieder und Organe sind alle Gläubigen, die aus dem Glauben leben. Seine Organe sind die christlichen *Eltern,* die ihr Kind als von Gott betrachten und es als ihre erste und dringlichste Pflicht ansehen, daß nach dem Beginn seines natürlichen Lebens sofort auch das Gnadenleben in ihm gewirkt wird, die durch ihr Gebet, ihr Beispiel und ihre Unterweisung das Gnadenleben in ihm nähren. Seine Organe sind die *Priester,* die Gottes Wort verkünden und die Sakramente spenden. Seine Organe sind die *Jugendführer,* die durch ein eigentümliches Band der Liebe und des Vertrauens mit dem jugendlichen Menschen verbunden sind, denen er in freier Wahl seine Seele erschließt, die darin zu lesen wissen und ihm auf *seinen* Weg helfen können; von denen er sich in freier Unterordnung leiten läßt.

Gottes auserwählte Organe sind die Menschen, die leuchtende Vorbilder eines christlichen Lebens sind, die sich ganz dem Dienst Gottes geweiht haben und lebendige Abbilder Christi geworden sind. Das sind die Heiligen des Himmels, deren Bildung abgeschlossen ist, die wir am Ziel stehen sehen. Sie sind der wirksamste Beweis dafür, daß das von uns Geforderte möglich ist. Einzelne von ihnen haben jeweils für den ringenden und strebenden Menschen besondere Bedeutung durch ihr Patronat oder durch eine innere Verwandtschaft. Und sie alle helfen uns zum Ziel nicht nur durch ihr Beispiel, sondern durch ihren Beistand. Aber auch Mitlebende sind uns Vorbild. Der heilige *Johannes Chrysostomus* empfiehlt es den Vätern von Antiochien als wirksamstes Erziehungsmittel, ihre Söhne hinauszuführen in die Berge, wo in weltabgeschiedener Einsamkeit die Mönche wohnen, und sie den Umgang mit diesen heiligen Männern genießen zu lassen. Wer unsere klösterlichen Erziehungsanstalten kennt, der weiß, daß heute wie damals der Anblick eines wahrhaft gottgeweihten Lebens eine der wirksamsten Erziehungsmächte ist. Und wer unsere Abteien kennt, der weiß, welche Erziehungsarbeit von ihnen geleistet wird: nicht nur an denen, die in ihnen zum *servitium Dei* herangebildet werden, den Kindern des Hauses, sondern an Ungezählten, die dort Trost und Rat und Anleitung zu einem christlichen Leben in der Welt suchen. Die Regel St. *Benedikts* darf als Meisterwerk christlicher Erziehungskunst bezeichnet werden.

V Jugendbildung im Lichte des katholischen Glaubens

Aber nicht nur durch die aus der Gottesliebe geborene väterliche und mütterliche Liebe zu den Seelen sind die Abteien als Erziehungsstätten ersten Ranges anzusehen. Sie haben noch etwas anderes, was höchste seelenformende Kraft besitzt: das ist das *divinum officium*, das feierliche Gotteslob in der schönsten und würdigsten Ausführung. In der *Liturgie* lebt Christus noch in einer andern Weise fort als in den Menschen, die ihm dienen. Sie ist das Gebet der Kirche, in dem Christus fortbetet, wie er während seines Lebens auf Erden gebetet hat, in den Worten der Psalmen; sie ist das immerwährende Gedächtnis seines Lebens, dessen Ereignisse sich in dem großen Weltdrama des Kirchenjahres immer aufs neue vor uns abspielen.

Wer das Gebet der Kirche mitbetet und von ihren unvergänglichen Melodien ergriffen wird, der wird in das Leben Christi hineingezogen und über sich selbst hinausgehoben. Wie aber das ganze Erdenleben Christi, obwohl in jedem einzelnen Augenblick bedeutsam und gnadenvoll, der Rahmen ist um das große Ereignis seines Lebens, dessentwegen er in die Welt kam: um seinen Opfertod, so ist die ganze Liturgie der Rahmen um das zentralste und realste Fortleben Christi in der Kirche: um seine *eucharistische Gegenwart*. Und wie der Karfreitag auf Golgotha der Mittelpunkt der Weltgeschichte ist, so gehört in den Mittelpunkt jedes Christenlebens das heilige *Meßopfer*. Hier gewinnt der Einzelne den Anteil am Erlösungswerk, der es ihm ermöglicht, sein ganzes Leben aus Christus zu leben. Und in der geheimnisvollen Vereinigung der Seele mit Christus in der heiligen Kommunion, auch in der geheimnisvollen Wirkung, die vom Tabernakel ausgeht, bekommt der Herr die stärkste Macht über die Seelen, hier erfahren sie in aller Stille und Verborgenheit ihre entscheidende Formung und Bildung.

So gehört die Einführung in die Bedeutung des heiligen Meßopfers und der heiligen Eucharistie, die Einführung in den Geist der Liturgie in den Mittelpunkt der religiösen Erziehung. Wenn Elternhaus und Schule es dahin gebracht haben, daß ein junger Mensch mit der Kirche lebt und betet, daß er auf dem heiligen Meßopfer und dem eucharistischen Mahl[20] sein

---

[20] Vgl. die auf Anordnung Pius' X. erlassenen Dekrete der Konzilskongregation und Sakramentskongregation (vom 20. 12. 1905: *Sacra Tridentina Synodus* und 8. 8. 1910: *Quam singulari Christus*), die nach der Lehre der Väter und dem Gebrauch der ersten christlichen Jahrhunderte den Genuß des *täglichen Brotes,* des *Mannas* als Heilmittel für die läßlichen Sünden und als Schutz vor Todsünde empfehlen.

Der Vorgang der Jugendbildung

Tagewerk aufbaut und das Zelt Gottes unter den Menschen als die Heimstätte ansieht, wo er in allen Wechselfällen des Lebens geborgen ist und für alle Rat und Hilfe findet, dann dürfen sie sich sagen, daß sie ihre Erziehungsaufgabe erfüllt haben. Wenn er Elternhaus und Schule verläßt, ohne daß die Eingliederung in das *Corpus Mysticum* erreicht ist, dann haben sie in einem wesentlichen Punkt versagt. Es bleibt nur die Hoffnung, daß Gott andere Mittel finden wird, um den jungen Menschen ans Ziel zu führen.

Zusammenfassung des Vortrags

Dozentin Dr. E. Stein: Jugendbildung im Lichte des katholischen Glaubens

1. Für den gläubigen Menschen ist Jugendbildung – wie alles, was auf Erden geschieht – in erster Linie Gottessache, Menschen wirken daran nur als causae secundae, als Gottes Werkzeuge mit. Sie brauchen aber nicht blinde Werkzeuge zu sein, sondern können und sollen sich darüber Aufschluß verschaffen, wie Jugendbildung nach Gottes Absicht zu leisten ist: vor allem, was uns die offenbarte Wahrheit darüber sagt. Dies zeigt uns in einem kurzen Abriß die Enzyklika über die christliche Erziehung der Jugend. Sie ist für uns bedeutsam durch ihren Inhalt, ferner als Hinweis auf die Quellen, in denen wir weiteren Aufschluß suchen können.

Edith Stein hielt diesen Vortrag vor einem Hörerkreis, dem die kirchenlateinischen Ausdrücke geläufig waren. Wir bringen hier eine Übersetzung der von ihr benutzten Wörter (in der Reihenfolge ihres Vorkommens):
causae secundae: Zweitursachen.
ex cathedra definiert: vom Hl. Stuhl (vom Lehramt) offiziell als unfehlbar verkündet.
Codex Juris Canonici: Kodex des Kanonischen Rechtes = Kirchenrecht.
fomes peccati: Stachel (Zunder) der Sünde (Erbsünde).
in statu viae: unterwegs, im Pilgerstand = auf Erden.
status termini: Endzustand, Zielzustand, Zustand der Vollendung.
via negativa: negativer Weg = vom Negativen ausgehender Weg.
unum necessarium: das eine Notwendige.
servitium Dei: Gottesdienst, Dienst für Gott.
divinum officium: göttliches Offizium = feierliches Chorgebet der Liturgie.
Corpus mysticum: mystischer Leib (Christi) = die Kirche (gemeint als Mysterium)

V Jugendbildung im Lichte des katholischen Glaubens

2. Die offenbarte Wahrheit belehrt uns über die tatsächliche Beschaffenheit der menschlichen Natur, mit der wir in der Bildungsarbeit zu rechnen haben, und erweist dadurch Möglichkeit, Notwendigkeit, Grenzen und Ergänzungsbedürftigkeit menschlicher Bildungsarbeit.
3. Die offenbarte Wahrheit gibt uns Auskunft über das Bildungsziel: das natürliche Ziel der möglichst vollkommenen Entfaltung der menschlichen Natur und (in eins damit) der Wiederherstellung ihrer ursprünglichen Ordnung, damit der Mensch zum rechten Verhalten zu sich selbst, zur Welt (insbesondere zu den Mitmenschen) und zu Gott befähigt werde; das übernatürliche Ziel des ewigen Lebens. Das Ziel differenziert sich nach Geschlechtern und Individualitäten.
4. Berufene Jugendbildner sind in erster Linie Familie und Kirche, nächst ihnen der Staat. Die Schule ist als Organ dieser Jugendbildner anzusehen.
5. Bildung ist Formung des Menschen zu seinem Ziel. Soweit sie menschliche Arbeit ist, ist sie von Zögling und Erzieher zu leisten mit Rücksicht auf die gegebene menschliche Natur in ihrer jeweiligen individuellen Ausprägung und im Hinblick auf das doppelte Bildungsziel. Weder das natürliche noch das übernatürliche Ziel sind durch menschliche Bildungsarbeit allein zu erreichen: sie verlangen eine Formung des Menschen durch Christus selbst. Darum ist Kernstück der menschlichen Bildungsarbeit die religiöse Erziehung als Anbahnung der Eingliederung in das Corpus Christi Mysticum.

Edith Stein

Aus meinem Leben

Mit einer Weiterführung über die zweite Lebenshälfte von Maria Amata Neyer OCD.
Sonderausgabe von Band VII der Reihe „Edith Steins Werke".

In diesem einzigartigen Werk, ihrer selbstverfaßten Biographie, schildert Edith Stein einen großen Abschnitt ihres Lebens. Ihre Erinnerungen, die ein tiefes Verständnis für die Eigenart der jüdischen Glaubens- und Lebensweise wecken, enden mit dem Abschluß von Studium und Promotion im Jahre 1916. In einer reich dokumentierten „Weiterführung" schildert Sr. M. Amata Neyer aus dem Karmel in Köln, dem Edith Stein angehörte, den zweiten Lebensabschnitt Edith Steins von ihrer Konversion zum katholischen Glauben bis zu ihrem Tod in Auschwitz.

„Zuerst imponiert das minutiöse Gedächtnis, mit dem Edith Stein ihre Kindheit und Jugend wie einen Dokumentarfilm ablaufen läßt. Aber noch mehr erstaunen einen die präzisen Urteile, mit denen sie ihre Umgebung darstellt. Es ist der Blick der Wahrheitssucherin, die später in den phänomenologischen Studien genau diese ihre Begabung bestätigen darf. Es ist keine kalte Wahrheit, auf die Edith Stein schaut, sondern es ist eine leuchtend klare und durchsichtige. Dieser Blick für die Wahrheit machte sie zu einer Art Frauenrechtlerin und führte sie zuletzt zum Christentum. Und das Dritte, was an diesem Buch fasziniert: die Geradheit des Weges, den sie zum einmal erkannten Ziel einschlägt. Man liest es wie einen Liebesgesang für die Menschen und die Lebensumstände, die sie in der Erkenntnis ihres neuen Zieles, für Gott dazusein, verlassen muß" (Josef Sudbrack SJ).

416 Seiten, Paperback. ISBN 3-451-20940-3

Verlag Herder Freiburg · Basel · Wien

Edith Stein
Das Weihnachtsgeheimnis

Mit einer Einführung von Hanna-Barbara Gerl

Gott ist Mensch geworden in die Dunkelheit des Kreuzes hinein – das ist die Botschaft dieser Weihnachtsmeditationen Edith Steins. Mit ihren scharfen Kontrasten von Licht und Dunkel gewähren sie einen der wenigen Einblicke in die tiefe Mystik dieser großen Glaubenszeugin. Wenn in unverwechselbarer Sprache das Glück, ja der Zauber der Weihnacht aufleuchtet, fällt doch der Blick zugleich auf die erschlagenen Kinder von Betlehem. Gerade in dieser unlösbaren Einheit von Krippe und Kreuz verbirgt sich das Geheimnis, aus dem Edith Stein ihre große Hoffnung schöpft: trotz aller Erfahrung des Dunklen in der Gewißheit zu leben, von Gott selbst durch dieses Kind in der Krippe endgültig angenommen zu sein.

„Es geht Edith Stein darum, eine Hilfe zum geistlichen Mitleben des Weihnachtsfestes zu geben. Wie kann man sich als Erwachsener und (hoffentlich) gereifter Christ in das Geheimnis der Menschwerdung einfinden, und zwar mit dem Anspruch, von diesem Geheimnis aus sein Leben zu erschließen oder erschließen zu lassen?" (Hanna-Barbara Gerl in der Einführung)

„Das kleine Buch ist deswegen so wichtig, weil hier nicht einmal mehr die intellektuelle Philosophin Edith Stein zu Tage tritt, sondern die tiefe Mystikerin. Wer die Texte nicht nur oberflächlich liest, sondern sie meditiert, das heißt: ganz in sie einsteigt, der kann etwas von dem erahnen, was Edith Stein zu Lebzeiten nicht preisgegeben hat: von ihrem zutiefst inneren Weg zu Gott" (Der Pilger).

2. Auflage. 88 Seiten, gebunden. ISBN 3-451-21353-2

Verlag Herder Freiburg · Basel · Wien